# 世界简史

世界史扛鼎之作

[英]威尔斯/著　唐婉/译

A BRIEF HISTORY OF THE WORLD

吉林文史出版社

# 图书在版编目（CIP）数据

世界简史 /（英）威尔斯著；唐婉译. -- 长春：吉林文史出版社，2015.6（2017.7 重印）
ISBN 978-7-5472-2758-9

Ⅰ. ①世… Ⅱ. ①威… ②唐… Ⅲ. ①世界史 Ⅳ. ①K1

中国版本图书馆 CIP 数据核字（2015）第 078109 号

SHI JIE JIAN SHI
世界简史

（英）威尔斯 著　　唐婉 译

| | |
|---|---|
| 出 版 人 | 孙建军 |
| 责任编辑 | 于 涉　高冰若 |
| 封面设计 | 胡椒设计 |
| 出版发行 | 吉林文史出版社 |
| 社　　址 | 长春市人民大街 4646 号 |
| 邮　　编 | 130021 |
| 经　　销 | 全国新华书店 |
| 印　　刷 | 三河市华润印刷有限公司 |
| 开　　本 | 710mm×1000mm　1/16 |
| 印　　张 | 18.5 |
| 版　　次 | 2015 年 7 月第 1 版　2017 年 7 月第 3 次印刷 |
| 字　　数 | 400 千字 |
| 书　　号 | ISBN 978-7-5472-2758-9 |
| 定　　价 | 38.00 元 |

版权所有，侵权必究

图书若有印张错误，影响阅读，可向承印厂联系调换。

# 序

当你打开这本书时,我会迫不及待地想告诉你:"没错!这就是你想要的!"威尔斯的这本《世界简史》作为通俗世界史的扛鼎之作,它就像小说一样好看、迷人,会让人忍不住一口气把它读完。

历史的写法有很多种,人们通常看到的是那种枯燥史料的堆砌,老生常谈的剖析,按照时间的发展和朝代的顺序写成的历史,没有崭新的见解,没有灵感的迸发,对于历史事件的叙述是那样死气沉沉。

这些历史书会给我们带来沉闷无趣的印象,历史学家都好像是从远古走来的老学究,语言也几乎没有什么亲切感。然而赫伯特·乔治·威尔斯的书不是这样,他写的历史另辟蹊径。

赫伯特·乔治·威尔斯(1866—1946)是英国著名作家、历史学家和社会学家,他毕业于英国皇家学院,曾是一名教师,但却以新闻和文学创作闻名于世。他所著的《世界简史》向人们展现了一种立体化多层次的历史。这本历史书有很多优点和特点,知识丰富,视野开阔,语言简洁通俗,站在较为客观的高度上将影响世界历史的大事件娓娓道来。历史能写得平易近人而且具有趣味性,这本身就是了不起的尝试和优点。

这本书名为《世界简史》,其开端不是从世界文明的发源地开始叙述,而是讨论了时空中的地球,探讨人类生活在怎样的宇宙中,我们的文明又是建立在怎样的自然世界中。虽然威尔斯所提及的一些科学见解和研究在今天看来已经落伍,但他将物理学、天文学、地理学、生物学等多领域的科学知识引入历史书,在当时他所生活的时代绝对是一个创举,也对我们今天的历史研究有很大的启发。

世界历史从来就是纷乱复杂的，从地球产生、物种起源、人类进化、文明产生，一直到第一次世界大战的爆发，其间出现的政治、经济、文化、种族、宗教、战争、国家、工艺、科技等等，若是事无巨细地写出来，恐怕没有哪本书能够承载那么庞大复杂的内容。事实上，威尔斯的《世界简史》章节不多，文字也不具备长篇大论的特点，这可能也是它被称为"简史"的原因。但这并不能影响其内容的含金量，世界简史并不是历史的简单罗列拼凑，而是将复杂的世界历史作为参照物，对于那些影响今天的科学发现和历史事件，做出一个全面而又立体的论述和阐释。威尔斯所要强调的历史事件，不只强调其有多么耀眼显赫，更多谈到的是对今天人们的生活有何等重要的影响。

　　我们能够从《世界简史》中看到一个较为清晰的历史脉络，那些历史上著名的人物，苏格拉底、柏拉图、亚里士多德、老子、孔子、耶稣、达摩、亚历山大大帝、阿育王、俄国沙皇等历史人物串联起世界历史，我们可以跟随威尔斯流畅的笔触穿越欧洲大陆、亚洲古国、美洲部落，从而进入一个又一个精妙绝伦的人类文明领域。威尔斯恬淡、简约的文字描述并不是要将读者束缚其中，而是令我们惊叹于人类文明奇葩的同时，将我们引入人类历史进程中。

　　威尔斯的《世界简史》出版至今已被翻译成多种语言，在全世界范围内广泛流传，中文译本也不止一种，而我们新译的版本相较其他版本也有全新的特点。

　　第一，我们将原本出现的引文进行严格的核对，《世界简史》引用最多的是《圣经》原文，我们参照中文和合本《圣经》进行翻译核对，并注重宗教名词的严谨性，以免造成错译和误解。

　　第二，对原本出现的相关科学研究的结论做了简单注释，科技发展日新月异，威尔斯生活的时代对很多现象无法做出科学理性的解释，此译本对此有一定的补充和关注。

　　第三，此译本更注重译句的简约流畅，力图打造出一本人人都能看懂的《世界简史》，可以让中国的读者们更加喜爱世界历史。

# 目　录

第一章　空间中的地球 ...................................... 1

第二章　时间中的地球 ...................................... 4

第三章　生物的产生 ........................................ 6

第四章　最初的鱼类 ........................................ 8

第五章　沼泽时期 ......................................... 11

第六章　早期的爬行动物 ................................... 14

第七章　原始鸟类和哺乳动物 ............................... 17

第八章　哺乳动物的发展期 ................................. 20

第九章　猿人、类人猿、亚人 ............................... 23

第十章　尼安德特人、罗德西亚人 ........................... 26

第十一章　真正人类的产生 ................................. 29

第十二章　早期人类的思想 ................................. 32

第十三章　农耕时代 ....................................... 36

第十四章　新石器文化 ..................................... 39

第十五章　苏美尔与古埃及文明, 文字的出现................43

第十六章　游牧民族的出现................47

第十七章　最初的船舶和海员................50

第十八章　走进古埃及、巴比伦和亚述................54

第十九章　雅利安人的原始生活................59

第二十章　巴比伦帝国的衰退期与大流士一世帝国................63

第二十一章　早期的犹太人................67

第二十二章　犹太的教士与先知................71

第二十三章　希腊文明................74

第二十四章　希波战争................78

第二十五章　繁荣昌盛的希腊帝国................82

第二十六章　亚历山大统治下的帝国................85

第二十七章　亚历山大城的科学................89

第二十八章　佛祖乔达摩................93

第二十九章　佛教与阿育王................97

第三十章　中国的两位伟大导师................99

第三十一章　罗马帝国拉开历史的序幕................103

第三十二章　罗马帝国和迦太基................107

第三十三章　崛起的罗马帝国................111

第三十四章　罗马和中国................120

第三十五章　罗马早期的平民生活................124

第三十六章　神圣罗马帝国的宗教................129

第三十七章　耶稣与基督教................134

第三十八章　基督教的发展……………………………………139

第三十九章　蛮族的入侵，罗马帝国的东、西瓦解………………142

第四十章　匈奴人，西罗马帝国的崩溃……………………………146

第四十一章　萨桑帝国、拜占庭帝国的发展………………………150

第四十二章　中国的隋唐时代………………………………………154

第四十三章　穆罕默德和伊斯兰教…………………………………156

第四十四章　阿拉伯的文明…………………………………………159

第四十五章　拉丁语基督教的发展…………………………………162

第四十六章　十字军东征与教皇……………………………………168

第四十七章　王侯进行的反抗，教会的分裂………………………175

第四十八章　蒙古人的兴起和武力…………………………………182

第四十九章　欧洲人的理性复苏……………………………………186

第五十章　拉丁教会进行改革………………………………………193

第五十一章　皇帝查理五世的一生…………………………………196

第五十二章　君主、议会、共和国政体在欧洲实验的时代………203

第五十三章　欧洲新帝国的扩张……………………………………211

第五十四章　美国独立战争…………………………………………215

第五十五章　法国革命战争、君主制的复辟………………………219

第五十六章　欧洲不稳定的和平……………………………………225

第五十七章　科学得到进一步发展…………………………………229

第五十八章　工业革命………………………………………………235

第五十九章　现代政治与社会思想的进程…………………………238

第六十章　美国势力的不断增大……………………………………246

| 第六十一章 | 德国的复苏与对欧洲的控制 | 252 |
| 第六十二章 | 轮船、铁路时代的新海外帝国 | 254 |
| 第六十三章 | 欧洲人掠夺亚洲，日本的复兴 | 259 |
| 第六十四章 | 大英帝国统治下的和平 | 263 |
| 第六十五章 | 欧洲的军备阶段与世界大战的爆发 | 265 |
| 第六十六章 | 俄国的十月革命 | 269 |
| 第六十七章 | 全世界重建政治经济秩序 | 273 |
| 附录：世界大事年表 | | 278 |

# 第一章　空间中的地球

　　人类生活在地球上，然而，人类对这个世界的了解却十分有限。大约在200年前，我们也才知道了人类最近3000年的历史。至于之前的历史，我们仅能靠传说和人类丰富的想象加以阐释。很多人认为，我们的世界是在公元前4004年被突然创造出来的。而持有这种想法的人，大多是从父辈那里得到了这一信息，然后又将这信息灌输给下一代。

　　然而，即使他们都认为世界是突然被创造出来的，他们也有分歧：一些人认为世界创造于春天，一些人则认为是秋天。他们对此争论不休，而用来支持他们观点的证据却是十分荒谬的，要么是猜想，要么是对希伯来人《旧约》的生硬解释。显然，这种争论是毫无意义的。现在，学者们也早已摒弃了这种不科学的见解。

　　如今，随着科学的发展，人们开始越来越客观地观察这个世界，研究各种自然现象。最终，人们认为，我们的世界早就存在，早到我们无法想象的年代。当然，正如在房间中面对面各摆放一面镜子，我们在镜子中就看不到房间的尽头一样，在我们所见到的自然现象中，也有可能会让我们产生错觉。但是，可以肯定的是，人类的生存历史绝不只短短的6000多年。所以说，人类历史始于公元前4004年的观点，是不科学的，应该彻底被推翻。

　　现在，我们都知道地球是一个两端稍扁、呈橘状的球体，地球直径为8000英里（1英里≈1.61公里）。虽然地球是球体这一观点，在大约2500年以前就被少数的权威人士所认可，然而，因为没有足够的证据证明，所以在很长的一段时间内，人们都相信地球是一个平面。为了反驳地球是一个球体的观点，人们还以天空、恒星和行星为地面参照物，以日升月落、繁星高挂等世界各地都一样的自然现象来进行反驳。

现在，我们知道了，地球上之所以会出现昼夜交替的现象，是因为地球每天围绕地轴自转一周；之所以出现季节变化，是因为地球顺着椭圆形轨道每年绕太阳公转一周。当地球与太阳的距离为 9 150 万英里时，便达到了两者之间的最近距离，距离为 9 450 万英里便是最远的距离。

地球绕着太阳公转，而体积比它小得多的月球，则以 239 000 英里的轨道半径绕地球公转。当然，太阳系中除了地球、月球外，还有许多星球也是围绕太阳运行的，比如距离太阳 3 600 万英里的水星，距离太阳 6 700 万英里的金星，距离太阳 14 100 万英里的火星，距离太阳 48 300 万英里的木星，距离太阳 88 600 万英里的土星，距离太阳 178 200 万英里的天王星，距离太阳 279 300 万英里的海王星等。

其中，水星和金星属于内行星，它们比地球更靠近太阳；后五者为外行星，位于地球绕太阳公转轨道外围。为了便于大家的理解，我们将太阳与其他行星的大小、距离等，按照一定的比例缩小到一定尺寸。

首先，我们假设地球是一个直径为 1 英寸（1 英寸≈2.54 厘米）的小球，那么太阳就是一个直径为 9 英寸的大球。两者大约相距 323 码（1 码≈91.4 厘米），相当于五分之一英里——大约四五分钟的步行距离。地球是小球，而月球就只有豌豆大小了，它与地球的距离为 2.5 英尺（1 英尺≈0.305 米）。水星和金星两颗内行星处在地球和太阳之间，它们与太阳的距离分别是 125 码和 250 码。

围绕这些星体的是茫茫无垠的宇宙空间，一直延伸到距离地球 175 英尺的火星。木星的直径为 1 英尺，它与地球的距离约为 1 英里。在距地球的 2 英里处，是体积稍小的土星；距离地球 4 英里的是天王星，距离地球 6 英里的是海王星。海王星以外的数千里空间中，只有悬浮的稀薄气体和细微的尘埃。就是按照缩小后的比例，恒星离地球最近也远在 40 万英里之外。

上演生命之剧的宇宙是多么的浩渺空旷啊——这是我们对以上这些数字产生的一个形象认识。

偌大的宇宙，浩瀚无垠，而我们所熟悉的仅是地球表面的生物。从地表至地心，其平均距离大约为 4 000 英里，而存在生物的空间却不过是地下 3 英里到地表以上 5 英里的范围。而其余的茫茫宇宙空间，显然是空洞、无生命的空间。

　　生活在地球上的人们，虽然不断探索，但其深入海底不超过水平面下 5 英里处（译者注：1957 年，苏联科学院海洋研究所的海洋考察船对马里亚纳海沟进行了详细的探测，并用超声波探测仪探测出一条特别深的海渊，其中最深处达到 11 022 米，这是迄今为止已知世界海洋中最深的地方），飞机在空中飞行也只能低于 4 英里（译者注：从目前的飞行技术来看，航天飞机的飞行高度可达 100 公里，侦察机的飞行高度达 50 000 米。普通大型民航客机可飞行高度是 9 000—10 000 米，商务飞机可达到 15 000 米的飞行高度）。不错，的确有人乘坐气球飞到了 7 英里高的高空中，但他在空中却遭受了常人难以想象的困难。且不说人类，单说经常翱翔天际的鸟儿们，至今仍未发现有哪种鸟儿可以飞到 5 英里的空中，那些被装上飞机的鸟儿和昆虫，早在飞机飞到这个高度前就已经失去知觉了。

## 第二章　时间中的地球

在最近的 50 年，科学家对地球的年龄和起源这两方面做了一些有价值和有趣的推测。由于这些推测包含着深奥的数学和物理上的问题，所以我们在此不能加以概括性的描述。事实上，如今的天文学和物理学的发展程度，还没达到能使这样的科学研究成果摆脱主观的猜想和推断。

从目前的情况来看，早在 20 亿年以前，地球就以一个独立旋转的星球存在了，并且已经开始围绕太阳公转了。但是，这只是目前的一个推测，或许有一天科学可以证明，地球存活的时间比这更悠久，甚至都超出了我们的想象。

在久远的年代里，围绕太阳公转的地球和其他行星早已独立存在了。它们的形成过程基本一样，也许，它们最开始只是太空中的一些弥散物，因长时间旋转凝聚，才最终变成现在的样子。通过望远镜，我们可以看到太空中有些闪光的东西呈现螺旋状，都围绕着一个中心旋转，这就是所谓的"涡状星云"。经过天文学家的推测，太阳和其他行星在形成今天的形状以前，也曾经像这些涡旋物质一样，是不断凝聚而成的。而这个聚结历经了悠久的岁月，正是我们推测出的亘古时期，地球和月球有了雏形。它们在那个时候，离太阳的距离要近得多，自转和绕太阳公转的速度也更快，太阳在宇宙中原本就是一个大火球，而那些行星的表面状态很可能都在燃烧和熔解。

如果我们可以回到遥远的过去，那么我们可以目睹地球的最初形态，那种景象和现在肯定是截然不同的：地球表面岩浆滚动，像熔炉的炉膛一样炙热难耐；地球表面找不到液态水，但其可能混杂在硫磺、金属蒸气中；在大量气雾的下方，是熔岩翻滚沸腾的海洋；天空中，各种蒸气在太阳的照耀下，仿佛燃烧了一般，

## 第二章　时间中的地球

一团团"火焰"在天空中飞掠而过。

在这之后几百万年里，地球经历了各种变化，最后终于稳定了下来。此时，地球的温度降下来了；天空中的水蒸气凝结成雨，落在地面上；空气中的气体变轻了；海洋中的岩浆活动逐渐减弱，熔岩在下沉时带走大量落在其上的漂浮物。渐渐地，地球远离了太阳和月亮，旋转的速度也慢了下来。至于月球，它也远离了太阳，球体逐渐冷却，交替反射或遮挡太阳光，于是地球上便有了满月和日食现象。如今月球总以同一面朝向地球，但或许当初它是以不同角度面向地球的。

就这样，地球历经悠久的岁月，以极为缓慢的速度变化着。然而，人类还未诞生，因为此时地球上仍没有大量液态水。此时，随着水蒸气的上升遇冷，凝结成云，又化为雨水落到地表的岩石上。即使这样，在此后漫长的岁月中，地表的液态水仍十分有限，大部分水仍以水蒸气的形式存在于空气中。直到有一天，逐渐凝固的岩石上出现了小溪流，溪水奔腾向前，又汇聚成了江河湖泊，岩屑和沉淀物被冲刷着涌了进去。

最后，就形成了人类繁衍生息的家园了。然而，那个时候地球上的环境依然十分恶劣：狂风暴雨肆虐，遍地熔岩，没有土壤，没有草木，没有动物和人类。为了迎接生命的到来，地球继续进行着剧烈的活动，倾盆暴雨夹杂着岩石碎屑，逐渐汇聚成洪流，冲刷地球表面，沟壑和峡谷就是这样形成的。与此同时，地球开始进行新一轮的地壳运动，地震和火山不断爆发，而太阳和月亮对地球的作用，又加剧了这种运动的激烈程度。

几百万年又过去了，地球年龄越来越大，地球的气候也越来越温和了。久而久之，气候也不那么恶劣了，狂风暴雨终于也不那么频繁，强度也不那么大了。而此时，最初的海洋也逐渐形成了。

然而在那个时候，仍然没有任何生命存活于地球上，茫茫的海洋也没有生命，岩石上也是一片荒芜。

## 第三章　生物的产生

　　众所周知，对于那些在有人类记载和传说之前的生物知识，人们大都是凭借层岩中生命体遗留的足迹和化石才得以了解的。人们发现的遗留下来的大量骨骼、根茎、纤维、贝壳、果实、爪印、足迹等类似的东西，几乎都存在于页岩、砂岩、板岩、石灰岩等物体中。另外，人们还发现了一些较为特殊的化石，如：原始雨水冲刷形成的洼坑，原始潮汐留下的波痕等。人类之所以能够了解完整的古生物史，源于科学工作者们对这些岩石孜孜不倦的研究。

　　由于沉积岩中的化石所受破坏较少，所以它们往往成为人们研究古生物化石的首选材料。但是，沉积岩也有其自身局限性，由于在地壳运动中受到挤压、扭曲等，它们不是一层一层整齐地排列着的，而是相互叠加、混乱不堪。为此，大批学者倾注了毕生精力。根据科学推断，这些岩层大约记录着过去16亿年的历史，以下便是一些简单介绍：

　　地质学家把记录中最古老的岩石称之为原生岩，是因为从中看不到任何的生命迹象。我们在北美洲发现了很多裸露的原生岩，地质学家从它们的厚度推断其最起码经历了8亿年之久。在岩石上面，人们发现了一些潮汐和暴雨留下的印记，但是却没发现任何生命迹象。这也就是说，透过这些岩石可以得知：从地球上形成海洋和陆地后的8亿年里，地球上都是没有生命的。

　　当我们对其他岩层的岩石进行更深一步的探究时，渐渐发现了一些早期生命的痕迹。地质学家将这种最早出现古生物痕迹的时期，称为"古生代早期"。这一时期，出现了海藻、贝壳、海虫、植形动物和甲壳虫等低等生物以及最具有代表性的三叶虫。三叶虫是迄今为止人类发现的最早的动物，其貌似蚜虫，能和蚜虫一样将自己蜷成球状。在此后数百年，海蝎子等动物相继诞生，与最初的生物相比较，这些生物生命力更强、更灵活，适应性更好。

在生命刚诞生之时，动物的躯体都比较小，身长大约9英寸的海蝎子就已经算是"庞然大物"了。不管是植物的还是动物的，我们在这个时期都没有看到陆地生命的迹象，也同样没发现脊椎动物和鱼类的迹象，只有些浅水和潮汐涨落留下的生物痕迹而已。我们只要从岩屑、岩洼中找来一滴水，放在显微镜下观察，就可以知道古代早期生物的模样，透过显微镜我们会惊讶地发现，除了体积上有所差异，这滴水中的小贝壳、小海蝎、海藻以及植形动物的特征，与那些曾经是地球上生物之王的、又大又笨拙的古生物比起来，相似到了极点。

然而，我们必须清楚，虽然古生代早期的岩石向人们展示了生命的存在，但是其却无法告诉我们生命的起源。一个化石的形成，必须具备以下基本条件：生物体必须有坚硬的部分，如骨骼、外壳等；生物体必须足够重，能在泥土或是岩石上留下痕迹。否则，生物体就无法留下化石，无法告诉人们它们曾在地球上生存过。就好像今天地球上的许多小型软体动物，它们也无法在其灭绝前，在地球上留下痕迹，以向未来的科学家证明自己曾经存在过。所以说，在人们所不知道的时间里，或许有成百上千的动物在地球上繁衍生息，但是它们没有在地球上留下一点儿痕迹，最终灭绝了。或许在所谓的"无生代"的湖泊以及海洋的温暖的浅水域中，曾经生活着大量低等的软体动物、数量惊人的绿色浮藻，但是却没有留下化石。

就像银行存折无法完全显示人们的生活水平一样，化石对生命的记录，也不是完整的，所以不能把它视为过去生物的完整记录册。生物想要被载入史册，不考虑外部条件的话，其自身必须有坚硬的针骨、甲壳等，或是能分泌出虫管，或是有支撑的茎。不过，人们还在比常见化石岩层更古老的岩石中发现了石墨，它是一种分离状态的碳。一些专家推测，或许这种物质，是通过其自身的旺盛的活动，从而在化合状态中分离出来的。

# 第四章 最初的鱼类

"世界只有几千年的历史"——当人们错误地怀有这样的见解的时候，其同时也会以为世界上的动植物从诞生之日起就是它们现在所呈现的样子，从来没有变化过。然而，当人类发现了化石并对其展开研究后，人们逐渐意识到自己认识上的错误，并且摒弃了原来的观点。这时候，人们开始怀疑，这些物种在漫长的岁月中，有着缓慢的进化和变化，正是这种质疑，最终有了"生物进化"的理论，就是说地球上的一切动植物都是从无生代（即前太古代）海洋中一些近似于没有组织的生物体、极为简单的原始生物，经过持续而缓慢的进化后，逐渐变成今天高级的生物体的。

不管过去还是现在，生物进化的问题一直是人们争论的焦点，人们对这个话题的热衷程度完全不亚于"地球到底几岁了"这一古老话题。在曾经的一段时间中，生物进化论思想由于一些说不清的原因，被正统基督教、伊斯兰教和犹太教视为异端邪说。当然那个时代已经过去了。现在，无论天主教、基督教、犹太教还是伊斯兰教教徒，都已经能够坦然接受生物进化论的理论，基本认同了万物同源的观点了。如今，人们基本已经认清这一事实：世界上没有一种生物是突然诞生的，它们都是经过长时间的演变而生成的。人们清楚地意识到，生命最早诞生于海洋，在经历了无数个日升月落之后，它们才逐渐演变成强大的、有意识的自由个体。

毫无疑问，生命是由诸多有机个体组成的。这些个体既不是可以无限延伸的静止不动的晶体，也不是团状或是块状的非生物体，而是一种有机生物体。与非生物体相比，这种有机生物体具有明显的特征：第一，有机生物体能够将

## 第四章　最初的鱼类

其他物质摄入体内，并将其转化为自身的一部分；第二，有机生物体具有生命活力，可以繁衍后代。不过，生物体虽然能繁殖出新个体，但新个体与其母体之间并不是完全一致的，它们在保持"种族"相似性的同时，又存在着一定的差异性。而且，这种差异性不仅存在于母体与新个体之间，同时也存在于新个体与新个体之间。而这种规律适用于任何物种及其生命的任一阶段。

为什么生物体的后代和母体之间既有相似性又有差异性？关于这个问题，科学家们至今仍无法给予我们合理的解释。事实上，我们大可不必以科学的角度来探讨这个问题，只需从常识的角度来分析便可。对生物体而言，如果其生存的条件发生了变化，生物体本身也必然会发生相应的变化。任何生物体，其中总有部分个体异于其他个体，使得它们能更好地适应其所处的环境；也总有部分个体由于其本身的原因，使得它们难以在新环境中生存下来。这两类个体相较而言，前者具有更强的适应能力，寿命更长，繁殖能力也更强，从而使得该种族通过它们得以繁衍，并且提高了该种族的平均适应性，让该种族向着更有利的方向发展。这种生物体与环境的相互选择过程，就是"自然选择"。

关于自然选择，它不是一种科学假设，而是一种建立在生物个体差异与繁衍基础上的推测结果。在物种的进化及灭绝过程中，或许不止"自然选择"一种力量在支配，但迄今为止，科学家们仍无法一一解答。如今，人们唯一能够肯定的就是，自生物诞生之日起，"自然选择"就一直伴随着生物体而存在——只有那些缺乏基本常识和无视生命基本规律的人，才会否认这一基本事实。

至于生命的起源问题，许多科学家都提出了生动而有趣的推测，可是到了今天，也没有关于生命起源的明确说法和令人信服的理论。不过，几乎所有的权威人士都认可这样一个观点：最初的生命诞生于光照充足的海洋浅水区中的泥沙里，随着潮起潮落，这些生命四下散开，被从浅水区带到了海岸、潮间区以及大海深处。

在原始的世界里，潮水的活动极为剧烈。微弱的个体生命不断遭受着潮水毁灭性的打击。在潮水的涌动中，一些生命被卷进深海，因缺乏阳光和空气而死亡；一些生命被带到了岸边，因太阳的炙烤而死去。在这样恶劣的生存环境下，生命个体不得不向着有利于其生存繁衍的方向发展：有的生命选择生根，避免被潮水冲走；有的选择长出外壳，避免被阳光晒干脱水。为了生存下来，这些生命个体还逐渐具备了一些能力，依靠味觉的敏感来寻找食物，依靠身体某部分对阳光的敏感从深海里、洞穴中爬出来或是逃离险象环生的浅滩。

可见，那些最早长出硬壳与甲胄的生物，它们之所以选择这样的外形，不是为了抵御外敌，而只是为了防止自身因干燥脱水而死亡。与此同时，一些动物还进化出牙齿、爪子等生理"利器"，如前文提到的远古时期的海蝎子，其身上不仅拥有坚硬的外壳，还有利爪——这让它在很长的一段时间里称霸生物界。之后，一种生命力更顽强的物种出现了，它们长有眼睛和牙齿，而且还会游泳。此时大约是在"志留纪时代"，很多地质学家认为志留纪时代是在5亿年以前。而这种新生的物种就是我们已知的最早的脊椎动物，也就是最初的鱼类。

志留纪时代之后，地球进入了"泥盆纪"，这一时期脊椎鱼类的数量明显增加了。正因为鱼类在泥盆纪空前繁盛，所以泥盆纪又被人们称为"鱼类时代"。如今，地球上已经见不到这些古老鱼类的身影了，唯一可以知道的是，它们的身形与今天的鲟鱼、鲨鱼等极为相似。当时，它们在浩瀚无垠的海洋中来回穿梭，一会儿觅食于海藻间，一会儿跳出水面，一会儿又相互追逐嬉戏。它们的到来，为古老的海洋带来了无限生机。以今天的标准来衡量的话，这些古老鱼类的个头都不算大，除了一种身长可达二十英尺的鱼种外，绝大多数鱼种的身长都不超过二三英尺。

关于这些古老的鱼类，人们无法通过化石找到它们的祖先，它们好像是凭空出现的，与更古老的物种之间不存在丝毫联系。虽然如此，但动物学家们却通过一些特殊渠道的考察以及对现存的与它们有血缘关系的鱼卵进行研究后，得出一些有趣的观点。他们认为，这些古老脊椎动物的祖先应该是软体动物，或是从嘴及其四周长出牙齿一类"利器"的小型水生动物。鱼类诞生之后，经过很长的时间，它们才进化为有牙齿、全身长满齿状鳞片的动物，如鳐鱼和角鲨等。而齿状鳞片的形成，使它们得以摆脱黑暗，朝着有阳光照耀的地方游去，最早的脊椎动物就这样出现在地质记录中了。

# 第五章　沼泽时期

在鱼类时代的最初时期，陆地上只有裸露的岩石和高峰地带，尚未出现生命。此时，陆地上连真正意义上的土壤都没有，毕竟，此时陆地上还没有出现能够将岩石分解为泥土的植物，也没有能够促进土壤形成的蚯蚓。不要说这些较高等的生物了，就连苔藓、地衣等低级生物都还没有造访陆地，生命依然仅限于在海洋中存在。

很快地，这个遍地都是裸露的岩石的世界发生了剧烈的气候变化。导致气候发生剧变的原因有许多，到了今天，人们也只能对变化的原因做出一些推测而已。人们认为，地球运行轨道的改变，地球南北两极的逐渐偏移，大陆地形的变化以及太阳温度的骤增骤减，导致地球进入了漫长的冰冻期。在冰冻期后，地球又进入了漫长的温暖期，这种情况持续了数百万年。

从地球演变的历史来看，地球的内部也发生过几次巨变。在积聚了几百万年的上冲力的作用下，地壳突然隆起、火山爆发，从而导致陆地及山脉轮廓发生了翻天覆地的变化，山被提高，海洋加深，气候变化也更加剧烈。接着，地球便又进入漫长的稳定时期。在这漫长的平静岁月中，山峰因遭到雨水的冲刷和风霜雨雪的侵蚀，逐渐变得低平了，并且生成了大量泥土。而大量的泥土被雨水、河流带入海洋，使得海底被抬高，海水变浅，海平面不断扩张。许多近海陆地逐渐被海水所淹没，慢慢变成浅海。这便是人们所说的"高而深"时代以及"低而平"时代。

有人以为，地球外壳凝固后，地表温度就会逐渐下降。事实上，这是一种误解。地球是在经历了无数次长时间的降温期后，地壳的内部才逐渐不影响地表温度。

就算是在"无生代"时期，地球上也普遍存在"冰期"的痕迹，而正是经过这样的降温，地表温度才逐渐稳定下来。

直到"鱼类时代"的后期，浅海和潟湖水域才在地球上呈现出来，各种生物才得以从水域转移到陆地上。毫无疑问，曾经大批涌现的早期生物，都已经历了几千万年的进化。现在这些生物终于盼到了属于自己的时代了。

毋庸置疑，植物出现在陆地上的时间比动物要早，不久之后，动物也开始登上陆地。作为陆地上的最早居民，植物首先要解决两大问题：其一，当潮水退去后，它们依靠什么来支撑叶子，使其获得阳光的照射；其二，当它们离开海洋后，维持生命所需要的水分不再唾手可得，它们该如何从湿地中摄取水分。为了解决这两个问题，植物进化出"木质纤维组织"，其不仅可以支撑植物，而且还能承担起输送水分的任务。在这一时期的化石中，各种木质沼泽植物陡然增多，其中不少植物的体积还比较大，如杉叶藻、木质苔藓和木质蕨类等。

随着植物在陆地上生根发芽，各种各样的动物也从水里爬上岸，在陆地上安家落户。它们中有百脚纲动物、倍足纲动物、原始的昆虫等，还有海蝎及古代蜘蛛蟹的近亲，后两者演变为最早的陆地蝎和蜘蛛。与此同时，脊椎动物也出现在陆地之上。

陆地上早期出现的原始昆虫，其个头都非常庞大，甚至出现过一种长达29英寸的蜻蜓。

这些新的物种，用各自的方式呼吸着陆地上的空气。呼吸是动物必备的技能，在上岸之前，它们就已经学会了呼吸水中的空气。一旦登陆之后，它们就必须想尽一切办法，让自己拥有攫取水分的能力。即使是今天，一个人的肺如果完全处于干燥状态，那这个人就会立即窒息而死。只有当肺的表面处于湿润状态，空气才能够通过肺部进入到血液当中。为了适应陆地上的呼吸，登陆的动物必须有所改变，或者让其体内某器官进化出可以防止水分蒸发的功能，或者干脆进化出一个深藏于体内的新器官，如能获得分泌液滋润的管状器官、新呼吸器官等。

在远古时期，靠腮呼吸的脊椎鱼类无法在陆地上生存，因为它们的呼吸方式不适用陆地。为了适应新的生存环境，这类动物开始不断地进化，终于形成了藏于体内的新呼吸器官，即"肺"，实际上就是"鱼鳔"。关于这种变化，

## 第五章 沼泽时期

从水陆两栖动物中就能看得出来。比如青蛙和蝾螈，它们原本是诞生于水中的靠鳃呼吸的动物，就像许多鱼类进化出鱼鳔一样，后来它们才在咽喉上进化出一个袋状肺，以适应新的呼吸环境，此后它们才能够在陆地上生活。渐渐地，由于使用得少了，它们的鳃也就退化了，鳃裂也消失了（其中一个鳃演变为连接耳和鼓膜的通道）。从此以后，它们就只能生活在陆地上，只在产卵繁衍下一代时才回到水中去。

在沼泽时代，所有这些靠大气呼吸的脊椎动物、植物都具有两栖性。当时所有的此类动物都与今天的蝾螈极为相似，只是它们中的一些躯体比较大而已。这些动物实际上已经称得上是真正的陆地动物了，但是它们依旧需要生活在沼泽或是其他潮湿地带。与早期的陆地动物一样，早期的陆地植物也具有两栖性。此时，树木等的种子还未进化至仅靠雨露的滋润就能生根发芽，它们只有把孢子落入水中才能繁衍后代。

生物为了生存，往往会具备复杂而又神奇的适应能力。为了研究这种颇具魅力的适应能力，从而产生了一门美妙的学科：比较解剖学。地球上所有的生物，不管植物还是动物，最初都是生活在水中的。例如，所有比鱼类高等的脊椎动物（包括人在内），在其胚胎发育过程中或是出生之前，都要经历一个鳃裂消失的阶段。又如，鱼类之所以永远睁着眼睛，是为了保护眼睛，避免眼睛干燥。而比鱼类更高级的动物，则拥有更好的护眼能力，它们进化出眼睑和能够分泌液体的腺体，让眼睛保持湿润。为了感受空气中微弱的声音震动，动物还进化出耳膜。由此可见，动物为了更好地生活在陆地上，其身体器官都发生了相似的演变和调整。

在石炭纪的两栖类时期，浅滩、潟湖以及沼泽之中，都生活着大量生物。这一时期，各类生物的生活范围大大拓宽了，然而在山峰和高地处仍是一片死寂，毫无生命气息。归根结底，虽然生物已经学会在陆地上呼吸了，但是它们依旧需要回到水中繁殖后代，这决定了它们无法在远离水域的山峰及高地生活。

# 第六章  早期的爬行动物

地球在经历了生物空前繁盛的石炭纪后，又进入了一个漫长的、干旱的严冬时代。根据该时期的岩层显示，这一时期的生物化石较少，但沙石之类的沉积物却显得很厚。该时期，地球上的气候再次出现剧烈的变化，地球多次进入冰期，大地被严寒所包围。于是，繁荣一时的沼泽植物消失了，它们被压在了新的沉积层下方，开始了另一段旅程：压缩和造矿。如今我们所发现的大多数煤矿，就是这样形成的。

在恶劣的气候条件下，生物经受了最严峻的考验，也获得了极具价值的经验。随着地球的回暖、潮湿，一系列新的生物出现了。人们在这一时期的岩层中发现了卵生脊椎动物的印迹。与孵化后需先在水中生活一段时间的蝌蚪不一样，新的卵生脊椎动物在孵化完成前就已几乎发育完全了，孵化后便可在空气中生活。此时，胚胎发育过程中必不可少的一个步骤便是鳃裂，其所导致的结果则是：这类动物再不会有鳃这一器官了。这类不必经过蝌蚪期的新型动物，被人们称为爬行类动物。

在动物发生改变的同时，陆地上各种能结果的树木也得到了进化，它们不必再依赖沼泽和湖泊来繁衍后代了，因为它们已经能做到独立传播种子了。虽然此时陆地上尚未出现草及能开花的植物，但却已经有像棕榈一般的苏铁类植物，还有一些热带松柏类植物。

另外，各种蕨类植物也大量涌现。此时，陆地上虽然还没有蝴蝶和蜂类，但已经出现甲虫了。不管怎样，各种新的动植物已在这漫长而又严酷的寒冷时代里基本形成了，它们只是在等待时机，一旦时机成熟，它们便能迅速繁衍。

## 第六章　早期的爬行动物

随着时光的流逝，地球也在经历了无数次沧桑巨变之后，终于进入了一个平稳的缓和期。在地球轨迹的改变、地轴与地球轨道之间的角度变化、地壳的频繁运动等一系列因素的共同作用下，地球终于迎来了一段气候温暖的时期，这个时期持续了很长一段时间，人们推测其大约为两亿年，而这一漫长的平和时期被人们称为"中生代"，以用来区别在此之前的"古生代"和"原生代"（共14亿年）以及其后延续至今的"新生代"。由于中生代早期的爬行动物种类繁多、数量巨大，所以中生代又被人们叫作"爬行动物时代"。大约在8000万年前，中生代结束。

相对而言，如今地球上爬行动物的种类少了许多，而且分布范围也小得多。但是，与那些在石炭纪时代主宰一时的两栖动物的残存后代比起来，它们的种类还是很多。如今，地球上依旧能看到一些原始物种的身影，比如鳄鱼、蜥蜴、蛇、鳖和海龟等。这些动物都有一个共同的特征：无法忍受严寒的考验，需要常年温暖的气候。事实上，几乎所有的中生代爬行动物都有这样的局限性，它们是生活于温暖丛林里的"温室动物"，经受不了霜冻的洗礼。在中生代，真正干燥地带的动植物群已存在，其与地球生物全盛时期的沼泽、湿地等动植物相比起来，差别很大。

像大乌龟、大海龟、巨鳄以及众多的蜥蜴和蛇等，它们在当时都是盛极一时，除了这些我们熟悉的爬行动物以外，还有很多已经灭绝的奇异种类，如品种繁多的恐龙。此时，蕨类、芦苇等多种植物已开始向陆地上的低平地带扩展，在新的领地繁衍生息，随之而来的便是那些食草的爬行动物——在这些繁茂的植被的吸引下，它们也踏上了这一片土地。在中生代最繁荣的时期，这些动物都长成了庞然大物，其中一些超越以往任何陆地动物，甚至能与鲸鱼一较大小。比如，当时有一类被称为梁龙的恐龙，从其口鼻到尾部足有84英尺长。巨龙比梁龙更加庞大，长达100英尺。另外，当时陆地上还有一种体型能与这些巨兽相提并论的动物，那便是以这些巨兽为食的食肉恐龙，如霸王龙——很多书中都将其描绘成空前绝后的凶残而可怕的爬行动物。

在中生代时期，在树林中相互追逐、觅食的爬行动物中，有一个特殊的物种——已经灭绝的翼手龙。翼手龙拥有蝙蝠状的前肢，当它们伸展前肢时，不仅仅是为了捕捉昆虫，有时也是为了捕食它们自己的同类。最初，它们只是在林间跳跃，逐渐地，它们利用前肢乘风滑翔，变成能在树杈之间飞翔的动物。翼手龙是世界上最早的能够飞翔的脊椎动物，而它们的这种飞翔能力标志着脊椎动物的能力发展到了一个新的里程碑。

　　同时，这期间还有些爬行动物返回海洋，三种会游泳的矩形爬行动物回归它们祖先生活的海里，分别是沧龙、蛇颈龙以及鱼龙。它们中的一些体型十分庞大，与今天的鲸鱼一般大小。鱼龙水性良好，能很好地在海洋中生活。至于蛇颈龙，现在已经找不到它的同类动物了。蛇颈龙拥有庞大而强壮的身躯，小脑袋长在长蛇似的，比天鹅的长颈还要长得多的颈上，长着鳍状肢，常在沼泽中、浅水里爬行或游泳。蛇颈龙的捕食方式很特别，或像天鹅一样在游动过程中捕捉猎物，或通过潜水伺机偷袭过往的鱼类及其他猎物。

　　以上提到的便是中生代时期最重要的陆地动物。以我们现在的标准来衡量，中生代的动物比之前物种要高级许多，它们的躯干更大，力量更强，适应能力更佳，分布范围更广，比地球上以往的动物更具有生命活力。

　　与陆地相比，海洋中的动物演化程度较弱，但也出现了大量的新型物种。那时，浅海区域中出现了种类繁多的菊石类动物，形状像介壳类乌贼，还把身体的大部分蜷缩在壳中。其实，早在古生代时期，菊石类动物的祖先就已经生活在海洋中了，直到中生代的到来，它们才发展至鼎盛阶段。如今，这种海洋生物已经灭绝了，但在热带水域中还生活着一种与之亲缘关系较近的动物，即珍珠鹦鹉螺。还有一种新生的鱼类，它们有更强的繁殖能力，它们的鳞片比以往的片形和齿形更加轻薄，它们繁盛而经久不衰，在湖海江河中享有优势地位。

# 第七章　原始鸟类和哺乳动物

我们在前几章给大家展现了一幅美妙的画卷，描述了中生代大量的爬行动物和茂盛的植物的鼎盛时期。当时，陆地上的主宰者是恐龙，潮湿地带和热带雨林中到处都有它们的身影，翼手龙挥着它们的羽翼在森林中发出阵阵尖锐的叫声，穿梭于无花灌木或乔木中捕捉各种昆虫。在这些统治者四周还生活着许多处于弱势的、不显赫的物种，为了避开统治者，它们不断掌握新的生存本领，学会了忍辱负重。直到有一天，太阳与大地不再温和与仁慈，值此生死存亡之际，它们的这些本领的价值就被凸显出来了。

在恐龙家族中，有一群擅长跳跃的弱小爬行动物，由于天敌的残害和生存竞争的威胁，它们中的一部分走向了灭亡，剩下的那些则不得不迁移至寒冷的海边或山峰上，并努力适应新环境。然而，正是这种被迫逃亡的经历，使得这些动物有了新的进化，它们先是长出了可拉长为翎羽状的鳞片，后来又将这种鳞片进化为最初的羽毛。层层叠叠的羽毛状鳞片比以往一些爬行动物的外壳更具有保暖性，能更有效保持体温，有了这层羽毛的保护，它们便能在寒冷的地区生存下来了。对于以往的爬行动物而言，它们不太需要担心自己的卵，因为阳光及季节气温会帮助它们孵化下一代，但对这些移居至寒冷地区的生命新分支而言，情况就大为不同了。它们需要更关心它们的卵，学会保护它们的卵，并且用自己的体温孵化卵，从而完成传宗接代的使命。

在寒冷的气候环境中，这些原始鸟类不断改变自身生理特征，以求生存。渐渐地，它们演化为恒温动物，不再需要依靠阳光来获取温暖。最初的鸟类大概都是海鸟，靠捕食鱼类维持生命，于是它们的前肢逐渐从翅膀演变为鳍状肢，就像企鹅一样。有一种奇特的原始鸟类，它虽然有着一种极其简单的羽毛，但它不会飞，看起来也不像是从会飞的祖先那里进化成的，这便是新西兰鸸鹋。在鸟类的进化史上，羽毛比翅膀出现得要早，当羽毛演化成形以后，为了使羽毛能轻盈地舒展开来，翅膀也必然形成了。

从一只鸟的化石中，至少能发现它的嘴里有爬行动物的牙齿，还有一条爬行动物的尾巴，身上还长着一对翅膀，很显然，它们能够飞翔，曾经混杂在中生代的翼手龙的中间。但是，在"中生代"时期，鸟类的数量和种类都非常有限，如果有人能返回中生代，就算他走上几天，也只能在芦苇和蕨类植物中看见很多的昆虫和翼手龙，但看不到一只鸟，甚至都听不到鸟的叫声。

与鸟类比起来，原始的哺乳动物要早出现几百万年，但在那时它们还十分渺小、稀少，人们对它们知之甚少。

与早期的鸟类一样，早期的哺乳动物同样也面临着敌人的迫害和生存竞争的威胁。为了生存，它们做出了与鸟类相同的选择，迁徙至气候恶劣的地区，培养出了适应严寒的能力。它们身上的鳞片也逐渐演变为羽毛状，这种羽状鳞片可有效防止热量的外散，有助于其保持体温。经过长时间的进化后，它们也终于成为不用依赖阳光取暖的恒温动物了。与鸟类不同的是，它们的羽状鳞片最终进化为毛发，而不是羽毛。鸟类有护卵行为，哺乳动物也有，只不过哺乳动物是将卵保护在其温暖的身体内，直到卵发育成熟。

绝大多数哺乳动物都是胎生的，幼体从离开母体那一刻起就是一个活生生的生命。在下一代诞生之后，父母辈还要负责养育、呵护幼小的生命。今天，多数哺乳动物都有乳房，就是其为哺育后代而进化出的器官。然而也不是所有的哺乳动物都是胎生并拥有乳房的，如针鼹鼠和鸭嘴兽，它们都是卵生动物，而且不具备乳房。针鼹鼠和鸭嘴兽都是靠皮下分泌的养料来哺育幼崽的，针鼹鼠产卵后，会将卵装进腹部下方的育儿袋中，直到针鼹鼠幼崽被孵化出来。

然而，就像一个游客前往中生代参观，可能花上几天直至几个星期都无法寻找到鸟的踪迹一样，也很难见到哺乳动物的踪影，除非他知道寻找的方向及地点。这并没有什么稀奇的，毕竟在中生代，鸟类和哺乳动物都不是占主导地位的动物。

根据推测，爬行动物的繁盛时期大约维持了八千多万年。如果我们用人类

## 第七章　原始鸟类和哺乳动物

有限的知识去观察这一漫长的岁月，或许我们会以为：这个充满阳光、生物繁盛的世界，将会永远延续下去；盘踞在沼泽地上的恐龙以及展翅飞翔的飞龙，也会一直繁衍下去。然而，这种一厢情愿的想法，很快便被宇宙中积蓄已久的神秘力量打破了。

几百万年过去了，地球不仅没有向前发展，甚至还出现了倒退现象，环境变得越来越恶劣，海洋、陆地和高山都发生了极大的变动。从岩层变化中可以看出，地球在经历了中生代的繁荣后，进入了一个衰落期。在这一时期里，地球的环境发生了巨大的持续性的变化，生物的种类也因此发生了极大的改变——一些新的奇特的物种出现了。此时，许多物种面临着种群灭绝的威胁，为了应对这一情况，它们不得不想方设法地提高自己的适应性。例如，菊石类动物就在中生代的晚期衍生出许多奇特的变种。而在平稳的环境中生存的物种就渐渐地失去了动力，不屑于进化了，常常处于停滞状态，因此，它们的适应性就遭到了抑制。而那些已存在的生物恰恰是最能适应环境的。在新环境下，旧有的种族备受折磨，但那些得以演化的新物种，它们的生存和发展却有了更好的前景……

岩石记录在这里中断了几百万年。直到今天，仍然有一层揭不开的面纱，整个物种进化的轮廓被罩得严严实实。当人类再次揭开这层神秘的面纱时，爬行动物时期已告终结。无数的菊石类动物以及恐龙、鱼龙、翼手龙和蛇颈龙都已灭绝。曾经，它们遍布地球，然而后来它们却灭绝了，连一个后代都没有留存。这是因为它们的进化速度跟不上环境的变化速度，环境的恶劣程度远远超出了它们的承受范围，所以它们才无法在新环境中生存。就这样，中生代的物种遭到了持续的、彻底的毁灭。接着，地球便呈现出一番新气象：地球上出现了一批生命力更加顽强、更富生机的动植物。

现在，地球上生命的历史又重新翻开了一页，但展现在我们面前的依然是一片荒凉的陆地。后来，开花的植物、灌木及乔木逐渐取代苏铁类和热带松柏类植物，日益增多的鸟类与哺乳动物，也逐渐出没于以往爬行动物生活过的地方。

# 第八章　哺乳动物的发展期

中生代结束之后，地球上又拉开一个伟大的序幕，这就是"新生代"时期。此时，地壳活动频繁，地面不断隆起，火山活动活跃。阿尔卑斯山脉、喜马拉雅山脉、落基山脉与安第斯山脉等巨大山脉都是在这一时期崛起的；如今的大洋和大陆板块的基本雏形也是在这一时期基本形成的。这一时期的世界版图，与现在地图的轮廓基本相似。据估测，从新生代到现在，其中的时间跨度为4000万到8000万年之间。

在新生代的初期，地球上的气候极为恶劣，后来才逐渐变得温暖舒适起来。当气候回暖并稳定后，地球又迎来了一个生命繁荣期。接着，地球上的气候又突然发生巨变，经历了一轮又一轮的极寒周期——冰期。现在我们所生活的世界，就是从冰期逐渐形成的。

即使到了今天，人们仍无法预测未来的气候变化趋势，因为人们尚不清楚引起气候剧烈变化的具体原因。所以，地球上可能会拥有更充分的光照，也可能再次陷入新一轮的冰期；地球上的火山活动和造山运动可能会更为剧烈，也可能逐渐减弱。但是，由于缺乏相关的科学依据，这些都只是人们的猜测，我们对未来的气候变化一无所知。

地球进入新生代后，禾本科植物出现了，草原随之诞生。那些曾经默默无闻的哺乳动物此时也得到了长足的发展，一些进化为以草为食的食草动物，一些则进化为以动物为食的食肉动物。

最初，这些早期的哺乳动物就特征而言，跟此前在地球上繁盛一时的，后来又灭绝的食草、食肉的爬行动物很相似。所以，一些粗心的观察者便以为，

# 第八章　哺乳动物的发展期

地球上的这一物种繁盛的温暖时期，不过是大自然历史的重演，不过是食草、食肉的哺乳动物取代食草、食肉的恐龙成为世界的主宰而已。然而，这种认识太过于肤浅。宇宙的变化没有尽头，也永不停息，它时时刻刻都处于变化进程中。历史绝不会重演，世界上不存在完全一样的事物。"新生代"和"中生代"的差异性，远远比它们之间的相似性意义更为深刻。

心理上层次的差距是这两个时期生物最根本的区别，主要体现在哺乳动物与后代的接触程度方面。哺乳动物与后代接触得十分频繁，这与较低等的鸟类有一定的相似性，但却与爬行动物相去甚远。爬行动物中除极少的特例外，大多数都不会管理自己的卵，任由其自行孵化，孵化出的幼崽并不知道自己的父母是谁。如果它们存在心理活动的话，那也仅限于其自身的经历，它们能够容忍其他动物的存在，但是却从不与其他动物交流，它们独来独往，从不模仿谁，也从不向谁学习，更不用说会与谁结盟了。然而，新生的哺乳动物和鸟类，因为其特有的哺育和抚养后代的习性，使得个体间的学习、交流等成为可能。它们通过模仿，实现了学习；通过报警的鸣叫声或其他协作行为，实现了交流，进而实现了控制和教育。如此一来，一种"可以教育"的生物就在陆地上诞生了。

新生代时期，早期的哺乳动物的大脑，其大小只比那些活跃的食肉恐龙稍大一点而已。但是我们从岩石记录中往下看，就会发现无论哪一个种类的哺乳动物，它们的脑容量都在普遍而稳定地增长。例如，在新生代的早期生活着一种叫作"雷兽"的动物，其生活习性与需求都与今天的犀牛极为接近，但是它的脑容量却不及犀牛的十分之一。

早期的哺乳动物，它们在哺乳期结束后，可能会与下一代分开。但是一旦它们理解沟通的能力显现出来，那么继续保持联系的能力也就变得十分有益了。于是，我们明显地发现，哺乳动物已经显示出真正的生活的特征，它们可以容纳彼此，能成群结队地在一起生活，相互照应，相互模仿，还通过不同的叫声和动作传情达意。这样的情况，在以往的脊椎动物群体中从未出现过。虽然之前的鱼类和爬行动物也是成群结队的，可这都源于它们大量的繁殖和条件相似的原因才这样的。而对社会性群居的哺乳动物来说，它们的联系不只表现在外在的力量上，而是凭借内部的情感来维系的。不仅是因为它们彼此相像，才在同时同地聚在一起，而是发自内心的喜欢，彼此乐意聚在一起。

爬行动物与人类之间存在很大的思维差异，鉴于这种差异，人类很难对爬行动物产生好感。对于爬行动物那些简单而急切的本能想法，比如食欲、恐惧和憎恶等，人类往往无法理解。与它们不同，人类不会凭借简单的冲动就做出决定，人类更在意结果，做什么事儿都会权衡利弊。所以，人类无法理解，更无法认同爬行动物。哺乳动物和鸟类却有所不同，它们和人类一样拥有一定的自制力，能克服自己的冲动，会顾及同伴，也会有社会性的诉求。

正因为如此，人类才能和几乎所有的哺乳动物和鸟类建立起一定的联系，会受它们的行为或叫声的感染。因为彼此之间存在着某种共鸣，所以人类喜欢将它们当作宠物，而它们也乐于接受人类的驯养，变得既听话又懂事。

在新生代时期有一个至关重要的事实：动物大脑迅速发育，其速度之快完全超出了人们的想象。这标志着生物个体之间新建立起一种相互交流与相互依存的关系，也预示着人类社会即将诞生，我们立即就会谈及此事。

随着新生代的推移，地球上的动植物也不断地进化，与现在的动植物越来越接近。如今，地球上已经见不到雷兽、恐角兽等体型巨大而笨拙的动物了，它们早就灭绝了。另一方面，一些新的物种却诞生了，它们都是从那些既怪异又笨的祖先逐渐演变而来的，这些新物种有骆驼、象、长颈鹿、马、虎、狮、鹿、犬等。在这些动物中，马的进化最具有代表性，这从大量有关马的化石中便能看出来。从新生代初期小貘状的原始马开始，其进化过程中各个阶段的马化石都可以找到。此外，人类对羊驼和骆驼的演化过程也十分了解，因为它们各时期的化石也较为完整。

# 第九章 猿人、类人猿、亚人

自然学家根据解剖学上的相似性，不考虑心理、智力方面的因素，将哺乳动物的种类，又细分成很多目，如狐猿、猿、类人猿以及人类在内的灵长目，这些都位于哺乳动物纲的前面。

如今，我们几乎无法从化石中考察灵长类动物的进化历史了。同狐猿和长毛猴一样，大多数的灵长类动物都生活在密林中，有一些则像狒狒一样生活在裸露的岩壁上，它们几乎不可能溺死，进而被沉积物掩埋，其数量也不多，所以它们不像马和骆驼等动物的祖先那样经常出现在化石中，因此它们的化石也就十分稀少了。但我们知道，在"新生代"的初期，也就是在大约4000万年前左右，地球上已经出现了最初的猿和狐猿类动物了，不过，它们的大脑不能像后代一样有着专门的分工，它们的大脑还没发育成熟。

经过漫长的岁月洗礼后，地球终于迎来了新生代中期。这是生物史上另外两大繁盛时期——"石炭纪盛期"和漫长的"爬行类盛期"之后的又一个鼎盛时代。后来地球上又出现了新一轮的冰河时代。那段时间，气候极其寒冷，尽管中间有过一段回暖期，但随之而来的还是冰雪天气。在曾经温暖的气候里，河马在茂密的亚热带丛林里相互追逐嬉戏；拥有锋利的剑状牙齿的剑齿虎，在如今记者蜂拥的弗利街（伦敦附近）捕猎食物。接着，严寒一波又一波地袭击地球，一大批动物因无法适应这极端的天气而灭绝，只有长毛犀、象的长毛表亲——巨大的猛犸、北极的麝牛和驯鹿等能够适应寒冷气候的动物逃过了此劫。一个又一个世纪过去了，在酷寒且毫无生机的大冰冻期里，北极的冰帽不断地扩张至南部——在英国，其延伸至泰晤士河；在美国，其蔓延到了俄亥俄州。

虽然在这寒冷的大时代里，曾经出现了几次数千年的回暖时期，但随之又进入更加寒冷的严冬时代。

这漫长的严寒时代，被地质学家分成了四个冰河期，即第一、第二、第三、第四冰河期，而介于每两个冰河期的回暖时期则被称为"间冰期"。如今我们所居住的世界，正是经历了冰期，遭受了严寒摧残而留下的满目疮痍的世界。第一冰河期距今约有60万年之久，而第四冰河期则大约于5万年前达到严寒顶峰。就在地球经受严寒的考验时，一种与人类相似的动物诞生了。

在新生代中期，各种类人猿就已经出现在地球上了。此时的类人猿，生长着与人类相似的腿骨和颚骨。但是，在直到临近冰期的遗迹中，人们才发现了它们的踪迹。我们所说的"遗迹"并不是指类人猿的骨骸，而是指它们曾用过的工具。

在欧洲的一些地方，人们在50万年到100万年的沉积岩中，发现了一些边缘锐利的燧石和石片，显然这是一些有手的动物有意识地削磨制造出来的，可以用来敲打、削平其他东西，或是战斗。这类工具，被人们称为"原始石器"。然而，关于打造这些石器的动物，人们并没有在欧洲发现它们的骨骸，也没有发现有其他遗迹，它们唯一留下的就是这些石器。

有确切的证据显示，制造这些石器的根本不是人类，而是一些聪明的猿猴。不过，人们却在爪哇的特里尼尔地区这一时期的沉积岩中，发现了某种猿人的一片头盖骨、一些牙齿和骨头。这种猿人的头盖骨比此前发现的所有类人猿的头盖骨都要大，这种猿人似乎还能直立行走，所以人们称其为"直立猿人"。然而，能帮助人们了解原始石器制作者的资料，也仅限于这几片骨头而已。

在大约25万年前的砂岩层中，我们终于找到了亚人类遗留下来的别的痕迹，在岩石记录中，我们能够看到大量的石器，这些石器的质量明显有了很大的提高，不再是之前发现的那种粗糙的原始石器了，而是经过一番精心打磨制造而成的样式较为精巧的工具。不仅如此，人们还发现，与后来真正人类制造的同类工具相比，亚人类所打造的工具要大得多。

后来，人们又在德国的海德堡的沙坑中，发现了一块粗大的、没有下颌的颚骨，其与人类颚骨极为相似。与人类的颚骨相比，该颚骨要重得多，也更窄小。人们因此认为，这种动物还不能够自如地转动舌头，也不能发出清晰的声音。

## 第九章 猿人、类人猿、亚人

依据这块颚骨的大小，科学家们推测其主人应该是一种巨型的类人怪物，它拥有庞大的身躯和粗壮的四肢，全身长满毛发。因为这种类人动物的颚骨发现于海德堡，所以人们便将其命名为"海德堡人"。

我认为，在海德堡发现的这块颚骨，是世界上最能勾起人们好奇心的东西了。看着它，就仿佛是透过一面已经损坏了的玻璃去洞悉过去，我们只能隐约看到一个动物的模糊身影：它在荒野中缓慢地行走着；为了逃避剑齿虎的袭击，它不得不攀爬躲藏；为了提防长毛犀的攻击，它时时刻刻都保持着警惕。当人们想更进一步了解它时，它却突然消失不见了，仅留下其打制的不可磨灭的石器工具。

更让人意想不到的是，我们找到了一种距今大约有10万年到15万年之久的动物遗骸。尽管曾有部分科学家推测，这些珍贵遗骸的历史要比海德堡颚骨的历史更为悠久，但事实上这种动物的生活年代距今仅有15万到10万年。另外，人们还在该沉积层中发现了一些亚人类的头盖骨，其比现存的所有的类人猿的头盖骨都大得多。除此之外，人们还发现了一片近似猩猩的颚骨的东西，但至于其是否来自猩猩的身体，至今尚无定论。同时，人们还找到一块棍状象骨，其上有一个凿开的小洞，显然是被精心加工制作而成的。人们还发现了一块刻画过的像是符木的鹿的腿骨。以上这些东西，都是人们在皮尔丹发掘出来的。

这个曾经在地上坐着，会在骨头上凿开小洞的，到底是什么动物呢？

关于这种动物，科学家将他们命名为"曙人"。曙人是一个十分特殊的群体，其有别于他们的亲族，与海德堡人和现存的类人猿更有极大的区别。之后，人们再没有发现他们的一丝一毫的遗迹。不过，在接下来的10万年的砂砾层和沉积层中，大量的燧石及其他石器工具被发现。而这些石器再不是粗糙的"原始石器"了，是有精细分工的工具了，考古学家们已经能够从中辨别出刮刀、小刀、斧头、钻子、标枪和掷石等各类工具了。

写到这里，我们所讲述的内容已经越来越接近人类了。接下来，我们将会对尼安德特人展开论述。虽然尼安德特人尚不是真正的人类，但他们与人类已经十分接近了，是人类最奇特的祖先。在这里，我们最好先声明一下：科学家们都认为，海德堡人或曙人只是与人类亲缘关系最为接近的种族而已，并不是人类的直接祖先。

# 第十章　尼安德特人、罗德西亚人

大约在五六万年前，也就是第四冰河期严寒巅峰尚未来临之际，地球上生存着一种酷似人类的动物。由于其与人类实在是太相似了，以至于在一些年以前，人们错将他们的遗骸当成是真正人类的遗骸。我们找到了他们的头盖骨、骨骼以及大量他们打造及使用过的大型工具。当时，他们已经懂得用火了，也知道栖息在洞穴内避寒，甚至懂得剥下动物的毛皮围在自己身上。和现在的人类一样，他们也习惯用右手。

但是，人类学家已经告诉我们，这些动物还不算是真正的人类，而是与人类不同的种族的同一属类。他们的前额低平，眉骨隆起，下颚厚而突出；他们的拇指不能像人类的手指那样，可以和其他的手指相对；他们的脖颈较为奇特，无法完成回头或是抬头的动作。他们很可能是屈身前俯着行走的，一走起来，脑袋就向前倾。他们的颚骨与海德堡人的极为相似，也没有下颌，这也是其与人类明显不同的地方。另外，他们的牙齿也跟人类的有很大的差别，其臼齿的结构远比人类的复杂，这一点往往令人觉得不可思议；人类的臼齿有长长的牙根，但他们的臼齿却没有；人类通常都长有犬齿，但他们却不长。他们头盖骨的大小十分接近人类的，他们的脑部后部大而前部低，智能结构异于人类。因此，不管从生理上还是从心理上来看，他们和人类都不属于同一种族——他们不可能是人类的祖先。

这种早已灭绝的原始人的头盖骨及其他骨骼，最早被发现于德国的尼安德特河谷地区，所以人们便称之为"尼安德特人"。人们猜想，他们应该在欧洲的土地上生活了几百年甚至数千年。

## 第十章 尼安德特人、罗德西亚人

当时，地球上的气候、地质情况完全不同于现在。那个时候，欧洲的许多地方都被冰雪包围着，南至泰晤士河、俄罗斯境内以及德国中部，都包裹在冰雪之下；英国与法国之间也没有横着一条英吉利海峡，地中海和红海都还只是大峡谷而已，在峡谷较低的地方分布着许多湖泊；一个巨大的内海，从现在的黑海开始，穿过俄罗斯南部，一直延伸到中亚地区。当时，虽然不是整个欧洲都被冰雪覆盖了，如西班牙就没有被冰雪覆盖，但那时的欧洲是一个气候比拉布拉多半岛（译者注：位于北美洲，极地长寒气候）还要恶劣的荒芜的高原。从欧洲南行，直到北非气候才逐渐温暖。在欧洲南部寒冷的草原上，不仅稀疏生长着一些寒带植物，而且还生活着以这些植物为食的大量耐寒动物，如大野牛、长毛犀、猛犸、驯鹿等。尼安德特人于是开始了大规模的迁徙，它们随着植物的生长季节而迁徙觅食，秋天回来，春天就迁到北方。

就这样，尼安德特人不断迁徙，漂泊不定。他们以小鸟、兽、植物的根茎及果实为食。从他们平整而细密的牙齿来看，他们平时主要嚼食嫩枝和根茎，是素食者。但是，从他们生活过的洞穴中，我们发现了一些被敲碎且被吸食了骨髓的大型动物的长髓骨。从他们所使用的石器来看，他们还无法跟这些大型动物公开对阵，那么他们又是如何捕获这些动物的呢？多数时候，他们是趁猎物渡河不便时，用矛偷袭猎物，或是设下陷阱来诱捕猎物；他们也可能偷偷跟踪兽群，当群兽发生混战并出现死伤者时，他们便顺手猎取死伤者；他们有时也等待当时尚存的剑齿虎的"帮忙"，坐享其成。据推测，尼安德特人尽管有长期的素食习惯，但或许是因为冰期的生存条件过于恶劣，使他们不得不改变生活习性，开始捕食猛兽。

至于尼安德特人的长相，至今人们仍未弄清楚。他们可能全身长满长毛，完全没有一点人的样子。他们或许连直立行走都做不到，为了支撑身体，他们极有可能手足并用。他们可能是单独行动，也可能是小家庭一起行动。从他们的颚骨的结构来看，他们应该还没办法使用语言。

在几千年的岁月中，尼安德特人是欧洲地区已发现的动物中最高级的。接着，在距今约3万或3.5万年前的时间里，随着气候的变暖，一种更聪明、更能干、会说话、懂协作的与尼安德特人同类的物种，从南方源源不断地涌入尼安德特人的栖息地。这些新居民不仅与尼安德特人争夺食物，将后者驱逐出他们的洞穴和居住地，甚至还挑起战争，消灭了后者。

至今，我们还无法确切知道，这些来自南方或是东方的新居民的发源地到底在哪儿？但是，我们能肯定的是：这些新来者就是与我们有血亲关系的最初的人类。从解剖学的角度来看，他们的头盖骨、脖颈、牙齿和拇指，都和人类的相同。在克鲁马努和格里马迪的洞穴中，人们发现了一些他们的碎骨，这是至今为止，人们所发现的最早的真人遗骸。

岩石记录上终于有了人类的足迹，人类将走向历史舞台。

那个时候，地球上的气候虽然还十分恶劣，但是却越来越接近我们现在的情况了。在欧洲，冰期的冰川开始逐渐消退，法国和西班牙的大草原日益繁茂，越来越多的马群出现在草原之上，逐渐取代原来生活于此的驯鹿。猛犸象在南欧也越来越少见到，它们最终都迁徙到了北方。

人类的发源地究竟在哪儿？关于这个问题，人们至今仍无法给出确切答案。然而，1921年夏天，人们在南非的布罗肯希尔发现了一个头盖骨和若干骨骼碎片。从各种特征来看，遗骸的主人是介于尼安德特人与人类之间的第三种动物种类。从该头盖骨中可以看出，这一种族的脑部特征与尼安德特人的不一样，他们的脑部是前部大、后部小，头盖骨直直地长在脊椎上——这一点跟人类很像。同时，他们的骨骼和牙齿结构也和人类的相同。但是，他们的脸型却和类人猿的十分相似，眉骨高耸，沿着头盖骨的中部隆起。事实上，他们已经算得上是真正的人类了，只是相貌还与尼安德特人那样的类人猿相似。人们称之为"罗德西亚人"，他们比尼安德特人更接近真正的人类。

在很大程度上，继尼安德特人之后发现的罗德西亚人是第二种亚人类种族。从冰河时代开始，这些亚人类种族就已经生活在地球上，并延续了很久，直到他们共同的后代，同时也是他们共同的终结者——真正的人类诞生。从罗德西亚人的头盖骨来看，罗德西亚人生活的年代不会太久远，但直到这本书写成之时，人们还无法得知他们生活的精确年代。直到近代，在南部非洲的某些地区，似乎还生活着这种亚人类动物。

# 第十一章　真正人类的产生

直到今天，西欧国家，特别是西班牙和法国境内，是科学家发现最早人类遗迹的最多的地方。种种迹象表明，留下这些骸骨和石器的是与我们有亲缘关系的最早的人类。在法国和西班牙，都有骨骼、武器、有划痕的骨头和岩石、雕刻过的骨片、岩壁及洞穴壁画等发现。据推测，这些珍贵的遗迹大约形成于3万年前。从目前的情况来看，西班牙是拥有最早人类遗迹最丰富的国家。

不过，人类对这些遗迹的收集只是刚刚开始。我们迫切希望，将来会有更多的研究者，去彻底探究每一个相关史料，到现在考古学家所不能涉及的国家去进行详尽的考察。直到今天，还没有一个训练有素的考古爱好者，到过亚洲及非洲的大部分地区探险，并且自由地对那些地方进行探索。所以，我们要谨慎对待我们的发现，不要妄下定论说：定居西欧的这些物种就是人类的祖先，这一地区就是他们最早的生活地。

或许，在亚洲、非洲及一些现今已沉入海底的某些地方，埋藏着比我们已发现的遗迹内容更丰富、历史更悠久的人类遗迹。在这里，我们之所以没有提到美洲，是因为至今为止人们尚未在美洲发现任何高等灵长类的遗迹——不要说是人类遗迹，就连类人猿、亚人类、尼安德特人的遗迹都未曾发现。如此看来，生命进化好似止步于旧大陆（译者注：哥伦布发现美洲前，欧洲认识的世界，包括欧洲、亚洲和非洲）。直到旧石器晚期，人类才跨越如今被白令海峡阻断的陆路，抵达美洲大陆。

在欧洲发现的最早的人类似乎至少分属于两个不同的种群。而且，其中一种有硕大的脑袋，高挑的身材，已经是很高级的人种了。在已经被发现的一个女性的头盖骨中，我们可以看出其容积要大过现在男性的头盖骨；其中还有一具男性的骨架的身长竟然超过了6英尺。北美的印第安人的体型与他们非常相似。由于这些骨骸最早发现于克鲁马努洞穴中，所以他们被称为"克鲁马努人"。虽然人们认为他们只是原始人，但是他们已经是高级的原始人了。另外一个种族的遗迹，是在格里马迪的洞穴中找到的，并且有明显的黑色人种特征。现今，与他们最接近的种族，就是南非的霍屯督人和布什曼人。

由此可见，从人类历史一开始，人类就至少分成两个重要种群，这的确十分有趣。对此，人们还做了一些猜测，前者可能属于褐色人种而不是黑色人种，他们可能来自东方或是北方；后者的肤色是黑色的而不是棕褐色的，他们可能来自赤道附近。

与当今的人类相比，这些大约4万年前的原始人已经很相像了。他们懂得把颜料涂在自己的身上，知道把收集好的贝壳串成项链，还会在石头和骨头上雕刻图案，而且懂得把野兽简单却很生动的图案画在光滑的岩洞的四壁和岩壁醒目的位置上。他们制作的工具各式各样，尼安德特人制作的工具都比不上他们制作的精巧。现在，他们制作的大量的工具和岩画以及小雕塑等物品，在我们的博物馆中都有保存。

这些原始人类主要靠捕猎一种长有胡须的小型野马为生，是狩猎者。这种小型野马是逐草而居的，原始人为了获得食物，不得不跟着马群迁徙。除了小型野马外，他们也捕食野牛。他们应该十分了解猛犸，这从他们留下的惟妙惟肖的猛犸图画中就可以看出。从保留至今的一个模糊不清的图画上，我们可以确定，曾经的他们一定设过陷阱捕捉过猛犸。

当时，他们大多用长矛和掷石捕杀猎物，弓箭这种武器似乎还没有出现。他们没有猎狗，无法判断他们是不是已经开始驯养动物了。在他们留下的画作中，有一幅刻有一个马头，还有一两幅展现的是套着辔头的马，辔头是用兽筋或兽皮制成的。但是，当时该地区的野马体型极小，根本无法用来当原始人的坐骑，所以它们即使是被驯化了，也不过是用来驮运东西。另外，他们是否学会喝动物的奶汁，这一点值得怀疑，但又似乎不太可能。

据估计，他们可能懂得了用兽皮搭建帐篷，却还不会建造房屋。他们知道用黏土捏泥人，但是还不懂得制作陶器。因为缺少炊具，所以他们做饭的方法应该很原始，甚至根本不懂得做饭。除此以外，他们对农耕、编织和织布等仍

## 第十一章 真正人类的产生

没有概念。除了在身上披上兽皮，他们还在自己赤裸的身上涂满颜料。他们就是这样的一群原始人。

现在，我们知道的这些人类的祖先，在欧洲广阔的草原上以狩猎为生，已经持续了大约100个世纪了。气候在不断地变化，他们也踏上了漂泊迁徙的道路。时光匆匆而过，欧洲的气候开始变得温润起来。此时，驯鹿逐渐向北、向东迁徙，野马、野牛也朝着相同的方向撤退。与此同时，自然环境也发生了变化，草原被森林取代了，野马和野牛则被赤鹿代替了。在这样的大背景下，工具的用途和性质也有了很大的变化，当人类日益依赖河流湖泊中的鱼虾为生时，骨制工具的制作也就日益增多。关于这些骨针，德·莫蒂雷曾评价说："这一时期的骨针比后来制作的——甚至包括文艺复兴前所有历史时期所制作的所有骨针，都要更加精巧。就以罗马为例，任何时期的罗马人都没打造出能与这一时期相媲美的骨针。"

大约在1.5万年或1.2万年前，一个全新的种族迁徙至西班牙南部地区，并在当地露天的岩壁上留下了大量的令人叹为观止的岩画。他们便是"阿济尔人"（根据其生活的洞穴马斯·阿济尔岩洞命名）。阿济尔人已经开始使用弓箭，喜欢在头上装饰羽毛。他们很擅长画画，他们的画栩栩如生，他们甚至懂得用简约的符号来代表画中之物，比如用一条竖线和两三条横线来表示一个人，而这也预示着文字观念已经萌芽了。除了表现狩猎的速写外，他们还刻画一些符号似的线条，有一幅画就是画着两个人用火熏一个蜂巢。

这些人仅仅懂得削制工具，因此我们称他们为"旧石器时期"的最后一批人。一种新的人类在大约1万或1.2万年前出没在欧洲的大地上，他们既会削制工具，又知道磨制工具的方法，他们也懂得了农耕和劳作，"新石器时代"开始了。

令人惊讶的是，在不到100年的塔斯马尼亚岛，一个孤僻的小岛上，还有人类的一个种族存在，不论是在体质上还是智力上，他们都输给了那些曾在欧洲留下遗迹的早期人类。因为地理变迁的原因，该种群和其他种群被隔离开来，外界的影响与刺激无法传达给他们，所以他们不仅没有进化，反而在不断退化。他们的生活方式仍然极为原始，靠捕猎小野兽和捞取贝壳为生，只有容身之处而没有固定的住所。他们也是真正的人类，不过，这些人类不但没有初期人类的灵巧的双手，也不具备审美的能力。

## 第十二章　早期人类的思想

现在，让我们大胆地来猜一猜：当人类出现在世界历史舞台上时，他们的内心有何感想？在4万多年前，人类还不懂得耕种，主要靠狩猎为生，四处漂泊觅食，那时候他们又是如何思考的？由于当时还没有文字，他们的想法无法被记录下来，所以我们只能根据今人的思维对这些问题加以推测，从而得出答案。

为了探究早期人类的思想活动，科学家们进行了各种尝试。近年来，人们借鉴心理分析学的研究成果——为了让儿童适应社会生活，需要缓解其以自我为中心的意识和强烈的本能冲动，最好能够采用约束、压制、掩盖或纠正等一系列措施——在研究原始社会历史方面开辟了一条新道路。另外，还有一种富有成果的探索，就是研究现存的未开化的人的思维和习俗。同时，流行民间的各种古老传说、依然存在于现今文明社会中的那些根深蒂固的迷信观念及偏见等，也能在一定程度上体现最初人类的精神世界。此外，我们的探究途径还可以根据现存的很多遗迹加以推测，如塑像、绘画、符号、雕刻以及此类的物品。离我们的时代越近，这些物品就越丰富，也越来越知道他们感兴趣的事物是什么，最值得他们再现的和记录的是什么事物。

原始人类的思维与儿童的思维是十分相近的，都是以一些形象的画面串联起来的。他们在心中勾勒出画面，或是在脑海中浮现出某些图像，并由此激发出个人情感，而这种情感又直接导致了他们的行为。现在的儿童及未接受过教育的人，他们也都是这样的。显然，人类的系统思维是在相对较晚时期才发展起来的，而其在生活中发挥重要作用则是近3 000年的事儿了。即使到了今天，能真正掌控自己思维的人也只有极少数，大部分人还是凭想象和激情生活。

## 第十二章  早期人类的思想

在真正人类的历史开始之前,也就是最早的人类社会的初期,原始人的生活可能是以家族为单位的小群体,人类早期的部落的形成,或许和成群结队的早期哺乳动物一样,由共同繁衍生息的家族组成。但是,部落的真正形成,需要完成以下过程:必须约束个体以自我为中心的意识;让成年人有敬畏父母的意识;让部落中年长者收敛对年轻人的妒忌心理;作为孩子天然的保护者和指导者的母亲应该学会以身作则。人类社会的进步,往往源自两种对立却又统一的力量:一方面是,孩子成年后离开父母寻求配偶的本能;另一方面则是,独立生活可能遭遇的危险和不利。就是在这两种力量的共同作用下,人类才逐渐发展起来。《原始法》一书是天才的人类学作家J.J.阿特金森的著作,书中揭示了原始人生活的习俗法则,即禁忌。这种法则是原始部落中必不可少的,这是由于当原始人类在社会中过群体性的生活时,一定要进行心理约束和调控。心理分析学家在后来的研究中,证实了阿特金森的这种可能性的阐述。

一些善于思考的作家试图让我们相信,原始人对长老的尊重和佩服,对年长女性保护者的情感是根据对充满幻想的思维和梦境的作用,它得到了极大的夸张和丰富,这对男神和女神的概念的产生以及原始宗教的形成起到的作用是极为重要的。在原始社会里,对于那些强而有力而且愿意帮助别人的人,人们往往对其抱有极大的敬意。而当敬重的对象去世之后,这种敬意就演变为一种狂热的膜拜和畏惧的心理,这是因为死者的形象常常出现在生者的梦境中,让生者以为死者并未真正死去,只是神秘地移居到一个遥远的、更有力量的地方而已。

与成年人相比,儿童拥有更加生动逼真的梦境、想象和恐惧。在这一点上,原始人与儿童更加接近,也与动物十分相似。原始人认为,动物拥有和自己一样的动机和情感反应。在他们的思维中,他们会将动物想象成朋友、敌人或是神灵。如果我们想要了解怪石、树瘤、奇特的树木等诸如此类的东西,对旧石器时代的原始人有多么重要的意义,又有多么重大的影响以及关于这些东西的梦境和幻想是如何产生并演变为令人信服的故事与传说的——那我们只有再做一回善于幻想的孩童。其中一些故事比较容易被记住,也容易复述,女人们很愿意将它们讲述给孩子们听。这些故事就这样一代一代往下传,于是便形成了传说。

现在，一些想象力丰富的孩子，也会编出一些很长的故事给大家听，他们会把自己喜欢的玩具、小动物或想象出的半人半兽当作故事的主人公。原始人或许也是这么想，而且还深信故事的主人公是真实存在的。

现在我们所知道的最早的原始人，很可能已经十分擅长交流了。单凭这一点，我们就能说他们要比尼安德特人更高级，尼安德特人很可能是一种不会发声的动物。不过，原始人的语言很可能仅限于简单的堆砌而已，想要表达意愿想法，还需要借助身体姿势和手势。

不管未开化的原始人有多愚昧，他们至少都懂得因果关系。但是，原始人对因果关系的把握却常常出现偏差，经常将某种结果与一个错误的原因联系在一起，认为"你这样做，就会有这样的结果"。比如，他们认为：给孩子吃有毒的草莓，孩子就会死；你吃了强大的敌人的心脏，你就会变得更强大。这两种因果关系，前者是成立的，后者却是不成立的。原始人类的这种因果关系思维，被我们称为"物神崇拜"。所谓"物神崇拜"，也可以说是原始人的科学。不同于现代科学，原始人的这种"科学"是毫无系统性的，是不加批判的，从而常常出现差错。

在许多情况下，将事物的原因和结果正确地联系在一起并不困难；在另外一些情况下，人们错误的想法可通过实践得以逐步纠正。但是关于原始人类的一些极为重要的问题，即使他们在不断努力地寻求正确的结论，但所获得的答案又常常是错误的，而且这种错误在程度上又显得非常轻微，甚至不足以轻易地被察觉出来。那么，什么事情对原始人来说是最重要的？

毫无疑问，他们最关心的就是：能不能捕获到大量的野兽和大批的鱼虾！基于这种心理诉求，他们深信神灵是存在的，他们虔诚地认为，想要心想事成就必须经过成百上千次的祈祷和占卜。另外，原始人还十分重视生老病死。那个时候，时常有人因瘟疫而死亡，一些人则因患上某种疾病而生命衰竭。这些情形，常会让原始人感到莫名的烦躁和伤感，使得他们做出疯狂的举动。他们像孩子一样，极易受到惊吓和感到恐惧。梦或幻想式的猜测，使他们对某人进行诅咒，或是求助于某个人、动物或是物体。

在原始的小部落中，那些年长而具有威望的人也会幻想、也会感到恐惧。但是由于他们比其他人更具威严，所以每当遇到这种情形时，他们往往比别人

## 第十二章　早期人类的思想

要显得镇定,并且站出来训诫和劝导其他部落成员。他们会告诉大家,什么事情是不可避免的,什么是吉兆,什么是凶兆等等。精通"物神崇拜"的巫医就是最早的祭司,他们负责训诫、解梦和预言,也承担施行避祸招福的巫术的责任。事实上,这种原始的宗教与我们今天所敬奉的宗教并不一样,早期的祭司所支配的,不过是一种由个人主观意志决定的原始的实用科学。

## 第十三章　农耕时代

科学家在最近的 50 年，为了研究人类开始耕作和定居的时间，花费大量的精力进行了广泛的探索，然而直到今天，我们所知的寥寥无几。不过，我们至少可以确定，在公元前 1.5 万到 1.2 万年间，当阿济尔人在西班牙安家落户，当残存的狩猎部落往东和北迁徙的时候，有一些部落在北非、或西亚、或现已被淹没的地中海大峡谷的区域，进行着两种非常重要的试验：驯养牲畜和耕种庄稼。此外，除了继承祖先们打制狩猎器械的方法，他们还学会了打磨石器，甚至懂得用植物纤维编织粗糙的织物，并且已经能够制作粗陋的陶器了。

此时，人类文明已经跨入了"新石器时代"，与克鲁马努人和格里马迪人以及阿济尔人代表的"旧石器时代"有着本质的不同。一个崭新的时代开始了，这些新时代的居民逐渐迁移到气候比较温暖的地方生活。他们掌握了新的制作技术，学会了种植植物和驯养家畜，并且通过不断的学习模仿，将技术广泛地传播开来。到公元前 1 万年时，世界各地的人类社会都已基本跨入"新石器时代"。

对于现代人而言，耕地、播种、收获、晾晒以及磨粉是极为正常的生产流程，这就好像说地球是圆的一样，是自然而然的事情。或许有人会问："不这样还能怎样？除此之外还有什么其他的吗？"这些行为和推理在现代人眼里是理所当然的，但是对 2 万年前的原始人来说，就不是那么浅显了。在获得正确有效的方法之前，他们需要经过无数次的尝试，经历无数次的失败，最终才能通过考验，获得正确的答案。比如，在地中海的某些地区生长着野生的小麦，人们在懂得种植以前，似乎就已经懂得将它的种子碾磨成粉当成粮食。这也就是说，人类在学会播种之前，先掌握了收获。

## 第十三章 农耕时代

有一种现象特别值得我们关注：但凡存在播种和收获的地方，都会留下播种的观念和血祭的观念强烈而野蛮地结合在一起的痕迹。而血祭大都以活人来献祭，极其血腥、残忍。对于一些好奇心重的人而言，研究播种与血祭结合的最初成因，显然是极具诱惑力的。对此感兴趣的读者，不妨拜读一下 J.G. 弗雷泽爵士的不朽之作《金枝》，从中可以得到答案。

我们必须明白，这种联系是无法运用推理来解释的，这只是生活在神话世界里的幼稚且爱幻想的原始人心中某种说不清道不明的莫名情愫。在大约 1.2 万年至 2 万年前的新石器时代里，每逢播种季节，就有活人被用来献祭。这些不幸的用来做献祭的人，都是通过精挑细选的童男童女，并不是遭到遗弃或者地位低微的人。童男往往会被看作是一位神灵，在献祭之前，他会有非常好的待遇，还是被人们膜拜的对象。血祭活人的细节已经演变成一种固定的模式，主持血祭仪式的都是一些年长、经验丰富的长老。

对原始人来说，确定播种和献祭的时间是很困难的一件事。起初，原始人头脑中的季节概念很模糊。在很大程度上，人类历史的早期并没有关于"年"的概念。人类最初的"年表"是以阴历月份来计量的。根据《圣经》的记载，人类祖先是根据月亮的盈亏作为单位来计算年龄的。巴比伦人的历法有明确的迹象表明，为了计算播种的时间，原始人根据阴历的 13 个月来估算。这种以太阴月计算时间的方法，至今仍影响着我们的生活。如果我们的思维没有因为习俗而变得迟钝，那我们就应该会注意到这样的事情：基督教纪念耶稣受难和复活的日期并不是固定的，几乎每年都不一样。其实，这便是按照每年同期月亮的盈亏而做出的调整。

我们无法判断，最早的耕作者是不是研究过星象。一般认为，最早关注星象的人类应该是游牧民族。对于四处游牧的他们而言，辨别方向十分重要，而最简单的辨别方向的方式便是借助星辰这一参照物。后来，当他们发现可以通过观测星辰来辨别四季的时候，星象对农业的重要性也体现了出来。随着经验的积累，他们发现播种和献祭的时间总是与南边或是北边某颗星辰有关，于是他们便对这颗星星产生了崇拜之情，神话传说也由此诞生了。

由此我们不难想象，在新石器时代的早期社会里，那些懂得血祭和星象知识的人，在部落中拥有何等重要的地位。

原始人对污秽和不洁有着深深的恐惧，这就让那些掌握了消除这种恐惧的方法的人拥有了某种权威。所以，原始社会中一直存在着男巫和女巫、男祭司和女祭司。与其说这些最早的祭司是神职人员，倒不如称他们为实用知识专家，他们的知识大多是经验的积累，而且这种经验式的知识往往是错误的。他们为了守住这些知识，不被众人所知，言行举止都非常小心，但他们的职责却是要把这些知识运用到实际上——他们改变不了这一事实。

在1.2万年到1.5万年前，世界上只要是气候温暖、水源丰富的地方，就存在新石器时代的群落社会。在每一个群落中，都存在祭司阶层以及祭司的传统，有耕地，有发展起来的小村落，还有由简单城墙围成的小城镇。久而久之，各个群落间的交流也就随之增多了。艾略特·史密斯和里弗斯把这些最早的农业居民的文化命名为"日石文化"。也许，用"日石"（太阳和石头）这个术语，不算是最妥当的，但在科学家还没有找到一个更恰当的名词之前，我们只好先用这个词语来表示了。

日石文化的发源地应该是在地中海或是西亚的某个地方，而后向东传播发展。一代传一代，一个岛屿传至另外一个岛屿，日石文化终于穿越了太平洋，传到了美洲。在美洲，日石文化与那些来自北方的蒙古种族的更原始的生活方式，互相融合在一起。

深受日石文化熏陶的棕色人种，无论走到哪里，都会带去他们全部或是大部分的行为习惯和奇妙想法。对于他们的一些奇妙思想，如果不借助心理学家的帮助，我们根本无法明白其中的含义。也许只是为了便于祭司观测天象，他们便建造了金字塔和巨大的墓冢，设置巨石阵；人死后，他们将死者的整具或部分尸体制成木乃伊；他们喜欢文身，并且流行割礼文化。

这些习俗被传播到世界各地，如果我们想在当时的地图上标出这些习俗的流行范围，那么我们就应该从英国的史前巨石阵开始，途经西班牙，横穿世界直到墨西哥、秘鲁，沿着温带和亚热带海岸画一条线。不过，在赤道以南的非洲、亚洲北部和欧洲的中北部地区却不在其内，这些地区并没有受到这种习俗文化的影响，生活在这些地方的人类种族完全是按照另外的模式独立发展的。

# 第十四章　新石器文化

　　大约在公元前 1 万年，地球的大致轮廓已大体上与今天世界的地形十分相似了。当时，穿过直布罗陀海峡的大堤经过日积月累的侵蚀，逐渐开始溃决，地中海才有了和今天相似的海岸线。而在此之前，因为该大堤的阻拦，海水根本无法流入地中海凹地。里海在当时可能比现在还要辽阔，甚至有可能与黑海连在一起，并一直延伸至高加索山脉的北边。现在中亚沿海一带的地区已经演变成草原或荒漠，而这一带曾经是丰饶富足、适宜居住的好地方。那时的俄罗斯的欧洲部分，只是一片沼泽，湖泊也很多。现在，白令海峡把亚洲和美洲大陆分隔开来，但是当时的白令海峡却没有完全断开。

　　如今，我们所知道的主要人种，在当时便已经可以分辨了。当时，具有"日石文化"的棕色民族，穿越比今天更温暖、森林更茂密的温带地区，沿着海岸线向前发展。他们就是现在地中海居民的祖先，他们还是古埃及人、柏柏尔人、东亚和南亚大部分居民共同的祖先。这一庞大的人种有着众多的分支，如：生活在地中海或大西洋沿岸的伊比利亚人，即人们所说的"浅色人种"或"地中海人"；东印度的多数居民以及肤色更黑的印度人，即"达罗毗荼人"；包括古埃及人、柏柏尔人在内的"闪米特族人"；波利尼西亚人；毛利人等，都是这一主要人种的不同分支。

　　在这些众多分支中，西方分支人种的肤色比东方分支人种的肤色要浅。此后，在欧洲的中部和北部的森林里，棕色人种中又逐渐分离出一支金发碧眼的"北欧人"。在亚洲东北部的开阔地带上，棕色人种又分出另外一支，这一分支的人拥有黄色的皮肤和黑而直的头发、颧骨高耸、眼角上吊，这便是蒙古人。

在南非、欧洲和亚洲南部的许多岛屿上，则生活着早期黑色人种的后裔。至于非洲中部地区，这里已经成了多种族混居的地区。如今非洲的绝大多数有色人种，几乎都是棕色人种与黑色人种的混血后代。

我们应该牢记，各人种之间是可以自由杂交的。这就好似天空的云朵一样，可以分离，又能相互混合；不像树上长出的树杈，一经分开，就很难再次交合在一起。我们应该时时刻刻记住，只要有合适的机会，人种就会重新结合。一旦我们明白了这个道理，我们就能避免产生偏见和臆断。一些人会极为不当地使用"人种"一词，并且借此发表一些荒谬绝伦的言论，提出类似"不列颠人种"或"欧洲人种"的说法，事实上，几乎所有的欧洲人种都是白色人种、棕色人种和蒙古人种等人种相互交合的后裔。

当人类发展到新石器时代之后，蒙古人种第一次踏上了美洲大陆。毋庸置疑，他们是通过白令海峡到达美洲的，而后又慢慢向南延伸。他们在美洲的北部地区发现了驯鹿，在美洲的南部地区看到了成群的野牛。当他们刚踏上南美洲土地的时候，那里应该还生活着雕齿兽———一种巨大的犰狳以及身形堪比大象的大懒兽。大懒兽可能因为身形巨大，行动迟缓，而且又没有什么还击能力，所以被新来的居民捕杀殆尽了。

大多数的美洲部落，始终都无法超越新石器时代的狩猎和游牧的生活。他们几乎从来没有发现铁的用途，他们日常使用的主要金属也局限在天然的金和铜的范围之内。不过在墨西哥、尤卡坦和秘鲁，由于环境适合过定居的农耕生活，因此在公元前1 000年左右，这些地方出现了一种引人注目的文明形态。这种新文明能与旧世界的文明相媲美，但其形式却全然不同。而且，和旧世界的原始文明一样，这种新的文明形态也会在播种时用活人献祭。我们发现，这种旧世界中的原始观念，在和其他观念发生碰撞后，往往被削弱、被复杂化或是被取消了；在美洲，它却得到了进一步的发展，并且发展为令人吃惊的巅峰阶段。在这种新型的文明形态下，国家的首领或战争统领并不是国家真正的统治者，他们也受制于宗教戒律和预言征兆，而真正的统治者便是制定这些戒律和具有预言能力的祭司。

这些祭司特别擅长计算年份，甚至超过后面我们将要讲到的巴比伦人，当时的祭司还把天文学的知识推广到一个更为精确的层面。在尤卡坦，祭司创造了一种复杂而奇特的文字,即"玛雅文字"。以现有的破译水平,我们知道这种文字是用来记录精确而又复杂的历书的。为了编写这些历书,祭司呕心沥血,倾注了他们一生的心血。

在公元前800年或公元前700年时,玛雅的艺术文明发展到了顶峰。这一时期的玛雅雕刻,以其伟大的创造力和多姿多彩的表现力,令现代的人大开眼界。令人们困惑的是,他们是如何做到以一种狂放不羁的表现手法,让作品展现出奇异的风格,又能在细节处体现匠心的。在旧世界里,没有哪种雕刻艺术是这样的,印度的雕刻倒是与之有些相似,但这种相似性却极其微弱。在玛雅人所创作的这些雕刻作品中,每一件上面都刻着编织的羽毛与蛇紧紧缠绕的纹样。玛雅人的精神文明,仿佛是沿着一条与旧世界的文明完全不同的轨迹发展的,与旧世界的文明呈现出对立姿态。如果按照旧世界的标准来衡量,玛雅人的思维就是完全不正常的。

这种脱离了常规发展的美洲原始文明,的确与一般的精神病患者有诸多的相似之处,这一点从他们极度嗜血就能得到验证。墨西哥古文明中有一种血祭习俗,每年有数千人因各种祭祀而丧命。那些诡异的祭司们,毕生都在干一件残忍的事儿,那就是剖开活人的胸膛,取出其还在跳动的心脏祭奉神灵。当时,包括国家庆典在内的所有公共活动,无一不伴随着这些疯狂而可怕的行为。

这种社会中的普通成员,他们的生活方式和其他野蛮部落的农耕居民的生活十分相似。他们能够制造精美的陶器和织物,还拥有高超的染色技术。

玛雅人不仅将文字刻画在石头上,还将文字书写或绘制在兽皮等物品上。在美洲和欧洲的许多博物馆中,都珍藏了不少的玛雅文书。但是,关于这些文书中稀奇古怪的玛雅文字的破译,却仅限于表示日期的文字,剩下的那些则完全没有头绪。在秘鲁,人们也曾使用过这种文字,但后来被打绳结的方式所取代了。而这种结绳记事的方法,中国在几千年前就已经开始使用了。

在公元前五千年至公元前四千年,也就是早玛雅文明三四千年的旧世界时期,一种与美洲文明相差无几的原始文明就已经出现了。该文明是建立在神庙基础上的,同样也有血祭的传统,也有精通星象的祭司。在旧世界里,各种原始文明在互相冲击、碰撞及影响之下,不断向前发展,并且越来越有利于人类发展。不过,美洲的原始文明却一直停滞不前,始终停留在原始阶段,几乎每一种美洲文明都局限于自己狭小的天地中。在欧洲人到达美洲之前，墨西哥人甚至对秘鲁没有概念，对秘鲁人的主要食物"马铃薯"也一无所知。

时光飞逝，美洲大陆上的居民忙碌地生活着，频繁地进行血祭，而后悄无声息地离开这个世界。在此期间，玛雅人的装饰艺术水平达到了前所未有的高度。人们相爱着，战斗着；荒年之后迎来丰年，瘟疫之后迎来健康，日子就这样日复一日地过着。除了祭司费尽心思地来完善他们的历法以及祭祀仪式外，他们在其他方面没有取得任何进步。

# 第十五章　苏美尔与古埃及文明，文字的出现

如果把旧世界与新世界做比较，那么旧世界应该是一个更为广泛而且更加多样化的大舞台。大约在公元前6000年或公元前7000年，在亚洲和尼罗河的丰饶地区，已经出现了与秘鲁文明水平相当的文明部落。而那时的很多地区都比今天要富饶得多，如中亚地区西部、阿拉伯南部以及波斯北部等，在这些地区都发现过早期人类群落社会留下的遗迹。首先发现城市、庙宇、灌溉系统以及比原始人部落更高级的社会组织，是在地势较低的美索不达米亚平原和古埃及。那个时候，幼发拉底河与底格里斯河通过各自的河口汇入波斯湾，正是在这两条河流狭长的中间地带上，苏美尔人建立起了他们的第一座城市。虽然确切的时间还不清楚，但与苏美尔人的发展同一时期，古埃及也踏上了伟大的历史征程。

苏美尔人的皮肤呈棕色，有着高耸的鼻子。他们曾使用过的文字，如今我们已经能够破译了；他们所用的语言，如今我们也能听得懂。他们已经掌握制作青铜器的技术，而且还懂得用被太阳晒干的砖块来建造高大的塔状庙宇。在苏美尔人生活的地方，盛产优质的黏土，他们便就地取材——在黏土上书写，所以他们的文字才能很好地保存至今。虽然那个时候他们还没有马，但他们已经开始饲养牛、山羊、绵羊和驴了。战斗时，他们便手持长矛和皮制的盾牌，排成紧密的队形，徒步作战。他们身穿用羊毛制成的衣服，甚至学会了理发。

每一座苏美尔城市几乎都是独立的，每一座城市都有各自的神灵和祭司。偶尔也有例外，比如一些弱小的城市，可能会受控于某些强大的城市，居民被迫向强大城市的统治者进贡。在尼普尔的一块古老石碑上，就记录了这样一个

强大的城市"帝国",即伊勒克城市"帝国"——这是最早见于文字记载的"帝国",它的神灵和祭司国王统治着从波斯湾到红海的广大疆域。

最初的文字,只是画图记事的简化方式。早在新石器时代到来之前,人类就已经开始尝试写文字了。前文中提到的阿济尔人的岩画,就能称得上是人类使用文字的开始。阿济尔人的大部分岩画,表现的都是狩猎与远征的情形,其中多数作品中的人物清晰可辨,但是在一些画作中,作者并没有画出人物的脑袋和四肢的形象,而是简单地用一条竖线与一两条横线来表现一个人。由这种画演变为简练的象形文字的过程,显然不会太复杂或烦琐。

苏美尔人的文字,是他们用小木棍写在黏土上的。但是时间一久,这些文字就显得难以辨认了,甚至无法分辨出原意。古埃及人的书写方式就与苏美尔人不同,古埃及人把文字书写在墙面上或是莎草纸(最早的纸)上,所以我们能较为容易地临摹他们的文字,而这些文字也得到了很好的保存。因为苏美尔人的文字都呈楔形,所以人们便称这些文字为"楔形文字"。

当图画不再只表示某个东西,而是发展为表示类似的一些东西时,人类的文字文明又向前迈了一大步。如今,一些特定年龄的孩子所喜欢的画谜,其原理就是这种原始的表现方法。比如,当我们画一个支着帐篷(camp)并配有铃铛(bell)的营地时,孩子们便十分得意地猜想,这是一个苏格兰人的名字"campbell"。

苏美尔人的语言,是一种由音节堆砌而成的语言,与今天美洲印第安人的语言十分相似。这种语言可以表达图画所不能表达的概念,从而产生音节文字。与此同时,古埃及文字也经历了类似的发展过程。后来,那些语言缺乏确切音节的其他民族,也开始学习并使用这些象形文字,还对这些文字进行了调整和简化,最终发展为字母文字。事实上,后世所有的字母文字,都是由苏美尔人的楔形文字和古埃及的象形文字(祭司文字)融合演变形成的。中国也曾使用过传统的象形文字,但最终没有发展为字母文字。

在人类发展史上,文字的发明具有里程碑意义。从此,人类便可以将法令、法律及契约用文字记录下来。另外,文字的发明使城市的扩张和延续历史的意识都自然而然地出现了。从这个时候开始,祭司和国王的命令和印章,可以传达到其声音无法到达、视力无法触及的地方,甚至在其死后还能发挥一定的作

## 第十五章 苏美尔与古埃及文明，文字的出现

用。有趣的是，古时候的苏美尔人十分喜欢使用印章。当时，国王、贵族或商贾，请人为自己雕刻精致的印章，并在其所认可的黏土文书上加盖上自己的印章。这便说明，6000年前的人类文明就已经与印刷文明十分接近了。

苏美尔人把文字写在黏土上，然后将黏土进行晒晾，使其变得相当坚硬，更适合长久保存。读者们想必知道，多少年以来，生活在美索不达米亚平原上的人，都将信件、账目记录写在不易毁坏的砖瓦上。正因为如此，我们现在才能知道许多过去的历史知识。

苏美尔人和古埃及人，在很久以前就已经认识青铜、铜、白银、黄金了，而且还知道珍奇的陨铁。

在旧世界的古城中，不管是苏美尔还是古埃及，最初城市的日常生活都十分相似。另外，除去街上的牛、驴外，他们的生活方式与三四千年后的美洲玛雅城市的生活也应该十分相似。在和平时期，大部分百姓都忙着耕作、灌溉，当然，宗教节日除外。当时还没有出现货币，而他们也不需要货币，毕竟他们只是偶尔进行一些小型的交易，以物换物。即使贵族和统治者，也是偶尔才以金条、银条及贵重的宝石进行大宗交易。那个时候，人们的生活都是以神庙为重心的。在苏美尔，庙宇被建造成宏伟高大的塔殿，塔顶是观测星象的地方；而在古埃及，庙宇则是一种气势恢宏的单层建筑。在苏美尔，祭司是地位最显赫、最伟大的人；在古埃及，祭司屈居一人之下，而这个人便是法老——这一地区主神的化身，诸神之王。

这一时期的世界几乎没有什么变化。人们在烈日下辛勤耕作，老实本分地生活。当时，几乎不会有陌生人打扰他们的生活，打破他们的安宁。祭司根据古老的律令指导人们的生活，观测天象，确定播种的季节，为人们解梦，挑选祭祀的良辰吉日。人们劳作，恋爱，最后安然死去，生活得十分安逸。他们从不关心民族的未来，也逐渐忘却民族过去的野蛮历史。

有时，人们也能碰上一位勤政爱民的好国王，比如佩比二世，他曾统治古埃及达90年之久。有时，人们会遇到不懂得体恤百姓且野心勃勃的主宰者，比如基奥普斯、迈锡尼斯、基弗林等，他们为了扩张领土、掠夺财富，让自己的子民去服兵役，发动对邻国的战争；他们还驱使年轻力壮的人去做苦役，逼迫他们去修建巨大的墓室和金字塔。吉萨高地上的墓室和金字塔就是这样修建成

的，其中最大的金字塔高达450英尺，光石料就用去488.3万吨。这些巨石都是从尼罗河用船运过来，然后主要靠人力搬运到那里。对古埃及来说，发动一场大规模的战争，其劳民伤财的程度，远远比不上建造金字塔带来的伤害大。

# 第十六章　游牧民族的出现

公元前6000年至公元前3000年，人类开始了定居的生活。不仅在美索不达米亚平原和尼罗河地区，人们定居下来耕作、建立城邦，但凡能够灌溉、一年四季有稳定食物来源的地方，人们都放弃了原来艰辛的、不稳定的游猎生活，不再四处漂泊，而是定居下来。

底格里斯河上游的亚述人也建立起了自己的城邦；在小亚细亚河谷、地中海沿岸及岛屿上，一些小部落也一步步走向文明。与此同时，一些国家也出现了相似的文明发展，比如中国、印度等。在欧洲的一些地方，湖泊星布，水下鱼虾资源丰富，许多小型部落便选择临水而居，搭起了水上建筑，靠捕鱼和狩猎来弥补农耕的不足。然而，在旧世界中，适宜人类居住的地方毕竟是少数，世界上更为广阔的地区还是不适合人类定居的——土地过于荒芜或林木过于繁茂，气候十分干燥，且变化无常，对于只会使用原始工具而缺乏相应知识的人类来说，尚无法在这些地区定居生活。

只有在光照充足、水源丰富、气候温暖的地区，人类才能在原始文明条件下过上定居生活。但凡这些条件无法满足，人们就只能选择狩猎生活，或是追赶猎物，随着季节的变化而四处漂泊。人类从狩猎生活转变到游牧生活，经历了一个极为漫长的时期。人类在追逐成群的野马或野牛（在亚洲）时，或许突然冒出了这样的想法——将这些野兽占为己有。于是，他们逐渐学会了将这些野马或野牛等赶进山谷，圈养起来，并需不时驱赶入侵的狼和野狗等食肉动物，以保护他们圈养的动物。

原始的农耕文明，在大河流域为主的地区发展起来。与此同时，一种被称为"游牧生活"的新型生活方式也出现了。所谓游牧生活,就是一种在冬季牧场和夏季牧场之间不停迁徙放牧的生活方式。总而言之,游牧生活远比农耕生活要艰辛得多。他们人口有限,没有永久性的庙宇,也没有祭司阶层,只有少得可怜的工具。但是,这并不意味着他们的生活方式落后。事实上,游牧生活在很多方面都显得比农耕生活更加优越,游牧生活更自由、更充实。对于游牧民族而言,其每一个个体都更具独立性,群体意识较为薄弱,首领永远比巫师要重要。

游牧民族的眼界十分开阔,他们游遍了地球,因此对异国的风土人情很熟悉。为了保住牧场,他们常常与前来争夺的部落群体进行协商和交涉。他们还比农耕民族了解更多的矿石知识,因为他们要翻山越岭进入山石嶙峋的地带。或许,冶炼对于他们来说只是不值一提的小事,在很大程度上,青铜,尤其是铁的冶炼都是游牧民族最先发现的。在中欧地区,曾出土了一批铁器,经考证这些铁器都是人类早期文明之前的产物,而铁显然就是从铁矿石中提炼出来的。

另一方面,定居的农耕民族已经学会了纺织、制作陶器,还制造了各种生活必需品。农耕与游猎两种截然不同的生活方式,使得游牧民族和农耕民族之间不可避免地发生了掠夺和交易。尤其是在苏美尔,这里既有季节性耕地,又有沙漠地带,这就势必会出现游牧者在耕地边上驻扎营寨的问题,于是难免发生纠纷。在这里,他们可能进行交易,甚至干一些偷盗、诈骗的勾当,就像个别吉普赛人的所作所为(但那时,他们是偷不到鸡的,因为鸡在印度丛林中原本是一种飞禽,到了公元前1000年,才被人类驯服)。游牧民常常带来金属、皮货和宝石。而狩猎者带来的更多的是野兽的皮。他们用这些物品进行交换,如可以交换衣服、珍珠、玻璃、陶器和其他类似的东西。

在远古时代的早期文明中,古埃及和苏美尔有三个地区和三个主要种族以半定居半漂泊的方式生活。肤色白皙的北欧人生活在欧洲丛林地带,可以说他们的这种狩猎生活较为低级。在公元前1500年的原始文明时期,在遥远辽阔的东亚草原上,一个不为众人所知的民族已经开始驯养野马,这便是匈奴人。随着季节的交替,匈奴人不断地在其冬季营地和夏季营地之间进行大迁徙。当时,北欧人可能与匈奴人并无往来,因为当时俄罗斯的沼泽和水域比今天的里海更为广阔,阻断了双方可能交流的道路——当时,俄罗斯到处是湖泊和沼泽。在

## 第十六章 游牧民族的出现

日益干燥的叙利亚和阿拉伯的沙漠上，生活着浅肤色或棕色皮肤的闪米特人，他们常常驱赶着成群的山羊、绵羊和驴子，往来于各个草场。正是这些闪米特牧民和来自波斯南部拥有黑色皮肤的埃兰人，最早和早期文明发生了亲密接触。这些游牧民族与早期文明接触，一方面是为了贸易，一方面则是为了掠夺。于是，在他们的部落中逐渐出现了胆识超群且富有远见的统领，并且他们最终成了征服者。

大约在公元前2750年，闪米特族出现了一位伟大的首领——萨尔贡，他征服了苏美尔全境，成为从波斯湾到地中海的大片疆域的主宰者。萨尔贡本人是目不识丁的文盲，但他的臣民阿卡德人却掌握了苏美尔文，并将苏美尔语定为官方语言和学界用语。大约200年后，萨尔贡所创建的帝国才逐渐走向衰亡。

之后，埃兰人一度入侵苏美尔，但不久又被亚摩利人——新兴的闪米特人——夺回了统治权。然后，他们依傍着河流建造了一座都城——巴比伦，并将自己的帝国称为"第一巴比伦帝国"。大约在公元前2100年，在伟大的汉谟拉比国王统治之下，巴比伦帝国得到了长足的发展。汉谟拉比还制定了历史上第一部法典——《汉谟拉比法典》。

美索不达米亚平原地势开阔，所以游牧民族想要入侵这些地方十分便利。但是，在尼罗河流域，情况却大大不同了——这里地势狭长，入侵者无法肆无忌惮地长驱直入，很难征服这里。然而，在汉谟拉比统治期间，闪米特人最终还是征服了古埃及，并在那里建立起了一个由法老统治的政权——"希克索斯王朝"，或称"牧人王朝"。闪米特人的这种统治，维持了好几个世纪。但是，古埃及人始终不愿意接纳闪米特人，还将其视为野蛮人，在公元前1600年左右，古埃及人终于将这些入侵者赶出了他们的土地。

不管怎样，闪米特人对苏美尔人的影响是永久的。这两个民族在相处的过程中不断同化，无论性格上还是语言上，巴比伦帝国都留下了闪米特人的印记。

# 第十七章　最初的船舶和海员

大约在2.5万年或3万年前，人类开始使用船只。最晚在新石器时代的早期，人类就已经知道利用木头或充气的兽皮袋，来完成水上航行了。苏美尔人和古埃及人很早就已经懂得"造船技术"了，苏美尔人和古埃及人在我们所知道的最早年代起，已经学会了把野兽的皮晒干，然后缝合起来，做成小船了。迄今为止，这些地方还在使用这种小船。同样的，在爱尔兰、威尔士和阿拉斯加等地，人们也使用这样的小船，人们用海豹皮缝制成小船，然后利用它横渡白令海峡。日积月累，人们的造船能力越来越强，先是独木舟，继而是小船，接着是大船，都一一被建造出来。

就好像流传于世界各地的洪水故事与地中海的水患有关一样，诺亚方舟的传说，可能也只是人类为了纪念祖先造船的壮举而编的。

在红海地区，在金字塔出现之前，船只就已经问世了。至于波斯湾和地中海水域，大约于公元前7000年也有船只的踪影了。当时在海上航行的有少数的商船和海盗船，大部分都是渔船。根据我们对人类的了解，我们有理由相信：最早的航海者多以抢掠为生，只有在万不得已时才会进行交易。

起初，航海并没有得到充分的发展，只是起到了辅助作用，因为船只都是在风浪小，或者好几天不见风浪的内陆海面上航行。直到最近400年间，那些装备完善、能够在海洋中更好航行的大帆船才逐渐发展起来。在古代，人们靠划动木制的船桨来推动船只向前航行。而且，船只一般只在靠近海岸线的水域上航行，一旦遭遇恶劣的天气，人们便能迅速划到港口躲避。当小船逐渐发展为甲板大帆船时，人们便强迫战俘来划桨。

## 第十七章 最初的船舶和海员

我们已经在前文中论述了,作为游牧民族的闪米特人,如何活跃于叙利亚和阿拉伯地区,如何征服苏美尔人,建立阿卡德王国,又如何建立"第一巴比伦帝国"。事实上,在西方的海域上同样也有闪米特人的身影。沿着地中海东海岸,他们建造了一连串的港口,其中提尔港和西顿港是最大的两个港口。在巴比伦的汉谟拉比统治时期,闪米特人以漂泊者、殖民者和商人的身份,活跃于地中海一带。这些经常出现在海上的闪米特人,被人们称为"腓尼基人"。他们大多数选择定居西班牙,他们侵吞了古伊比利亚半岛,还驱走了岛上的巴斯克人。他们组织军队远征,让军队沿着海岸穿越直布罗陀海峡到非洲北海岸建立殖民地,结果他们在那里建立了不少的殖民地,迦太基便是其中之一。关于迦太基城,在书中后面章节中将会提到。

不过,腓尼基人并不是地中海水域中最先拥有大帆船的民族。在很早以前,地中海岛屿和沿岸就已经出现了许多城镇,生活着一群爱琴人。从血缘和语言上来看,爱琴人与其南面的柏柏尔人和古埃及人、西面的巴斯克人都有亲缘关系。千万不要将爱琴人和希腊人混为一谈,希腊民族是很晚才进入人类历史的,爱琴人事实上是希腊人的前身。爱琴人在希腊和小亚细亚建立属于自己的城邦,如特洛伊、迈锡尼等,又在克里特岛的克诺索斯建造了宏伟的宫殿。

人类逐渐了解爱琴民族的文明发展程度和势力范围,已经是最近半个世纪的事儿了,而这还多亏了考古学家们的辛苦劳动。考古学家们对克诺索斯进行了全面的挖掘考察。幸运的是,在这个远古的爱琴文明城市的废墟上面,没有再建造大型城市,从而使其大部分古迹得以完整保存下来,成为人类探究这个一度被遗忘的文明的重要材料。

克诺索斯的历史极为悠久,这一点与古埃及很像。在公元前4000年左右,克诺索斯与古埃及之间有着频繁的海上贸易活动。公元前2500年,即萨尔贡一世统治结束到汉谟拉比统治开始之间,是克里特文明发展的顶峰时期。

从严格意义上来说,克诺索斯算不上是一个大城邦,而是一座大宫殿。最初,克诺索斯连城墙都没有,但后来因为腓尼基人的队伍日益壮大,而新兴的凶猛的希腊海盗不断从北边向这里扩张,克诺索斯才不得不开始加强布防。

古埃及的统治者被称为"法老",而克里特人的国王则被称为"米诺斯"。米诺斯住在装有自来水设备、浴室及其他舒适设备的豪华宫殿里——在其他古迹中，很少能见到这样气派的设施。米诺斯常在宫殿中举行祭祀大典和表演。此时已经出现斗牛表演了，其与今天西班牙所盛行的斗牛比赛十分相似，尤其是在斗牛士的服饰上，两者十分接近。除此以外，宫殿中还举行体操表演。那时妇女的服饰已经比较时尚了，她们不仅穿上了百褶裙，还有紧身胸衣。克里特人在其他领域也取得了很高的成就，他们的陶瓷、纺织品、珠宝、象牙、金属制品、绘画作品及镶嵌饰品，都制作得十分精美，令人称奇。此外，克里特人还拥有独立的文字体系，但令人遗憾的是，人们至今无法破译他们的文字。

这种文明持续了近2000年。大约公元前2000年，克诺索斯和巴比伦的百姓都生活得比较富足快乐，他们经常举行盛会及宗教庆典，有奴仆照顾他们的生活，还有奴隶为他们创造财富。碧海蓝天，阳光灿烂，克诺索斯人的生活显得安宁而祥和。但此时的古埃及在半开化的"牧人王朝"统治之下，却面临着重重危机。只要是热衷政治的人，就一定知道闪米特人这时候正在大肆扩张自己的势力，他们控制了古埃及，征服了远方的巴比伦，还在底格里斯河上游建立了尼尼微城。但是，他们并没有止步于此，他们不停向西航行，一直抵达赫拉克勒斯顿（直布罗陀海峡），在遥远的海岸线上建立了一个又一个的殖民地。

克诺索斯出现过许多思维敏捷、想象力丰富的人。后来，在希腊人中间就流传着能工巧匠代达罗斯的传说。据说他曾经尝试过制造飞行器，可能是一架滑翔机，不幸的是坠毁在大海中。

让我们来探讨一下克诺索斯人与现代人的生活差异，这是一件极为有趣的事儿。公元前2500年，在克里特绅士看来，铁是一种来自天外的罕见的金属，并不知道它的实用价值，他们只知道陨铁，那时他们也不知道从矿石中提炼铁的方法。不像现在，我们的世界上到处都有钢铁的存在。对我们而言，马是一种再寻常不过的动物了，而对于那时的克里特人来说它不过是一种传说，因为当时还没有马的存在，它只不过是遥远的黑海以北的荒凉大地上一种品种优良的驴子。在他们看来，文明主要存在于居住在希腊的爱琴人，居住在小亚细亚地区的迦利亚人、吕底亚人以及特洛伊人中间，那里的人所说的语言和他们所说的语言是一样的。虽然西班牙和北非有腓尼基人和爱琴人生活，但在他们看来，那里是非常偏远的地方。

此时，意大利还是一片蛮荒之地，到处森林密布，那些居住在小亚细亚地

## 第十七章 最初的船舶和海员

区有着棕色皮肤的伊特鲁里亚人,还没踏上这片土地。假设一个克里特绅士在码头碰到了一个白皮肤蓝眼睛的俘虏,他一定会大为惊奇的。或许,这位绅士会尝试着与俘虏聊天,但当他发现自己听不懂对方的语言时,他就会觉得这个奇怪的人一定住在比黑海更遥远的地方,是一个未开化的野蛮人。然而,这个俘虏其实是雅利安人。关于雅利安这个民族及其文明,我们将会在后面的章节中再做详细介绍。至于克里特绅士所听不懂的语言,实际上正是后来分化为希腊语、梵语、波斯语、拉丁语、德语、英语以及世界上大多数语种的母语。

这便是处于全盛时期的克诺索斯人,他们聪明、进取、开朗、快乐。然而,大约在公元前 1400 年,一场突然降临的灾难使这一切都化为乌有。昔日的繁荣景象不见了,米诺斯的宫殿遭到毁灭,而且废址再没建造任何建筑,也再没人在这里生活过。关于这场灾难,至今仍是一个未解之谜。人们在废墟中发现了一些遗迹,证明这里曾遭到过火烧和掠夺,还发现了某次破坏力极大的地震的痕迹。人们一直在想,克诺索斯是毁于自然灾害,还是希腊人趁地震之机对其进行了摧毁,但始终没有答案。

# 第十八章　走进古埃及、巴比伦和亚述

闪米特人在古埃及建立了"牧人王朝"的统治，但是古埃及人在内心里却从没有心甘情愿地臣服他们。大约在公元前 1600 年，古埃及爆发了一场轰轰烈烈的爱国运动，推翻了闪米特人的统治，并将侵略者驱逐出境。接着，古埃及迎来了一个崭新的复兴期，古埃及问题专家将这一时期称为"新帝国"。古埃及，这个在"牧人王朝"开始之前尚未统一的国家，此时终于实现了国家的统一。在侵略者的长期统治之下，古埃及人不仅没有屈服，反而越发斗志昂扬，从而使得古埃及的法老们也成了野心勃勃的征服者。现在，他们用从"牧人王朝"缴获的战车和战马武装自己的军队。在阿米诺菲斯三世和托多美斯三世执政时期，古埃及的势力已经延伸扩展到亚洲的幼发拉底河流域了。

现在我们要讲述的是，美索不达米亚文明和尼罗河文明进行的一场长达千年的战争——而它们曾经是毫不相干的两个文明。战争刚开始的时候，代表尼罗河文明的古埃及占了有利地位。那些辉煌的王朝，如第十七王朝、第十九王朝等都曾将古埃及带向了一个高度繁荣的时期。而这两大王朝中又各有值得一说的统治者，比如第十七王朝有托多美斯三世、阿米诺菲斯三世、阿米诺菲斯四世和伟大的哈达苏女王；第十九王朝则有统治古埃及长达 67 年并被誉为"摩西法老"的拉美西斯二世。当然，即使在这一时期，古埃及也出现过几次衰落期，一度被叙利亚和南部的埃塞俄比亚人征服过。

美索不达米亚先是由巴比伦统治，后来统治一段时间的还有赫梯人和大马士革的叙利亚人。叙利亚人一度征服了古埃及。与此同时，居于尼尼微城的亚述人的命运也时有沉浮，有时尼尼微城被征服了，有时亚述人又能在统治着巴

## 第十八章　走进古埃及、巴比伦和亚述

比伦的同时还有暇侵略古埃及。由于篇幅所限,这里不能一一为大家详述古埃及军队同来自小亚细亚、叙利亚以及美索不达米亚的敌人和闪米特人的交锋情形。不过,值得一提的是,当时的军队已经开始大量装备战车,而马则只出现于战场和庆功宴上,但是马匹从中亚传入这些古代文明地区也算得上是一种进步了。

在那段远古的时代中,还出现过几位伟大的转瞬即逝的征服者,如曾征服过尼尼微城的米坦尼国王塔楚拉达,曾经征服过巴比伦的亚述王提革拉特·帕拉沙尔一世,但是他们的辉煌都稍纵即逝。最终成为最强大、最具军事威慑力的民族是亚述。

公元前 745 年,亚述王提革拉特·帕拉沙尔三世征服了巴比伦,建立起了被历史学家们称为"新亚述帝国"的国家。此时,铁已从北方传入文明国家。在这一片土地上,亚美尼亚人的先驱赫梯人率先学会了用铁,然后又将这种方法传给亚述人。篡夺了亚述王位的萨尔贡二世,便立即用铁器来装备自己的军队,亚述由此演变为第一个奉行铁血主义的强权国家。萨尔贡的儿子塞纳克里布一度率兵出征古埃及,结果却失望而归,这倒不是因为军事问题引起的,而是由于瘟疫在军队中蔓延。

公元前 670 年,塞纳克里布的孙子阿舒巴尼泊(以其希腊名字"萨达那帕尔斯"闻名于世的国王)实现了其祖先征服古埃及的梦想。不过,此时的古埃及已不是独立自主的国家,而是一个被埃塞俄比亚王朝所统治的被征服国家,阿舒巴尼泊不过是取代了另一个征服者。

如果我们能绘制出长达千年的漫长岁月中的各个国家的政治版图,我们就能发现:古埃及的疆域就像是显微镜下的一条变形虫,忽大忽小。此外,我们还能看出亚述人、叙利亚人、赫梯人和巴比伦等闪米特国家的变化不定,一会儿相互吞并,一会儿相互分离。也能在小亚细亚的西面看到一些爱琴人的小国家,如吕底亚(都城为萨底斯)和迦利亚等。在公元前 1200 年或是更早的时候,不少新兴民族的名字从西北、东北陆续出现在旧世界的版图上,他们或许是某些原始群落。他们已经开始用铁制的兵器和马拉战车武装他们的军队了,并且还跟北部的爱琴人和闪米特人发生了激烈的军事冲突。至于他们的语言,极有可能是从雅利安语演变而来的。

此时，在黑海和里海东北部，米堤亚人与波斯人已经过上了定居生活。从历史记录上看，人们一度将他们与塞西亚人和萨尔马提亚人混为一谈。此外，亚美尼亚人从西北、东北迁徙至此；又有被视为今天希腊人祖先的古希腊部落、弗里吉亚人和西米里人，他们穿过水路屏障，经巴尔干半岛来到这里。这些雅利安人都是有着亲缘关系的、靠掠夺为生的剽悍的游牧民族。他们不管来自西方还是东方，走到哪里就抢到哪里。在东部地区，他们还只是打劫边民，而在西部地区，他们则四处攻城略地，还将文明的爱琴人驱逐出其故土。备受压迫的爱琴人，不得不远走他乡，在雅利安人的势力无法触及的地方建立新的家园。一些爱琴人来到尼罗河三角洲，试图能再次过上安稳的生活，却没想到受到了古埃及人的攻打。一些爱琴族的伊特鲁亚人好像是从小亚细亚渡海，在荒无人烟的意大利丛林旷野中建立了新的国家；还有一些来到地中海东南沿岸，建立了自己的城邦，他们就是历史上的腓力斯丁人。

我们将会在后边的章节中详细地介绍这些强行闯入古代文明领地的雅利安人的情况。在这里，我们只能简单地交代这一古代文明地区的迁徙和动荡的原因，公元前1600年到公元前600年间，这些未开化的雅利安人从北部和荒原中走出来，逐渐向前推进，不断入侵，导致了该区域的兴起和变迁。

在下面的章节中，我们将会关注"希伯来人"。他们是闪米特族的一个小分支，定居于腓尼基和腓力斯海岸的山区里。到了这个时代的末期，他们将在世界历史舞台上发挥重要作用。他们创作了一部对后来世界影响深远的重要文献——《圣经》，这是一部融历史、诗歌、预言和箴言于一体的经典之作。

公元前600年以前，雅利安人对美索不达米亚和古埃及的入侵并没有带来本质上的改变。对于巴比伦人和古埃及人而言，爱琴人的大逃亡以及克诺索斯的毁灭，都是远在天际的灾难。在这些文明的发祥地，朝代在不断更迭，而人类历史的主流也在缓慢地向更高级、更复杂的方向发展，如此年复一年。在埃及，金字塔在经过三千多年的风雨洗礼、沉淀后，就像今天一样，成为游客参观的胜地。还有很多宏伟的、新兴的建筑涌现出来，特别是第十七王朝和第十九王朝时代，卡尔纳克和卢克索大神庙便是这一时期的杰作。在尼尼微城，所有重要的古迹大都是在公元前1600年至前600年完成的，其主要的古迹有大寺庙、带翅的人首牛身像以及国王、战车、猎狮等浮雕。可以说，巴比伦历史上最辉

## 第十八章　走进古埃及、巴比伦和亚述

煌灿烂的时期便是这一时期了。

现在，在埃及和美索不达米亚这两个地方，都发现了很多官方记录、故事、诗歌、私人信件以及商业账目等。我们从这些遗迹中可以看出，那时，在巴比伦和古埃及底比斯生活的贵族、有钱人，他们几乎和现代富豪一样奢华。他们身着华服，佩戴着珍贵的珠宝，住在装潢豪华的房子里，过着奢华的生活。他们经常在一起举行盛大的宴会，并且还在宴会中安排歌舞表演，用来助兴。他们的日常生活由训练有素的仆人照应，而身体健康则由保健医生和牙医来保障。他们不喜欢旅行，极少出远门，但会在夏天的时候泛舟幼发拉底河或尼罗河上。

当时，马只用于国家庆典和战车，骡子还是一种十分稀奇的动物，所以当人们在日常生活中需要载重时仍首选驴车。至于骆驼，生活在美索不达米亚的人已经听说了这种动物，但是还没有传入埃及。铁器在当时比较少见，此时最主要的金属是铜和青铜。当时人们已经能够生产质地良好的毛织物及棉麻织物，但丝绸还没有出现。当时，玻璃已经被使用了，而且玻璃的色泽还很漂亮，不过其制品一般都是一些小物件。至于透明的玻璃，这个时候还没被生产出来，所以当时也没有眼镜这种东西。虽然人们还不知道在鼻梁上挂一副眼镜，但是已经知道镶金牙了。

古代底比斯和巴比伦的生活跟现代生活有明显的差异，那就是他们当时还没有使用铸币，贸易的主要形式仍然是"以物换物"。从金融方面来考量，巴比伦要比古埃及进步得多。在巴比伦地区，金和银或用以交换其他东西，或被铸成金锭、银锭保存起来。在铸币出现以前，巴比伦就已经有"银行家"了，他们在贵重的金属块上刻上自己的名字和金属的分量。商人、旅行者出门时，往往会随身携带一些宝石，用于途中交换生活必需品。用人和做工的人，大多为奴隶，没有支付他们工钱的必要，这些奴隶只能得到一点食物。随着货币的出现，奴隶制度也就衰落了。

假如一个现代人能回到这些高度发达的古老城市的话，那么他一定看不到两样食品：其一是鸡，其二是鸡蛋。所以说，法国厨师是很难在古巴比伦施展厨艺的。大约在亚述帝国的末代王朝时期，这两种食材才由东方某个地区传入。

当然，此时的宗教也得到了巨大的发展，比如，人们已经抛弃用活人祭祀的陋习（但是腓尼基人，尤其是在他们最大的非洲移民区迦太基，依然在用活

人进行祭祀，因此备受后人谴责），改用动物或面人来祭祀。在远古时代，部落头领死后，为了让他在另一个世界依旧有人陪伴、服侍，人们就会用其妻子、奴隶来给他陪葬；为了他在另一个世界仍能战斗，人们便将折断的长矛、弓箭等物品放入他的墓穴中。在古埃及，还有一种用房屋、商铺、奴隶、牛羊等模型来做陪葬品的丧葬习俗。正是这些模型，生动地向后人展示了3000年前古代安定繁荣的社会生活景象。

　　古代世界的格局在雅利安人从北部和平原地带南侵之前，就已经是这种情形了。与此同时，中国、印度也发展起来。在这两个地方的江河流域，棕色人种的农耕城市迅速而有条不紊地壮大起来，但这种城市在古埃及并没有像在美索不达米亚和古埃及那样迅速得以发挥和融洽，其发展水平似乎与苏美尔和美洲的玛雅文明的发展水平更为接近。至于中国的历史，还待感兴趣的中国学者去整理和完善，以现代科学的方法进行研究，剔除其传说成分。或许，当时的中国要比印度先进得多。古埃及的第十七王朝和中国的商朝出现于同一个时期，神权似的帝王统治着组织松散、割据各地的诸侯国。举行季节性祭祀典礼是这些古代帝王的第一要务。现在，我们的一些博物馆中还收藏有中国商代的青铜器，其制作之精美，不由得我们不承认：在青铜器出现的若干世纪之前，中国大地上就已经出现文明的曙光了。

# 第十九章 雅利安人的原始生活

4000年前,即公元前2000年左右,欧洲中部和南部、亚洲的中部地区,其气候比现在更温暖湿润,更加舒适宜人,树林更为茂密。在莱茵河到里海这一片广阔区域里,很多金发碧眼的北欧人相互密切往来,说着源自同一母语演化而来的各种语言。那时,他们的人口较少,所以,他们的存在并没有引起已经奉行《汉谟拉比法典》的巴比伦人以及刚遭受异族入侵的古埃及人的重视。

这些北欧民族,注定要成为世界历史舞台上闪耀的明星。他们生活在广袤的草原和丛林开阔地上。刚开始的时候,还没有马匹,只有牛,并有简易的牛车,迁徙时可以用来运载帐篷和一些生活物品。如果他们选定一个地方定居,他们就会用树枝和泥巴在那儿搭建小房屋。他们有自己独特的丧葬仪式,不像浅黑人种那样举行土葬,而是进行火葬。如果死者是部落的重要人物的话,那么人们在将其尸体火化后,还会将他的骨灰装进一个瓮中,然后将其埋入一个圆形的大土丘中,这便是北欧随处可见的"圆冢"。而先前住在这些地方的浅黑人种,却不进行火葬,而是将死者以端坐的姿态葬入长方形的土丘中,这便是"长冢"。

雅利安人当时已经懂得用牛来耕地和种植小麦了,但是他们并没有因此而选择定居生活,庄稼一收割完,他们便又踏上了迁徙之路。当时,他们已经懂得青铜的制作方法了。大约到公元前1500年时,他们又有了铁,很可能他们是最早开始冶铁的民族,而且似乎就在这个时候,他们有了马匹,并开始用其来载运货物。和地中海沿岸的定居民族不同,他们的定居生活不是以神庙为中心的,他们的首领不是祭司而是领导者。他们实行一种贵族制的社会秩序,而不是宗教制和帝王制。在很早以前,他们的社会中就已经分化出居于统治地位的贵族阶层。

　　雅利安人天生擅长歌唱，他们常在迁徙途中举行欢宴，喝酒取乐，并有专职的吟游诗人吟唱助兴。在和文明社会接触之前，雅利安人并没有文字，吟游诗人的记忆就是他们活的文学。这种用于娱乐的吟唱，对语言的发展起到了重要作用，而其也最终发展为一种更优美动听的表达手段。从某种程度上来说，后来各种由雅利安语分化而来的语言之所以极具优势，都与此有莫大的关系。几乎所有的雅利安部落都有自己的吟唱形式，诸如叙事诗、宗教传说以及长篇传奇等，其中大多融入了他们的传奇历史。

　　雅利安民族的社会生活是以首领的家为中心的。当他们选择在某地驻扎下来的时候，他们会为首领建造宽敞的木质房屋，无疑还有圈养家畜的小屋和远处的畜牧场。但是，头领宽敞的住所并不是其个人所有，对于大部分雅利安人来说，它是整个部落的活动中心，人们聚集在这里，欢宴畅饮，欣赏吟游诗人的美妙吟诵，纵情嬉戏，有时还商讨部落的大事儿。牛棚马圈一般设在这座中心房屋的周围。晚上睡觉时，首领及其家人睡在大房间的高台上或楼厅里，而一般百姓则随地而卧——和现在的印度家庭很像。在部落生活中，除了工具、武器、装饰品及一些个人物品为个人所有外，其他的东西都属于公共财产，俨然是一个族长制的共产社会。为了公共的利益，家畜和牧场由首领统一管理，但森林和河流还无人占有，处于未被开发利用的阶段。

　　当美索不达米亚和尼罗河流域的两大文明繁荣发展之时，生活在广大中欧和中亚西部地区的雅利安人的日子基本上就是这样的。在耶稣诞生的两千年前，雅利安人开始入侵那些拥有"日石文化"的民族。他们开始进攻不列颠、法国和西班牙，他们的两股力量不断向西推进。一支队伍手持青铜武器，攻击不列颠和爱尔兰，那些曾经在布列塔尼的卡纳克神庙中建造石碑的民族，和那些曾经在英格兰建造了史前巨石阵的民族，都被雅利安人消灭了。最后他们一直打到了爱尔兰，这一支军队被称为"盖尔·凯尔特人"。第二支雅利安队伍与第一支队伍有着亲缘关系，很可能还夹杂着其他的种族，他们将铁传入了大不列颠。这一股力量被称为"布里托尼·凯尔特人"，威尔士人的语言就是从布里托尼·凯尔特人的语言上分化出来的。

　　血缘相近的凯尔特各部向南进入西班牙，不仅接触了当时正统治着西班牙、

# 第十九章　雅利安人的原始生活

拥有"日石文明"的巴斯克人，而且还同闪米特族的腓尼基殖民地的人互有来往。与此同时，关系十分融洽的意大利各个部落，开始迁徙至当时仍是一片荒芜的亚平宁半岛。不过，意大利人并不总是以征服者的姿态出现。到公元前8世纪时，罗马出现在历史舞台上。而当时，它不过是台伯河畔的一座商业小镇，居民大多数是雅利安族系的拉丁人，但统治者却是伊特鲁里亚的贵族和王室。

除以上提到的两股力量之外，雅利安人的另一股力量也曾有过类似的进程，曾向南入侵过。早在公元前1000年，说梵语的雅利安人就已经穿过西方直抵印度北部了。在那里，他们受到了达罗毗荼文明的熏陶，这是一种浅黑色人种的原始文明，雅利安人从中获益良多。至于其他的雅利安民族，他们的活动范围已经延伸至中亚的山区，而且一直伸抵比这些民族今天聚居区域更东端的地方。现在，在中亚的土地上依然有金发碧眼的北欧人种居民，不过他们现在所使用的语言已经不是雅利安语，而是蒙古语了。

在公元前1000年之前，生活于黑海和里海之间的古赫梯族人，就已经受制于亚美尼亚人，并且被"雅利安化"了。直到这时，巴比伦人和亚述人逐渐察觉到，在他们的东北方向一个强大而好战的部落正在崛起，正一步步对他们构成威胁，其中尤以米堤亚人、波斯人以及塞西亚人风头最劲。

不过，这些旧世界文明首次遭到雅利安人的致命冲击，是在雅利安人穿越巴尔干半岛之后了。在公元前1000年的若干世纪前，雅利安人南下进入小亚细亚。在这些最早的移民中，最受瞩目的是弗利吉亚人。之后，伊奥利斯人、爱奥尼亚人和多利安希腊人等种族也相继南下，来到这里。到了公元前1000年左右，就在希腊本土及其周围大部分岛屿上，他们将古爱琴文明消灭殆尽。他们摧毁了古老的迈锡尼城和科林斯城，令克诺索斯也几乎被世人遗忘。早在公元前1000年以前，希腊人就已经实现了向海洋发展的梦想，他们来到了克里特岛和罗德岛上定居，并且仿照腓尼基人在地中海海岸建立商业城市的模式，在西西里岛和意大利的南部广泛建立殖民地。

那个时候，亚述在提革拉特·帕拉沙尔三世、萨尔贡二世和萨达那帕尔斯统治下，频频对巴比伦、古埃及和叙利亚发起战争。正是在这种动荡的年代，雅利安人受到了文明的熏陶。后来，他们还根据自身的需要，对这些古代文明进行改造，在意大利、希腊和波斯的北部建立了属于他们自己的文明。从公元前900年开始,在其后长达600的历史中,雅利安民族不断发展壮大,并且不断向外扩张,征服了整个旧世界的闪米特人、爱琴人以及古埃及人等。从表面上看,雅利安人似乎获得了完全的胜利,但在思想和制度方面,那些被征服民族仍与雅利安人不断战斗着。这种情况一直持续到雅利安人掌握了统治权后很长的一段时间。严格说来,这种无形的斗争贯穿了此后的整个历史,直到今天仍以某种形式继续着。

# 第二十章　巴比伦帝国的衰退期与大流士一世帝国

在前文中，我们已经讲述了亚述是怎样在提革拉特·帕拉沙尔三世和篡位者萨尔贡二世的带领下发展为一个军事强国的。萨尔贡这位篡位者，其实原名并不叫"萨尔贡"，他之所以给自己取一个这样的名字，其实是为了迎合被征服的巴比伦人的心理，认为这个名字能令巴比伦人追忆起两千年前创建阿卡德帝国的萨尔贡一世。虽然巴比伦是一座沦亡的城邦，但是比起亚述人自己的城邦尼尼微城来，它显示出更重要的地位，原因在于其优越的地理位置和众多的人口数量。基于这些原因，使得它的征服者们不得不对该城伟大的神灵贝尔·马杜克表示尊重，并且对当地的祭司和商人以礼相待。

在公元前8世纪的美索不达米亚平原，此时的征服者已经不再对被征服地区进行烧杀抢掠了，征服者改变了统治策略，开始谋求以怀柔政策赢得被征服者的认同。这一政策使得萨尔贡二世去世之后，新亚述帝国维持了一个半世纪之久。我们已经讲过，其后，阿舒巴尼拨（也就是萨丹那帕路斯），至少占领了下古埃及。

此后，亚述帝国失去以往的繁荣景象，开始走下坡路。最终，古埃及人经过艰苦的斗争，在法老埃·萨麦提克斯一世的统治下赶走了侵略者。到了尼科二世时期，古埃及人便野心勃勃地想要征服叙利亚了。此时，叙利亚正在同邻国交战，不太可能抽身抵抗入侵者。于是，来自美索不达米亚东南部的闪米特族——迦勒底人，与雅利安族的米堤亚、来自东北部的波斯人结成联盟，向尼尼微城发起进攻。公元前606年，尼尼微城被侵略者攻陷。而这一年也正是人类有相对准确可考的纪年的开始。

　　亚述的领地遭到了侵略者的瓜分，财产被掠夺。此后，米堤亚人在赛阿克里斯的领导下，在亚述的北部建立帝国。该帝国以埃克巴塔那为首都，尼尼微城也在其统治范围之内，其疆界向东蔓延直达印度边境。在米堤亚帝国的南面则新建立了一个版图呈半月形的帝国——迦勒底帝国，即第二巴比伦帝国。该帝国在尼布甲尼撒大帝的统治之下，达到了鼎盛时期，国力昌盛，财力丰厚。这是巴比伦最辉煌的时期，也是其最后的辉煌时期。曾经有一段时间，米堤亚帝国和巴比伦帝国友好相处，尼布甲尼撒大帝甚至将自己的女儿嫁给赛阿克里斯。

　　这期间，尼科二世挑起了对叙利亚的战争，而且轻而易举地就攻占了该国。事实上，在此之前，也就是公元前608年，尼科二世还曾发动了一场米吉多战争，并且杀死了犹太国王约西亚，取得了战争的胜利。关于犹太国的详细历史，我们将会在后面的章节中讲述。后来，尼科二世又亲率大军直指幼发拉底河流域，这一次他要攻打的对象是日渐繁盛的巴比伦，而不是逐渐衰落的亚述。然而，古埃及人的入侵遭到了迦勒底人的顽强抵抗，迦勒底人最终击败了尼科二世，把入侵者赶回了古埃及。于是巴比伦乘此机会将领土扩展到古埃及边界。

　　在公元前606年到前539年的动荡岁月中，第二巴比伦帝国逐渐变得强大，而这很大程度上取决于他们一直和其北边强大的米堤亚帝国保持友好的关系。在这67年间，巴比伦人不仅生活富足，而且在文化方面也取得了良好的发展。

　　即使在亚述历代帝王的统治下，古巴比伦也一直是极为重要的文化传播中心，萨达那帕尔斯虽然是亚述人，但他却深受巴比伦文化的影响。他建造了图书馆，当然，里面保存的不是纸质图书，而是从古苏美尔流传下来的很多的美索不达米亚的黏土书籍。后来，人们挖掘出很多收藏在该图书馆的书籍，可以说，这些书籍是世界上最宝贵的史料了。

　　迦勒底系的最后一位巴比伦君王是纳波尼得斯。纳波尼得斯爱好文学，曾资助过一批古文物研究者，支持他们进行古籍研究。当研究者考证出萨尔贡一世即位的具体时间时，他立即令人对此刻碑纪念。但是，在他的统治之下，帝

## 第二十章　巴比伦帝国的衰退期与大流士一世帝国

国出现了分裂的征兆。为了应对这一局面，加强他的集权统治，纳波尼得斯将各地神灵都集中至巴比伦，并为其兴建庙宇。这种方法后来被罗马人成功地运用过，但是在巴比伦却起到了反作用，那些信奉巴比伦主神柏尔·马杜克的有权势的祭司对此深表不满。这些祭司开始密谋推翻纳波尼得斯的统治，并求助于邻国米堤亚帝国的统治者波斯人居鲁士，想要让他取代纳波尼得斯。

当时，居鲁士早以因征服东小亚细亚富有的吕底亚国王克里索斯而声名鹊起。在公元前538年，居鲁士率领大军攻打巴比伦，仅在城外打了一仗，就有人里应外合打开城门迎接他，他的军队不费吹灰之力就取得了胜利，占领了巴比伦城。《圣经》上有过这样的记载：

当时纳波尼得斯的儿子——伯沙撒太子正在举行宴会，突然看见一只手，并用火在墙上写下了一串神秘的文字："弥尼，弥尼，提客勒，乌法珥新。"于是他叫来预言家解释此语的含义，得出的解释是"上帝已经算出，你国王的气数已尽，天平上估量出你的分量不够，不足以担任国王，因此，你的国家应该让给波斯人和米堤亚人"。

关于伯沙撒太子见到的那些字，那些信奉柏尔·马杜克神的祭司应该早就知道这个把戏。而由于此次巴比伦被占领几乎没有人员伤亡，所以他们对柏尔·马杜克神的祭祀照常进行。

就这样，巴比伦和米堤亚两大帝国终于实现了统一。居鲁士的儿子冈比西斯，一度成功攻占过古埃及，却因为发疯而死于非命。在冈比西斯的儿子也去世后，帝国的统治者就变成了米堤亚人大流士一世，而他的父亲便是居鲁士的宠臣希斯塔斯皮斯。

大流士一世统治的波斯帝国，是古代文明的舞台上最早出现的新雅利安帝国，也是有史以来最繁荣强大的帝国之一。它的领土包括小亚细亚全境、叙利亚全部、古亚述、巴比伦帝国，还包括古埃及、高加索和里海地区以及米堤亚、波斯等地，领土范围一直延伸至印度河。

维持如此庞大的帝国并不是一件容易的事儿，但是因为他们有马匹、骑兵、战车，还有人工修建的道路，所以做到了。在此之前，最方便快捷的运输工具大多是驴、牛和沙漠中的骆驼。而到了这一时期，波斯的统治者们为了更好地管理新帝国，修建了许多干线道路，在各地都安排有驿马，以供帝国的信使或是获得官方特批的旅行者使用。此外，货币已经开始流通使用，货币的出现促进了商业的发展。但是，波斯帝国不再把巴比伦设为首都。从长远来看，那些谋反的、信奉柏尔·马杜克神的祭司，并没有得到什么好处。虽然巴比伦城还是很重要，但却日渐衰落。与此同时，珀塞波利斯、苏萨和埃克巴塔那发展成帝国的大都市，帝国的都城设在苏萨。而尼尼微城已为人所忘，逐渐成了一片废墟。

## 第二十一章　早期的犹太人

　　我们将会在本章中讲到一个闪米特民族，即希伯来人。这个民族当时对世界历史的贡献，远远比不上它日后的贡献大。公元前 1000 年以前，他们就已经定居朱迪亚了，而且自始至终都以耶路撒冷为首都。提及希伯来人，就不得不提到其周边的各个帝国，如其南面的古埃及和北面的叙利亚、亚述、巴比伦等，希伯来人的历史与它们紧紧联系在一起，他们的国家是北方诸国通往古埃及的必经要道。

　　希伯来人在世界历史上享有重要的地位，这是因为他们创造的一部重要的文学著作，它融箴言、诗歌、政治言论和小说于一体，既是一部法典，又是一部世界史、编年史和赞美诗，后来，基督教称这一作品为《旧约全书》，即希伯来《圣经》，这个作品出现的时期是公元前 4 世纪或公元前 5 世纪。

　　《旧约圣经》最早编纂完成极有可能是在巴比伦。在前面的章节中我们已经讲述了，古埃及法老尼科二世是如何趁亚述人与米堤亚人、波斯人和迦勒底人交兵时，入侵亚述帝国的。当尼科二世来犯时，犹太国王约西亚率领军队进行顽强反抗，只可惜以失败告终，并在公元前 608 年的米吉多战役中不幸身亡。犹太国因此成为古埃及的附庸国。尼科二世被巴比伦的新迦勒底国王尼布甲尼撒大帝赶回古埃及境内。为了完全控制犹太国，尼布甲尼撒还尝试着在耶路撒冷建立傀儡政权。

　　不过，这样的想法却没有实现，巴比伦派出的官吏被犹太人杀死了，因此，尼布甲尼撒大帝萌发一种念头，就是要彻底消灭这个在古埃及与北方帝国之间挑拨的犹太小国。于是，耶路撒冷遭到了掠夺和焚烧，幸存的犹太人也都成了战俘，被押往巴比伦。

直到公元前538年，居鲁士占领了巴比伦，他们才被遣回故土，开始重建耶路撒冷城和庙宇。

在此之前，犹太人似乎并不是一个统一的、具有高度文明的民族，他们中只有极少数人识字。在他们的历史上，人们也没有发现有谁读过《圣经》，直到约西时代，他们中才有人提及此书。巴比伦一次又一次地被征服和掠夺，使得生活在那里的犹太人受到了文明的熏陶，使得他们更加团结。重归故里后，他们终于意识到本民族文化的价值，逐渐变成有敏锐自我意识和杰出政治能力的民族。

当时的《圣经》，很可能只有《摩西五经》，即今天人们所知的《旧约》开头的五卷。另外，还有不少独立成篇的书，如编年史、赞美诗、箴言等，这些加上《摩西五经》才是现在的希伯来《圣经》。

《圣经》以创世、亚当、夏娃和洪水的故事开始，而这些故事几乎跟巴比伦的传说一模一样。这些故事似乎是所有闪米特人的共同信仰的一部分。至于其中有关摩西和参孙的故事，便又同苏美尔人和巴比伦人的传说十分接近。但自亚伯拉罕及其后的故事开始，《圣经》中的内容便更具犹太民族特色了。

亚伯拉罕极有可能生活在汉谟拉比统治巴比伦的那段时期，而且就住在巴比伦。他属于族长制时期的闪米特游牧民，有关他流浪漂泊的故事、他的子孙及他们被俘至古埃及的故事，有兴趣的读者可以翻阅《圣经》中的《创世纪》篇。《圣经》上说，当亚伯拉罕一路漂泊到迦南时，上帝便将这片拥有繁荣城市的美好土地赐给了他和他的子孙们。

亚伯拉罕的子孙在古埃及的领土上漂泊了很长时间，又通过摩西的带领，在荒野中流浪了50年之久。这一民族的人口在这一时期兴旺起来，壮大成了十二支部落。大约是在公元前1600年到前1300年间的某段时间，他们穿越阿拉伯沙漠，向东进入迦南。关于当时迦南和摩西的情况，古埃及史料上并无相关记载，由此我们可以确定，他们的这一次入侵并不是很成功，大概只是占领了这片丰饶地带的一些不起眼的丘陵。那时，迦南人并不是沿海地区的统治者，而是那些新来的爱琴人和腓力斯丁人。他们建立很多城市，这才击退了希伯来人的攻击，这些城市包括加沙、迦特、阿斯卡伦、阿什多德和桥帕。在以后的

## 第二十一章　早期的犹太人

岁月中，亚伯拉罕的子孙只能在那片丘陵地带生活，他们还经常与腓力斯丁人以及他们的同族摩押人、米蒂亚人发生战争。在《旧约》的《士师记》中，读者可以从中了解到在这一时期，他们进行的抵抗和磨难。《士师记》很可能是犹太民族失败和不幸的真实反映。

在这一时期的大部分时间中，希伯来人的首领都是由类似祭司的士师充当的，而这些士师又是由部落长老们从族内精心挑选出来的。直到公元前1000年左右，他们才推选出他们心目中的王——扫罗，并让他统率大军。但是，扫罗的领导才能并不比士师高明多少，在吉尔布亚的战役中，他死于腓力斯丁人的乱箭之下。腓力斯丁人扒下他的铠甲并带回维纳斯神殿中，还残酷地将他的尸身钉在贝塞香的城墙上。

扫罗的继承者大卫，显然要比扫罗更加精明，更富政治谋略，也更成功。在大卫统治期间，希伯来民族得到了空前绝后的发展。这种繁荣的功德取决于其与腓尼基的提尔人结为盟友。海勒姆是提尔的国王，他足智多谋、励精图治，他想建立一条商贸通道，由希伯来山通往红海。一般情况下，腓尼基商人都是穿越古埃及抵达红海的，但是由于古埃及局势动荡，而且使用这条商业通道还常常会碰到其他问题，所以海勒姆才打算另辟通道。为了达到这一目的，海勒姆一直与大卫及其儿子兼王位的继承人所罗门，保持友好的关系。

在海勒姆的援助下，耶路撒冷建起了城墙、宫殿和庙宇。而为了回报他，希伯来人同意海勒姆在红海上建立船队。于是，大规模的南北往来的商业活动通过耶路撒冷发展起来。在所罗门的带领下，希伯来民族获得了前所未有的成就，就连古埃及法老都将女儿嫁给了所罗门。

不过，我们应该清楚，希伯来人的昌盛只是相对自身而言的，虽然所罗门的荣耀处于顶峰时期，但他却仅仅是一个小城市的国王。而且，他所创造的辉煌不过昙花一现，在其死后不久，耶路撒冷就遭到了古埃及第二十二王朝的第一任法老谢克的洗劫，大量财富被掠夺，完全不见昔日的辉煌景象。许多评论家都曾对《旧约》中的《列王记》和《历代记》做过研究，并对其中有关所罗门的辉煌描述提出过质疑，认为这些内容被夸大了，应该是作者出于爱国之情而做了修饰。然而，如果人们能够仔细再翻阅一遍《圣经》的话，就会发现，所罗门王国的豪华程度其实也没有那么令人不可思议了。

如果我们可以去测量一下所罗门神庙的大小,我们就会发现,其中最大的神庙其规模也不过跟我们现在郊区的一个小教堂相当。当我们从亚述人的纪念碑中知道,所罗门的王位继承者亚哈曾派遣过一支2000人的队伍参加亚述军队,那么所罗门的1400辆战车就显得不那么显赫了,也不那么令人震惊了。另外,《圣经》上还明确记载,所罗门喜欢炫耀,不仅对人民课以重税,还让人们承受沉重的劳役。所罗门一死,王国的北部就从耶路撒冷分裂出去,而分裂出来的地方就是以色列王国,不过耶路撒冷依旧是犹太国的首都。

对希伯来人而言,王国的繁荣只是昙花一现。提尔人在国王海勒姆去世之后,便不再援助耶路撒冷了。此时,古埃及再次强大起来。以色列和犹太国的各位君王的历史,就是在南北势力威胁下寻求生存的小国历史——在北边,先有叙利亚,再有亚述,接着又是巴比伦;南方则是古埃及。这两个小国在灾难深重的历史中苟延残喘,是野蛮的君主统治着未开化的民族的历史。公元前721年,亚述人占领了以色列,所有人都成了俘虏,以色列民族从此消失于历史舞台。如前所述,犹太人一直坚持战斗,但在公元前604年,他们遭遇了和以色列人一样的厄运。

希伯来人在巴比伦开始收集整理他们的历史,并把他们自己的传统发扬光大。当他们获得居鲁士的允许回到耶路撒冷时,他们的知识水平有了很大的提高,精神层面上也提高了档次,已经不能与其被俘时同日而语了,他们已经接受了文明的熏陶。在希伯来人独特的民族性的发展历程中,某种人或者说是某一类人发挥了极为重要的作用,这些人便是先知。这些先知的出现,标志着在人类社会稳定发展过程中一支新的、突出的力量已经出现,我们必须给予他们足够的关注。

# 第二十二章　犹太的教士与先知

巴比伦和亚述的衰亡，只是闪米特人遭遇灾难的开始，之后各种灾难接踵而至。公元前7世纪，闪米特人辉煌一时，似乎整个文明世界都在他们的掌控之下。他们统治着庞大的亚述帝国，还征服了古埃及。就连巴比伦、亚述、叙利亚也都成了闪米特人的天下，他们所说的语言彼此相通。闪米特人好像掌握着整个文明世界。与此同时，闪米特人还控制着世界贸易。在腓尼基海岸上，提尔、西顿等一大批闪米特人的城市逐渐形成。他们入侵西西里、西班牙和非洲等地，在这些地方建立殖民地并不断扩张。闪米特人于公元前800年前建立的迦太基城，此时已经发展为一个人口超百万的大城市——在很长的一段时间里，它都是世界上最大的城市。迦太基的船只经常开往不列颠，甚至到过大西洋，有可能还去过马德拉岛。如前文所提到的，海勒姆与所罗门为了开拓阿拉伯和印度间的贸易，建造了红海船队。在法老尼科统治时期，一支腓尼基远征队已经出现，并绕着非洲航行了一周。

当时，雅利安人还是未开化的民族，仅有希腊人在刚被他们所摧毁的废墟上重建新文明。正如亚述碑文上所记载的那样，米堤亚人逐渐成为中亚地区"令人畏惧"的种族。在公元前800年，恐怕没有一个人想过，闪米特民族的所有统治将会在500年后结束在一群说雅利安语的征服者手中。更令人吃惊的是，除了生活在阿拉伯北部沙漠地带的贝都因人外，各地的闪米特人居然都对雅利安人俯首称臣，甚至被迫开始四处漂泊。那个时候，只有这些贝都因人依旧延续古老的游牧生活，而这种古老的生活方式可追溯到萨尔贡一世率领阿卡德人南下去征服苏美尔人之前。因此，阿拉伯的贝都因人是唯一一个从来没有被雅利安人所征服的闪米特族系的部落。

在这动荡不安的 500 年里，闪米特人忍受着侵略者的践踏和蹂躏。而被居鲁士遣回耶路撒冷的犹太人却紧紧团结在一起，始终保持自己民族的传统，重建自己的家园。全仗那部他们编纂于巴比伦的《圣经》，他们才完成了这样的伟业。如此说来，更像是《圣经》塑造了犹太民族，而不是犹太人创作了《圣经》。贯穿《圣经》始终的是一种催人奋进、教人永不言败的思想，这种思想与其他各民族的思想有很大的不同，其能在经受 2500 年的苦难洗礼后，依然还能被犹太人所坚守、信服。

犹太人认为，他们的神是高高在上的，是遥不可及的，是天地间无处不在的正义之神，而不是被供奉于神庙中的神。这便是犹太思想的精髓。其他各民族也都有自己所信奉的神，他们将神灵塑像后供奉在神庙中，如果神像被毁、神庙被拆，那他们的神灵也就消散了。然而，犹太人的神却是住在天堂，是高于祭司和祭品的一个新概念。犹太人坚信，他们是亚伯拉罕选中的子民，他们肩负着重建耶路撒冷的重要使命，并使这座城市成为世间的真理之城。这种信念一直激励着犹太人。在他们从巴比伦返回故土耶路撒冷的那刻起，这种信念就已经烙在犹太人的心灵深处了。

这小小的犹太国不断被摧毁，但每一次它都能顽强地站起来。犹太人的这种能在艰难岁月中鼓舞人心的精神崇拜，深深地吸引着一大批语言相通且有着共同的习俗、嗜好和传统的民族，如巴比伦人、叙利亚人以及后来的腓尼基人——他们都想拥有犹太人的宗教信仰，履行宗教誓言。这真是一个奇迹！

在迦太基、提尔、西顿以及西班牙的腓尼基城市败落之后，腓尼基人便突然消失在世界历史中了。然而我们却能发现，不管在耶路撒冷，还是在非洲、西班牙、古埃及、阿拉伯和东方，但凡腓尼基人出现过的地方，就一定能找到犹太人的聚居区。这些犹太人就是依靠《圣经》，依靠阅读《圣经》而聚集到一块儿的。一开始，耶路撒冷不过是犹太人名义上的都城而已，他们心中真正的首都则是《圣经》中要传达的精神。这是一种全新的历史现象，而这种现象其实早就已经开始萌芽了，早至苏美尔人和古埃及人用现代文字替代象形符号之前。犹太民族是一个与众不同的民族，他们没有国王，也没有神庙（后面我们将会详述公元前 70 年耶路撒冷被毁的情况），仅仅凭借文字的力量就把人们聚集在一起。

## 第二十二章　犹太的教士与先知

犹太人的这种精神上的团结，与政治家和祭司的设计、设想或推动都完全没有关系，是他们自然形成的。随着犹太民族的发展，人类历史舞台上又迎来了一个新团体，还迎来了一种新类型的个体。在所罗门统治时期，希伯来人似乎与那些聚集在王宫和神庙周围，受国王的野心所统治、为祭司的智慧所掌控的小人物没有什么区别。但是，读者可以从《圣经》中了解到，"先知"这种新兴的个体已经存在，并于犹太民族中崭露头角了。

由于有很多希伯来人过着流离失所的生活，苦难也越来越深重，先知的重要性也就越发显现出来。这些先知到底从何而来呢？他们的出身背景都不相同，先知以西结出身于祭司阶层，先知阿摩司则身披牧羊人的羊皮袄，不过这些先知都有一个相同点，就是他们都效忠于正义之神，他们把神灵的旨意直接传达给民众。他们不需要任何人的许可，也不需要任何仪式。他们经常先说一句"现在，耶和华的旨意降临到我的身上了"，便开始履行他的职责了。他们有着极高的政治热情，激励人民起来反抗古埃及，说他们是"折断了的芦苇"，也鼓励大家反抗亚述和巴比伦的统治。他们谴责国王的残暴、祭司阶级的好逸恶劳。当时，有些先知开始致力于我们现在所说的"社会改造"。他们揭露各种社会丑恶现象，如富人欺压穷人；一些人过着奢侈浪费的生活，而一些孩子却连面包都吃不上；富人们结交异族，并沾染对方骄奢淫逸的恶习。这一切都是他们的神——耶和华所痛恨的，如果不根除这些恶习，耶和华就会降灾难到这个国家，以示惩戒。

先知的这些讨伐声被记录并保存了下来，有人还对此进行了研究。无论犹太人走到世界的哪一个角落，先知都会在那里出现。每到一处，他们都会向当地的民众宣扬这种新的宗教精神。他们引导民众，帮助民众摆脱祭司和神庙、宫廷和国王的桎梏，让他们获得正义的生活，这是先知在历史上的重要作用。在以赛亚的伟大演说中，先知的声音传达了一个美好的预言：在唯一真神的庇护下，全世界将实现和平统一。这是犹太预言中最伟大的一个预言。

不过，也有一些先知是不同意这种理念的。聪明的读者从这些先知们的书中一定能发现许多仇恨或是偏见，甚至在今天看来仍然有害的宣传内容。不管怎样，我们都应该承认，在犹太人受辱于巴比伦期间出现的先知，代表着人类历史上一种新兴的力量。这种力量，提倡加强个人道德建设，呼吁人们挣脱束缚人类的物神崇拜和奴隶式愚忠，是一种代表自由意志的力量。

## 第二十三章　希腊文明

所罗门的统治大约在公元前960年结束，四分五裂的以色列和犹太王国遭到重创，百姓被放逐。正当被俘去巴比伦的犹太人潜心发展自己的文化之时，另外一个对人类精神文明影响巨大的力量出现了，它便是希腊文明。当希伯来的先知们正在为人类永恒的、无处不在的正义之神之间建立一种新兴而直接的道德关系时，希腊的各种学家们也在运用一种全新的方法开发人类的心智，培养人类探求知识的精神。

我们曾在前面的章节中提到，希腊民族原本是雅利安语系的一支，在公元1000年以前，他们向南迁至爱琴海的一些城市、岛屿上。在古埃及法老特多麦斯征服幼发拉底河，第一次在对岸捕猎大象之前，他们已经踏上向南迁徙的旅途了。那时，狮子生活在希腊，而大象生活在美索不达米亚。

克诺索斯城极有可能是被入侵的希腊人所烧毁的。但是令人费解的是，希腊神话中有关于米诺斯及其王宫（迷宫）、克里特能工巧匠们的故事，可是关于希腊人攻克克诺索斯城一事却只字未提。

和多数雅利安民族一样，希腊人也有自己的歌手和游吟诗人。他们的吟唱不仅是一种单纯的表演，而是一种社会联系方式。当这一民族还未进入文明期时，他们民族就已经流传有《伊利亚特》和《奥德赛》这两部伟大的史诗了。其中，《伊利亚特》讲述的是希腊部落是如何联合盟国一起攻克位于小亚细亚的特洛伊城的故事；《奥德赛》讲述的则是希腊人英明的国王奥德修斯历尽艰辛从特洛伊返回故土的冒险故事。

这两部史诗著作大约完成于公元前7世纪至8世纪之间，而希腊人也正是

## 第二十三章 希腊文明

这个时候从邻国学会使用字母的，当时其邻国的文明程度要比希腊高。不过一些学者却认为，这两部史诗的流传要早于这一时间，而且还早很多。

以前，人们认为《伊利亚特》和《奥德赛》出自双目失明的吟游诗人荷马之手，认为他坐着完成了这两本巨作，就像弥尔顿创作《失乐园》一样。关于这一说法，始终是学者们争论的话题：首先，历史上是否有荷马其人；其次，如果他真实存在，那他到底是这两部作品的创作者还是记录、整理者？在这里，我们暂且没必要关注这些问题。我们需要关注的是，希腊人在公元前8世纪就已经拥有属于自己的史诗了。这些史诗是希腊各部落的共同财富，也是连接各部落的纽带。正是因为有了它们，在外族入侵时，希腊各个部族才能团结在一起，形成一股强大的凝聚力，抵御外敌。共同的语言、共有的史诗，让希腊各个部族结合在一起，使得他们对勇气、品性有着相同的见解。

我们在史诗中可以了解到，古希腊民族没有铁器，也没有文字，是一个仍然没有在城市中落脚、未开化的民族。最初，他们居住在被他们摧毁的爱琴人城市的废墟旁，并以首领的大房子为中心，在其周围建造许多小屋。后来，他们才开始建造城墙，并不断向被其征服的国家学习，还学会了建造神庙。据说，原始文明在建设城市时，都是以部落的祭坛为中心，然后才开始建造城墙的。但是，希腊城市的建设却恰恰相反，他们先建设了城墙，然后才建造了神庙。后来，希腊人也逐渐开始进行商业贸易，还建立了自己的殖民地。

公元前7世纪左右，在希腊的大河流域和岛屿上矗立起一座座新城市。在它们的冲击下，早期的爱琴文明逐渐淡出人们的视线。当时比较重要的希腊城市有斯巴达、雅典、底比斯、科林斯、米利和萨摩斯等。另外，西西里岛、黑海沿岸和意大利也已经出现希腊定居者了。从地图上看，意大利半岛就像是一只靴子，而希腊人便在其"脚趾"和"脚跟"部分建立起了"大希腊"；至于马赛，则是希腊人在古腓尼基人殖民地旧址上重新修建的城市。

在这一时期，地处广袤平原区域，或者位于像幼发拉底河、尼罗河这样的大河流域地带的，并以这些河流作为主要交通干道的国家，往往容易因为某一种相同的统治方式联合在一起。比如古埃及和苏美尔的一些城市，它们就是因为拥有相同的统治系统，才达成共识，然后结成联盟的。然而，不管希腊本土还是"大希腊"，其境内大多是丘陵山地，所以生活在这些地区的各希腊部落多分散在岛屿或山谷中，各部落的发展趋势不尽相同，所以它们大多是各自为政的。因此，希腊人初次登上历史舞台时，是以许多小城邦的形象出现的，他们没显示出结盟的意愿，种族也各不相同。

当时，一些城邦主要居住着希腊各个部落的成员，有伊奥利亚人、爱奥尼亚人或多里安人；一些城邦主要居住着希腊人与前希腊的"地中海人"的混血后代；另外一些城邦则居住着拥有纯正血统的希腊自由民，他们抓来被征服者，像对待奴隶一样踩在脚下，如斯巴达的奴隶"希洛人"。在有些城邦，原有的雅利安统治者的家族变成特权的贵族；还有一些城邦则实施雅利安市民的民主政治。另一些城邦，国王是由选举或世袭产生的；一些城邦的统治者则是篡位者或是暴君。

因为特殊的地理条件，希腊被分成了诸多独立的城邦，而这些城邦的规模都比较小。其中最大的城邦，也比许多英国的郡要小得多，几乎没有一个城邦的人口能达到30万，人口超过5万的城邦都十分少见。这些城邦之间也存在某种感情和利益上的牵连，但这都算不上是真正意义上的联盟。

随着商业往来的增多，城邦之间结成联盟就显得意义非凡了，大城邦可为小城邦提供庇护。然而，真正使这些小城邦聚成一股力量成为一个情感整体的，却是以下的原因：一是史诗；二是每四年举行一次的奥林匹克体育竞赛。虽然这并不能让各城邦之间不再发生冲突和战争，但是可以有效减少各城邦之间的野蛮行为。每逢举行体育竞赛时，交战双方还会暂时休战，以保护前来参加盛会人员的安全，确保他们不受战争困扰。久而久之，因为共同的传统，希腊各民族之间产生了情感，前来参加奥林匹克体育竞赛的城邦越来越多。最后，不只是希腊城邦，就连埃比鲁斯、马其顿等与希腊有亲缘关系的北方国家，也来参加比赛。

希腊城邦在日益繁荣的贸易中获得了发展，并且显得越来越重要。公元前7世纪到前6世纪，希腊的文明稳步发展。在社会生活的许多方面，他们都与大河流域文明及爱琴文明有很大不同。虽然希腊人也建造了不少颇具规模的神庙，但他们却不认为祭司是伟大传统的化身，然而在旧世界，祭司却被视为思想和知识的源泉。希腊人也有自己的领袖和贵族，不过却没有被奉于森严等级顶端的神圣君主。

## 第二十三章 希腊文明

实际上，希腊人采用的是贵族统治制度，由贵族阶层出面维护社会秩序。虽然他们偶尔也会提到"民主政治"，但那也不过是贵族式的"民主"。那时，所有公民都可以参与公共事务、参与民主集会，但并非所有人都是公民。当时的希腊民主政体与现今我们的民主制有本质的不同，一个城邦中具有投票选举权的公民大约有几百，最多几千人，剩下的包括奴隶和自由民的大部分居民，则被剥夺了"公民"的权利。可以说，有权势的人掌控着希腊的政事。与古埃及的法老克里特王、米诺斯、美索不达米亚王皆由神圣的"超人"担任不同，希腊的国王、君主或者是通过投票选举产生，或者是通过篡位而获得权力。

所以，不管在思想方面还是在政治方面，希腊文明都比此前的文明要更加自由。希腊人将他们的个人主义，即北部草原上游牧生活滋养的个人主动性，带到了南方城市。毫不夸张地说，希腊人是历史上最早的、最重要的共和主义者。

正如大家所看到的那样，当希腊人终于从野蛮的争战中解脱出来后，他们的思维逐渐发生了变化，他们开始寻求并记录知识，探索生命和存在的奥秘。而在此之前，这些都只是祭司阶层和君王们才能享受的特权，如今普通阶层也能享有了。在公元前6世纪，正当以赛亚在巴比伦发表预言之时，在希腊，米利都的泰勒斯和阿那克西曼德、以弗所的赫拉克利特这些人物也已经出现了。用现在的标准来说，他们都是具有独立精神的有志之士。在那个时代，他们就已经对我们所生存的世界提出了许多深奥的问题，如世界的本原是什么，世界从何处来又到何处去？他们摒弃了那些现成的含糊不清的答案。关于他们所提出的这一系列宇宙问题，我们会在之后的章节进行详述。人类历史上最早的哲学家和智者，就是公元前6世纪的这些探求世界本原的希腊人。

我们应该记住，公元前6世纪，是人类历史上至关重要的一个时期。我们之所以这样说，并不只是因为这时期希腊哲学家开始探讨宇宙及人类在宇宙中地位的问题，也不只是因为以赛亚将犹太人的预言发展到一个鼎盛阶段，还因为释迦牟尼在印度传教，孔子和老子在中国讲学传经。这些，在后面的章节中，我们会一一加以介绍。此时，从雅典到太平洋，人类的精神思想开始走向复苏。

# 第二十四章 希波战争

当希腊人在希腊本土、意大利南部及小亚细亚的城邦中开始探索人类自由精神世界的时候，也正是希伯来最后一批先知在耶路撒冷及巴比伦为人类创造自由意识之时，两个最富有冒险精神的雅利安民族——米堤亚人和波斯人已经占据了旧世界文明的领地，并且建立了一个人类历史上最庞大的帝国，即波斯帝国。在居鲁士统治时期，波斯人不仅统治着巴比伦和富庶的文明古国吕底亚，还征服了地中海沿岸黎凡特地区的诸腓尼基城邦以及小亚细亚的所有希腊城邦。到了冈比西斯统治时代，波斯人又征服了埃及。所以，当波斯的第三位统治者米堤亚人大流士一世（前521年成为波斯帝国的君主）执政后，他便将自己看成世界的主宰者。他派出的信使驰骋于各地传达他的旨意，从达达尼海峡到印度河、从古埃及到中亚，都有他们的身影。

事实上，聚居在意大利、迦太基、西西里和西班牙腓尼基的希腊人，都不是波斯帝国的臣民，不过他们却对波斯帝国表示友好和敬意。与这些希腊人不同，锡西厄人不仅没有与波斯人保持良好的关系，甚至还对波斯人产生了严重的威胁。锡西厄人是一支古老的北欧游牧民族，生活在俄罗斯南部和中亚地区，他们经常对波斯的北部和东北边境发动战争。

波斯帝国的疆域如此辽阔，在这里居住的臣民不可能全是波斯人。波斯人不过是这个强大帝国中占少数的征服者而已，而其他人则是被征服者，在波斯人入侵前就已经生活在那片土地上了。波斯人征服了其他民族后，便强制其以波斯语为官方语言。当时波斯大部分的贸易和财政还掌握在闪米特人手中，而

## 第二十四章　希波战争

提尔和西顿依旧是地中海的大港口,闪米特人的船只依旧往返于海上。闪米特商人就是在这样四处奔波的过程中,接触到希伯来传统文化及希伯来《圣经》,从中找到能产生共鸣并接受的历史。与此同时,一股新生力量在波斯帝国境内迅速崛起——即希腊人。而这些希腊人也逐渐成为闪米特人最强劲的海域范围内的竞争力量。希腊之所以被人们称为公正能干的官员,是因为他们有着正直的气魄和朝气蓬勃的精神面貌。

由于锡西厄人的不断骚扰,大流士一世最终决定入侵欧洲,攻打俄罗斯南部的锡西厄牧人的老家。大流士一世率领着他的军队,穿过博斯普鲁斯海峡,跨过保加利亚,来到了多瑙河边,并用船连起了一座桥,然后继续向北挺进。面对气势汹汹的进攻,锡西厄人从不正面应战。当时波斯军队主要是靠步兵作战,锡西厄人便利用自己骑兵机动性强的优势,迂回到波斯军队后方,直接切断他们的物资供给,歼灭他们的散兵游勇。此战中,波斯军队尝尽了苦头。最后,大流士一世不得不撤兵,灰溜溜地回到自己的国家。

大流士只身返回苏萨。他挑出一支军队,让这些士兵暂时驻扎在色雷斯和马其顿,而马其顿人又愿意听从大流士的派遣。战役失败后,紧接着,波斯帝国统治下的亚洲希腊城邦发动了暴动,而欧洲的希腊人也立即响应。大流士于是决定镇压欧洲的希腊人,他自认为自己拥有一支强大的腓尼基的舰队,足以一一攻占希腊诸岛。公元前490年,大流士对雅典发起了最后的总攻。在他的指挥下,一支庞大的舰队从小亚细亚和地中海东部的各港口起航,当他们在雅典北边的马拉松登陆时,遭遇到了雅典人的顽强抵抗,舰队受到重创。

就在这时,一件非同一般的事情发生了。在当时的希腊,斯巴达一直都是雅典最强大的对手,但值此危难之际,雅典还是决定向斯巴达求助,请求他们不要眼睁睁地看着自己的希腊同胞沦为野蛮人的奴隶。雅典派出了一个十分能跑的人前往斯巴达,100多英里崎岖不平的山路,这位信使居然用不到两天的时间就跑完了,完成了使命。斯巴达人答应立即出兵援助雅典。三天后,斯巴达军队抵达雅典,但此时波斯军队已经败退了,战场上到处都是波斯人的尸体。波斯对希腊的第一次战争就这样结束了,这一战由于在马拉松打响,所以又称"马拉松战役"。

接着,不甘失败的波斯统治者又对雅典发动了第二次战争,而且战况更加激烈。马拉松战役的失败深深打击了大流士,不久,大流士就死了,其子薛西斯继位。薛西斯花了整整四年的时间精心准备,厉兵秣马,就是为了一举拿下希腊。在这一段时间里,由于面对的是同一个强大的外敌,希腊各部族紧紧团结在了一起。至于薛西斯的军队,可以说它是世界上前所未有的最为庞大的军队,但也是一群毫无组织性的乱军。公元前480年,波斯军队利用浮桥,抵达尼尔海峡。而紧随大军之后的,是一支同样拼凑起来的粮食补给船队,他们沿着海岸一路跟进。在狭小的德摩比利山口(直译为"温泉关"),波斯大军遭到了斯巴达人的阻击,斯巴达国王莱奥尼达斯率领着只有1400人的小队伍与侵略军进行了惊心动魄的战斗。此战以莱奥尼达斯的全军覆没而告终,但是波斯大军亦受到重创。于是,波斯大军带着强烈的报复心理,对底比斯和雅典发起了猛攻。最终,底比斯屈服投降,雅典人弃城而逃,雅典城则被波斯人纵火焚毁。

眼看希腊就要落入波斯人之手了,就在这时,情势突然出现了逆转,胜利之神再次眷顾希腊人。尽管希腊舰队的数量不及波斯舰队的1/3,但是希腊人还是在萨拉米斯海湾一战中,力挫对手,大获全胜。当薛西斯接到消息,知道大军被切断了后方给养后,他便急忙带着一半的军队逃回亚洲。留下的队伍,则在公元前479年的普拉太亚的战役中被希腊人消灭。几乎同一时刻,在小亚细亚的麦卡利,希腊舰队歼灭了波斯的残余舰队。

来自波斯的威胁终于告一段落,亚洲大多数的希腊城邦终于摆脱了波斯人的统治。关于整个希波战争,读者可以通过阅读希罗多德的著作《历史》,获得更为详尽和生动的介绍。《历史》是人类的第一部史书,其作者希罗多德于公元前484年出生在小亚细亚的爱奥尼亚人的城邦哈利卡纳索斯。为了收集一些更为准确的历史资料,他曾经到过古埃及和巴比伦。

麦卡利一役后,波斯帝国陷入了内乱,各方势力为争权夺势导致政局动荡。公元前465年,薛西斯遭人暗杀,而古埃及、叙利亚和米堤亚又相继发生暴动,终于使得强大的波斯帝国土崩瓦解了。希罗多德撰写《历史》,主要在于揭露波斯帝国的脆弱本质。用今天的眼光来看，这部著作更像是一个宣传册，目的就是鼓励希腊人凝聚力量去抗争波斯人。在《历史》这本书中，希罗多德创作了一个人物，名叫"阿里斯搭格拉斯"。书中是这样描写阿里斯搭格拉斯的，他拿着一张地图对斯巴达人说："这些野蛮人并不能征善战，而你们却拥有极其高明的战法。世界上没有哪个国家，像他们一样拥有那么多东西：黄金、白银、青铜、牲畜、奴隶和绣袍。假如也想拥有这些东西，那么你们就大胆地去战斗吧。"

# 第二十五章 繁荣昌盛的希腊帝国

在希波战争结束之后的一个半世纪里,正是古希腊文明发展最为昌盛的一段时期。在此期间,包括雅典、斯巴达在内的许多希腊城邦,为了争权夺势,不断发生军事冲突。公元前431年到前404年,希腊两大阵营之间就进行了近三十年的伯罗奔尼撒战争。此后,希腊人也为此付出了代价,希腊一度四分五裂。公元前338年,希腊为马其顿人所征服。尽管如此,这一时期的希腊人无论在思想方面、创造力方面还是艺术创作方面,都发展到一个相当高的水平,所以后来人们常将这一时期他们所取得的成就称为"人类智慧的源泉"。

当时,希腊各城邦都将雅典视为精神活动的核心。在公元前466年至前428年的三十多年里,统治雅典的是伟大的政治家伯里克利。伯里克利是一位精力旺盛、思想开明的统治者,他立志要在被波斯人践踏的城市废墟上重建雅典。那些至今仍令雅典人引以为豪的美丽的雅典废墟,就是当时那一伟大工程的遗迹。伯里克利不仅重建了雅典的物质世界,而且还重建了雅典的精神文明,使得雅典在世界上享有盛誉。伯里克利广泛召集各方面的优秀人才,一时间雅典云集了大量的建筑师、雕刻家、教育家、哲学家、戏剧家和诗人。公元前438年,希罗多德来到雅典朗诵他的历史著作;阿那克萨戈拉带着他的有关太阳和恒星的科学见解也来到了雅典;而埃斯库罗斯、索福克勒斯和欧里庇得斯也相继到来,他们的出现使得希腊的戏剧发展到一个完美与崇高的境界。

在伯里克利的鼓励下,雅典的精神文明得到了极大的发展,这种文明的发展一直延续到其死后。虽然一场持久且损耗极大的伯罗奔尼撒战争破坏了希腊的和平,但是政治上的黑暗并不能阻止人类思想的进步,反而更能激发人们去

## 第二十五章 繁荣昌盛的希腊帝国

探索精神世界。

在伯里克利统治时代之前很久,由于政治制度上所特有的自由,使得辩论术成了希腊一门重要的学问。当时,希腊的最后决定权,不在国王,也不在祭司的手中,而是在公开的辩论中,通过民众或领导人的投票选举而确定的。所以,善辩成为当时一门重要的技艺。于是,一种新兴的职业在希腊诞生了,这便是对年轻人教授辩论技巧的教师,即"诡辩家"。

辩论应该井井有条,有事实根据,不能瞎说一气。所以,人们在热衷于辩论之时,又开始追求更为广泛的知识,以此来提高辩论质量。在不断的论战中,这些诡辩家也逐渐提高了辩论技艺,加强辩论风格的建设,思维方式也越来越完善,辩论效果越来越好。在伯里克利去世之后,苏格拉底以其机智的批判,对以往那些诡辩家所传授的辩论术予以毫不留情的批判,指出其中很多都是错误的。这令他声名鹊起,赢得了广大青年的崇拜,但这也为他招来了杀身之祸。公元前399年,苏格拉底以腐蚀年轻人思想的罪名被判处死刑。他效仿当时雅典盛行的"体面"死法,在朋友们的注视下,在自己家中喝毒药(从毒芹中提取出来的)而死。苏格拉底虽然死了,但其思想对人们的影响却始终没有断,他的弟子们继承了他的衣钵,继续影响着人们。

在苏格拉底众弟子中,有一位影响是最大的,他便是柏拉图(前427—前347)。柏拉图建立学园,讲授哲学。他的学说大致可分为两部分:一是研究人类的思维本质和思维方法,二是考察社会制度。柏拉图是历史上首位发表"乌托邦"言论的人,而且他还勾绘了美好的"乌托邦"蓝图。"乌托邦"其实是一种社会组织形式——一种与以往的社会制度完全不同的新组织形式,而且比以往所有的社会制度都更加美好。"乌托邦"这一概念的产生,是人类思想史上一个巨大的突破。此前,人们总是遵循现有的社会传统与习俗,从不质疑旧有的社会制度。柏拉图则明确地呼吁人类:"只要你们有足够的决心和勇气,你们就能改变使你们受苦的社会制度和政治弊端。你们只不过还没有意识到自身的力量,只要你们愿意思考并且行动起来,你们就一定能够争取到一个更加合理明智的社会制度。"

柏拉图的这一思想不仅在当时影响深远,就是在今天也依然具有重要意义,其已渗透至每一个人的内心当中。另外,柏拉图还著有《理想国》《法律篇》

等作品，《理想国》是其早期作品之一，主要向大家描绘了一个理想的贵族式的共产主义王国；《法律篇》则讲述了另一种"乌托邦"国家的社会模式。

　　柏拉图死后，他的学生亚里士多德继续对思维方式和社会制度进行揭示。亚里士多德曾经在吕克昂学园传授知识。亚里士多德的故乡在马其顿的斯塔尼亚城，其父是马其顿的宫廷医生，而亚里士多德本人则一度是马其顿王子亚历山大的家庭教师。关于亚历山大，他后来继承了王位并建功立业，这些我们会在后面的文章中向大家介绍。

　　亚里士多德致力于思维方法的研究，将逻辑学推到了一个新的发展高度。然而，在其后的1500多年甚至更长时间里，这一学科的研究几乎停滞不前。直到中世纪，经院派学者才重新对逻辑学展开研究。不过，亚里士多德并没有宣扬"乌托邦"思想。在他看来，人们只有掌握了更多的、更准确的知识，才能实现柏拉图所说的"掌握自己的命运"，因此他开始着手对知识进行系统化的整理，而这便是我们今天所说的科学研究。此外，他还派探险队去搜集历史资料，他还是政治学的奠基人，自然历史学的创始人。在吕克昂学园，亚里士多德的学生曾经认真比较、研究过158种不同的国家制度。

　　公元前4世纪，古希腊的确出现了一大批伟大的"现代思想家"。从那个时候开始，原始的、幼稚的、幻想式的思维方式，被一种训练有素的、有针对性的、具有批判精神的思维模式给取代了。人们摒弃了那些荒谬的象征主义、鬼怪神灵的幻想及一些禁锢人类思想的禁忌与敬畏，开始进行自由的、准确的、系统化的思考。这些来自北方丛林地带的富有朝气的、自由的灵魂，闯入了神秘的圣殿，用他们的思想之光照亮了希腊的文明。

# 第二十六章　亚历山大统治下的帝国

公元前431年到公元前404年，伯罗奔尼撒战争爆发，这场战争大大损耗了希腊人的实力，而与其同宗的马其顿却日益强盛，文明程度也提高了许多。马其顿人与希腊人的关系较为紧密，他们所使用的语言十分接近，而且马其顿人也曾多次参加希腊的奥林匹克运动会。公元前359年，马其顿人迎来了他们新的统治者，他便是才能卓著而又野心勃勃的菲利普。菲利普一度被当作人质扣押在希腊，所以他接受了纯粹的希腊式教育，并深受影响。他对希罗多德的思想极为信仰：希腊人一定会征服整个亚洲，但前提是所有的希腊人要团结一致。后来，哲学家伊索克拉底继承了这种思想，并将它推崇到一个更高的层面。

菲利普继位后，开始扩张并整顿自己的王国，重新打造军队。千百年来，决定战争胜败的关键因素，往往是冲锋陷阵的马拉战车和近距离作战的步兵，虽然骑兵也参与作战，但是其大多是未经训练的不懂得协同作战的散兵群，在战争中无法担任重要使命。菲利普决定改变传统的作战方式，他训练步兵，让他们在作战时成密集的队形，即马其顿方阵。同时，他也对骑兵进行训练，让他们以一种固定不变的队形协同作战，就这样，真正的骑兵出现了。战斗中，这些骑兵往往充当冲锋任务，在菲利普国王及其继承人亚历山大的对外战争中，他们都喜欢这种战术安排。每次战斗打响之后，马其顿步兵方阵正面与敌方交锋，而骑兵则负责对敌人的两翼及后方施以打击，弓箭手则负责射杀敌人的马匹，使对方的战车失去作用。

凭借这种新型的军队，菲利普不断开疆拓土，领土从塞萨利一直延伸到希腊。公元前338年，克罗尼亚战争爆发，菲利普指挥的马其顿大军成功击溃了雅典及其同盟军，一举征服希腊全境。希罗多德当年的梦想终于实现了。后来，在希腊各城邦的议会上，菲利普被推举为希腊—马其顿联军的最高统帅，让他率领大军攻打波斯。菲利普于公元前336年带领一支先遣队踏上了亚洲的领土，开始了他蓄谋已久的征途冒险，但是，他自己却不能再次亲征，他被暗杀身亡。据说是因为他娶了第二位妻子，使得他的王后，即亚历山大的母亲奥斯匹亚斯十分生气，派人杀了他。

不过，菲利普在儿子的教育问题上花费了很多心思，他不仅为亚历山大聘请了优秀的家庭教师，即伟大的哲学家亚里士多德，还将自己多年的带兵经验和思想统统传授给儿子。所以，亚历山大也成长得十分迅速，年仅18岁的他就已经在凯罗尼亚一役中担任骑兵的指挥官了。正是因为这些教育和经历，才使得亚历山大在20岁继位时，就能够继承父亲遗志，完成征服波斯的伟业。亚历山大即位后，首先花了整整两年的时间来确立和巩固自己在马其顿和希腊的地位，之后才开始踏上征服波斯的征程。公元前334年，亚历山大率军踏上亚洲土地，并在格拉尼卡斯战役中击败了一支没什么战斗力的波斯军队，攻占了一些小亚细亚的城市。接着，亚历山大又让大军顺着海岸，继续向前推进。当时，波斯帝国仍拥有提尔和西顿舰队的掌控权，并由此控制着海上主动权，所以亚历山大在每攻克一座沿海城市后，都要留下一部分兵力守城，以防波斯军队切断他们的后方供给——如果亚历山大把后方港口留给敌人，那对方的海上舰队就极有可能攻击他们的后方。

公元前333年，亚历山大对波斯军队发动了伊苏斯战役，并成功击溃了由波斯帝国的统治者大流士三世率领的一支庞大队伍。与150多年前的薛西斯的军队一样，大流士三世所率领的这支军队也是一支临时拼凑起来的队伍。而且，队伍中除了战士外，还有大批的官员、大流士的后宫嫔妃以及侍从等一大批非战斗人员，使得军队受到牵制，战斗力锐减。不久，西顿人投降了亚历山大，但提尔人却不肯屈服，坚持抵抗。最后，在亚历山大军队的猛烈攻击下，提尔城还是被攻破了，并且遭到了劫掠和摧毁。同样遭到征服的，还有加沙。一年后，亚历山大占领了古埃及，将该城的统治权从波斯人手中夺了过来。

占领古埃及后，亚历山大在那里建造了一些用其名字命名的大城市，又修建了通往这些城市的大路，以防这些城市发生叛乱。很快，腓尼基各城邦的商业活动都往这些城市转移，而地中海西部的腓尼基人很快便在历史舞台上消失了。与之相反，在亚历山大新建立的商贸城市中，犹太人迅速崛起。

公元前331年，和此前的托斯美斯、拉美西斯和尼科一样，亚历山大从古埃及发兵讨伐巴比伦，所不同的是，亚历山大选择绕道提尔。在埃尔比勒，即早已废弃的尼尼微城附近，双方军队遭遇了，展开了殊死战斗。对阵中，波斯的战车首先遭到重创，马其顿骑兵先锋队乘势追击，大败波斯庞大的杂牌军。此役失败后，大流士带着残余兵力落荒而逃，无心再战。大流士一路向北逃窜，最终逃到了米堤亚的领土。于是，依然繁盛的巴比伦便直接被亚历山大占领了。之后，亚历山大又攻占了苏萨和波斯波利斯，并举行了盛大的庆功宴，还烧毁了曾为王中之王的大流士的宫殿。

此后，亚历山大继续在中亚炫耀自己的武力，他的军事触角一直伸展到波斯帝国的尽头。在大流士溃逃之后，亚历山大带领军队一路向北，对大流士穷追不舍。亚历山大的希腊先头部队率先追上了大流士，当时他遭到部下暗算躺在战车上奄奄一息，待亚历山大赶到时，他已经断气了。亚历山大并没有因此而撤兵返回家园，而是让军队继续沿着里海向前开进，他们翻越土耳其的西部山脉，穿过赫拉特（亚历山大所建之城市）、喀布尔和开伯尔山口，最后抵达印度。在印度河畔，亚历山大遭到了印度国王波鲁斯的抗击，马其顿军队也首次领略到了印度象阵的厉害。经过激烈的战斗后，印度军队终于败下阵来。最后，马其顿军队建造船只，顺印度河而下，来到印度河河口，然后沿着俾路艾斯坦海岸返回家园。

公元前324年，亚历山大在历经六年的征战后，终于返回了苏萨。其后，他便集中精力巩固自己辛苦打下的江山。为了赢得新臣民的民心，他穿着传统的波斯君王的衣袍，头戴波斯王的头饰。但是，他的这些举措却遭到了马其顿将领的怀疑，给他带来了许多麻烦。亚历山大还促成了不少马其顿官员与波斯、巴比伦女子的婚姻，即所谓的"东西联姻"。即使他十分努力，但是他想要巩固这一庞大帝国的梦想还是破灭了。在巴比伦的一次酒宴狂饮后，他患上了热病，并于公元前323年去世。

亚历山大一死，他所建立的这个庞大的帝国也瞬间分崩离析了。亚历山大手下的一员将领塞琉古斯，将大部分的原波斯帝国在印度河到以弗所的领土纳入自己囊中；亚历山大的另一位将领托勒密，则攫取了古埃及的统治权；马其顿则落入了安提古勒斯手中。剩下的其他的帝国疆土，则政治动荡，各方势力你争我抢。不久，北方野蛮民族入侵，且危害越来越大。这种混乱不堪的局面一直持续着，直到后面我们要介绍到的罗马帝国在西方的崛起。后来，罗马帝国征服了各个小国，建立起一个长久统一的新帝国。

# 第二十七章　亚历山大城的科学

在亚历山大统治之前，波斯帝国的大部分领地就已经活跃着一批希腊人了，他们中有艺术家，有商人，还有官员和雇佣兵。在薛西斯死后的历次战乱中，有一支队伍始终扮演着极为重要的角色，这就是由色诺芬率领的由1万希腊人组成的雇佣军。色诺芬写了一部题为《万名将士的撤退》的小说，书中详细讲述了雇佣军从巴比伦返回亚洲希腊城的全过程，这是历史上首部由亲身经历了战争的将军写成的小说。而在亚历山大的远征及其王朝的分裂过程中，另一股希腊势力也有了新的发展，这便是包括语言、习俗、文化等在内的希腊文明，其被广泛传播到古老文明世界当中。这种文明的传播和渗透，甚至可以在中亚、印度北部等遥远地区找到其痕迹，印度艺术发展就深受其影响。

许多个世纪以来，雅典一直是世界艺术和文化的中心，在世界普遍享有盛誉。雅典的学园历史悠久，开办了将近一千年，一直持续至公元529年。不过，到了亚历山大时期，世界精神活动的中心却发生了转变，其跨越地中海，转移到了古埃及的亚历山大港。亚历山大港是一座新兴的商业贸易城市，由亚历山大建造而成，并以他的名字命名。此时，古埃及的王宫里都是说着希腊语的人，而法老王则是马其顿的托勒密将军。托勒密在继位前与亚历山大是好朋友，也深深崇拜亚里士多德的思想。托勒密以过人的精力和卓越的才华，致力于知识的整理与组织研究。此外，他还撰写了一部有关亚历山大远征的书，遗憾的是此书已经失传。

虽然亚历山大也曾斥巨资资助过亚里士多德的研究，但他的这种资助方式却不及托勒密一世的资助有意义，托勒密建立起了第一个长久性的科研基金。

在亚历山大城，托勒密还建造了一座名义上是献给女神缪斯的，但实际上却是一座博物馆的建筑，即亚历山大博物馆。

在两三代人的时间里，亚历山大博物馆的科学研究取得了巨大的成果。在这里，曾涌现出一大批著名的学者，如欧几里得、测得地球直径（和地球的实际直径相差不到50英里）的埃拉托色尼、《圆锥曲线》的作者阿波罗纽斯、绘制出首张星象图和形象表的希珀卡斯、世界第一台蒸汽机的设计者希洛等。他们都是科学开拓者中的闪耀明星。当时，阿基米德也从锡拉丘兹来到亚历山大博物馆求学，学成归国后还始终与亚历山大博物馆保持着密切的联系。当时，还有一位伟大的解剖学家，据说他还做过活体解剖实验，这就是希罗菲勒斯。

亚历山大城经过托勒密一世和二世的统治，不管是在科学还是知识的领域上都得到了空前的发展。这样的繁荣，在16世纪之前的人类历史上，是从来没有过的。然而，这种昌盛却是短暂的。导致衰落的原因是多方面的。不过已逝的马哈菲教授却认为，其最主要原因是博物馆的"皇家"学园制度限制了它的发展。当时，博物馆中所有的教授与研究人员都是由法老亲自任命，并由法老支付薪水支持其研究的。在托勒密一世的统治时期，亚里士多德的学生和朋友的处境还算不错。后来随着托勒密王朝的更迭，各代法老日益古埃及化，并且日益被古埃及的祭司和宗教势力所左右，逐渐停止对科学研究的支持。后者的控制越来越厉害，直至完全扼杀了自由探索的精神，科学研究再难继续。在经历了最初100年的昌盛后，亚历山大博物馆逐渐衰败，再也没有创造出有价值的东西。

托勒密一世对世界文明的发展贡献巨大，他提出了发现新知识需要以先进的思想为指导的观点。而且，他还努力建立一座百科全书式的知识宝库，即亚历山大图书馆。它不只是一座书库，而且还是图书的复制及销售之所，一大批图书复制者不停地在这里抄写、复制图书。

直到这时，今天人类所拥有的知识才在历史进程中迈出了第一步。从此，人们才对知识有了系统的整理和分类。亚历山大博物院和图书馆的创立是真正"近代史"的开端，它标志着人类的历史迈入了一个伟大的新纪元。

那个时候，研究和传播知识都不是容易的事儿，可谓困难重重。究其原因，最重要的还是各社会阶层之间存在的社会等级的鸿沟，如绅士阶层的哲学家就

## 第二十七章 亚历山大城的科学

与普通的商人、工匠之间存在着这样的鸿沟。当时社会上已经出现了大批的金属工匠、玻璃工匠，但是他们与思想家之间几乎就不存在着精神方面的接触。

玻璃工匠们能够制出各种漂亮的瓶瓶罐罐、彩珠等，但他们却似乎对透明玻璃不感兴趣，也从未想过要制作什么透镜或试管；金属工匠们能够打造武器、饰品，却从未想过制造一台天平。哲学家们则只是一味地深入研究事物的本质和原理，可对制作釉料、颜色等却一窍不通。因为他们对物质没有兴趣，所以在亚历山大博物馆短暂的繁荣中，既没人造出显微镜，也没催生出化学。虽然当时希洛已经设计出蒸汽机，但他的发明却完全没有用于实践中，既没用于水泵上抽水，也没被安装在船舶上成为动力，更没有用在其他实际方面。在各科学学科中，仅医学被运用到实际当中，而这种实际应用所产生的兴趣和效益却没能刺激和支持科学的进一步发展。

所以，随着托勒密一世和托勒密二世对科学好奇心的日渐消退，就再没什么力量能够推动科学的发展了。此后，博物馆的各项发现，就只是被记录在一些不见天日的手稿上的文字。至文艺复兴时期，人们重新燃起了探索知识的热情之火，科学才得以重见天日，成为人们关注的焦点。

同样，亚历山大图书馆也没有取得什么成就，在制作图书方面一直止步不前。当时，人们还不知道如何用纸浆制出长宽一样的纸张。纸是由中国人发明的，直到公元9世纪才传到了西方。当时，亚历山大图书馆用的是羊皮或一片片黏结而成的莎草纸制作图书。由于莎草纸总是打卷，因此阅读、查找起来都是极为不方便。正是这个原因，制约了书籍的装订和印刷的向前发展。人类早在旧石器时代就已经了解印刷术了，苏美尔人的印章就证实了这一点。但是，如果没有足够的纸张，复制图书也就无利可图了，印刷业便无法发展。亚历山大图书馆虽然制作了许多书籍，但是由于价格昂贵，所以只有有权有势的人才能掌握书籍中的知识，而普通大众则无法知道书中的内容。

所以，在亚历山大城知识繁荣之时，其璀璨的知识之光也只照射到托勒密一世和托勒密二世聚集起来的哲学家小圈子的人身上，并没有被更多的人所熟知。这就好像是被黑色灯笼所罩着的灯，不管灯笼内的灯火多么璀璨，因为它的光芒透不出来，所以外界几乎感受不到它的光芒。外面的人一如既往地生活，根本不知道终将改变这个世界的科学种子已经播下了。更糟糕的是，没过多久，亚历山大城便笼罩在一股偏执势力黑暗的统治之下。此后，便是漫长的一千年的黑暗时光，亚里士多德播下的科学种子也被掩埋其中。但是，这颗科学种子终于萌芽，并在后面的几个世纪中迅速地发展，成了影响和改变整个人类生活的知识和清晰的思想。

在公元前3世纪，亚历山大城并非希腊人唯一的精神活动中心。在亚历山大帝国土崩瓦解后，许多城市也出现了辉煌灿烂的精神文化生活。如位于西西里岛的希腊城邦锡拉丘兹就是其中一例，这里的科学和思想曾繁荣了两个世纪。又如小亚细亚的帕加马，该城也曾建立了一座规模不小的图书馆。但是这些希腊文明却屡遭来自北方部族的摧毁。

首先入侵希腊城邦的是新兴的北欧蛮族高卢人，他们沿着希腊人、弗吉利亚人、马其顿人祖先的足迹，闯入希腊人的领地。其每到一处，便烧杀抢掠一处。接着又有刚崛起的野心勃勃的罗马人，他们从意大利出发，逐步将大流士和亚历山大所创建的帝国的整个西半部纳入囊中。罗马民族是一个颇具才干的民族，但罗马人却没有丰富的想象力，他们推崇法律，追求利益的最大化，但对科学和艺术却表现得十分冷漠。与此同时，一支善于骑射的新的入侵者——马背民族帕提亚人，也从中亚挥兵而至，他们征服了塞琉西帝国，使得印度与西方世界的联系再次被割断。与公元前7世纪至前6世纪时期米堤亚人、波斯人对待他们的方式一样，公元前3世纪，他们以同样的方式对待波塞利斯帝国和苏萨。侵略者中还有从东北来的游牧民族，他们是有着黄色肤种、说着蒙古语的蒙古人，并不是有着白色皮肤、说雅利安语的北欧人，我们会在以后的章节中详细地介绍关于这些民族的故事。

# 第二十八章　佛祖乔达摩

现在，我们得将人类的历史向前推进3个世纪，来介绍一位伟大的传道者，他的出现，使得整个亚洲的宗教思想和宗教感情发生了根本性的改变。他便是佛界人人称颂的佛祖乔达摩。当以赛亚在巴比伦发表预言而以弗所的哲学家赫拉克利特开始探究世界本原的时候，在印度的贝拿勒斯地区，乔达摩·悉达多正对信徒布道。这几位伟大的人都生活在公元前6世纪，但是，他们都不知道彼此的存在。

公元前6世纪的确算得上人类历史上最辉煌的一个时期。那时，在世界的每一个角落——包括下文我们将要介绍的中国——都在人类的精神领域体现出从未有过的胆量和勇气。人们摆脱了王权、神权及血腥的祭祀等原始传统的羁绊，开始探究人类最为尖锐的问题。也正是从这个时候起，人类终于走出了长达两万年的童稚时代，开始迈入青年时代。

关于印度早期的历史，人们至今仍然不是十分了解。据推测，大约在公元前2000年，一支说着雅利安语的部族，曾一次或者数次从西北部入侵印度，并将他们的风俗习惯和语言传播到印度的大部分地区。现今印度人所说的梵语，便是雅利安语的一个特殊变种。侵略者们占领了印度河和恒河流域后，发现这里生活着一群拥有更复杂文明但生活却稍显沉闷的肤色浅黑的民族。这一民族的生活方式和希腊人、波斯人的显然不一样，他们似乎不和部族外的居民自由混居，而是孤独地生活。历史学家发现，当印度的历史轮廓大致呈现在众人面前时，印度就已经出现了社会阶级分化，而每一阶层又被分为若干等级。根据规定，不同阶层、不同等级的人，不能一起进餐，不能自由交往，也不能相互通婚。这种社会等级制度后来演变为"种姓制度",并且贯穿整个印度历史,这也使得印度民族与可自由杂婚的欧洲人和蒙古民族明显区分开来。可以说,印度社会就是一个由不同社会阶层团体共同组成的大团体。

乔达摩·悉达多就生活于这样的印度社会中。乔达摩原本是喜马拉雅山麓一个小国的王子,他在19岁时娶了其美丽的表妹为妻。在阳光明媚的花园中,在林木葱郁的小林间,在水渠纵横的良田里,他打猎、散步和嬉戏,过着无忧无虑的生活。然而这样的生活却让他越来越不快乐,让他的内心产生了一种想要有所作为的想法。他认为自己的生活过于安逸了,不是一种真正的生活,而是一种漫长无期的假期,他不愿意再这样生活下去了。

后来,他的心中突然冒出这样的想法:疾病和死亡的真谛是什么,幸福的真理又是什么?正当他被这些问题所困扰时,一位云游四方的苦行僧进入了他的世界。在当时,印度有许许多多这样的苦行僧,他们坚守严格的清规戒律,一生都在沉思反省和探究宗教真谛,他们似乎在追寻生命的真正意义。受僧人的影响,乔达摩开始向往这些人的生活,并且这种想法越来越强烈。

据说,正当乔达摩在思考是否剃度出家时,却传来了他的妻子为他诞下一个儿子的消息。乔达摩得到消息后,感叹地说道:"这是我的又一个难解之结呀。"

当他回到家中之后,发现族人正为他儿子的诞生而举行盛大的庆祝宴会,大家载歌载舞,显得那样高兴。然而,当天夜里,他突然被某种巨大的精神痛苦给惊醒了,这种痛苦就像是一个人突然被告知说"你家着火了"的那种感觉。于是,他决定要彻底摆脱这种幸福却又毫无目标的生活,而且立即行动。他蹑手蹑脚地走到妻子床前,借着昏暗的灯光,看着妻子怀抱着儿子在鲜花的环绕下正睡得香甜。突然,他心里产生了一种强烈的冲动,想要抱一抱自己的儿子——第一次也是最后一次抱一抱。但是,他又担心会将妻子惊醒,只好强忍着这股冲动,转身离开。就这样,他骑上马,消失在皎洁的夜色之中。

他骑着马在夜色中走了很久,等到黎明到来之时,他已经离开了自己的国家。他来到一条沙河旁边,抽出自己的佩剑,给自己剃了头,又将身上的饰物一一摘下。然后,他让人将这些饰物连同他的马匹和佩剑一起送回家中,而他自己则继续向前走。途中,他遇到了一个衣衫褴褛的人,他便同对方交换了衣服。这样,他就摆脱了一些世俗羁绊,可以了无牵挂地去探索人生哲理了。乔达摩一路向南,

## 第二十八章 佛祖乔达摩

来到了文迪亚山的一个小山上,这里聚居着许多隐士和传道者。不少智者隐居在山中的岩洞里,他们靠城中百姓布施的粗茶淡饭维持生活,乐于给登门求知者口授一些知识。然而,乔达摩对当时的那套形而上学的学说已经了如指掌,那些隐居的智者所传授的东西,根本无法满足他的需求。

在印度,人们一直深信:苦行可以帮助人们获取知识和能力。所谓苦行,即指不吃饭、不睡觉、自我磨炼等一系列行为。为了验证这种理论,乔达摩便带着一直跟随自己修行的五个弟子,一起来到了深山密林之中,开始禁食和苦修。他响亮的名声很快便传播开了。然而,他却觉得这种苦行并没有让他获得任何的真理。一天,尽管身体十分虚弱,但他还是走来走去,苦苦思索着。突然,他倒了下来,不省人事了。待他苏醒过来,他猛然醒悟过来:用这种苦行的方式来获取知识是十分荒谬的。

从此,他开始正常饮食,不再苦行。这使得跟随他修行的弟子们感到大为惊恐。这时候,乔达摩才意识到,人类只有拥有了健康的身体和健全的心智才能更好地追求真理。在当时的印度,他的这一观点无疑被视为妄语邪说,所以,他的门徒都离开了他,怏怏不乐地回到了贝拿勒斯。乔达摩没有因此而放弃,开始独自一人求索真理之路。

然而,一旦遇到重大而复杂的问题时,仅凭其一人之力去解决,其进度就显得有些不尽如人意了。在没找到完全解决问题的办法之前,在灵光突现之前,人们往往察觉不到其实正越来越接近答案。当时乔达摩的情况就是这样的。一天,他正坐在河边一棵大树下吃东西,恍惚间他突然感觉到自己的脑海中涌现出一种思绪,使得他彻底明白了人生的真谛。据说,他在河边没日没夜地思索着,最后终于站了起来,将其领悟到的生命真谛传播给众人。

他来到贝拿勒斯,招来那些曾离他而去的弟子,向他们讲授自己领悟的新学说。在贝拿勒斯皇家鹿园里,他建了一座小房子用于栖身,又开办了学校,向更多寻求真知的人传道解惑。

乔达摩的教学是从其自身感受的一个问题开始的:"作为一个幸运的年轻人,为什么我感觉不到百分之百的快乐?"这是一个自省的问题。这一问题,与泰勒斯及赫拉克利特在对宇宙问题的研究上,那种所表现出来的坦率无我的外在求知欲以及同样无我的希伯来先知对希伯来人心智的教化在本质上是截然不同的。这位印度导师,其不仅没有忘却自我,还专注于自我和毁灭自我的探索中。在他看来,人类一切苦难的根源就是自身的贪欲,假如一个人能控制自己的欲望,那么他将能避免经历悲惨的命运,否则他的一生将注定是一个悲剧。

根据乔达摩传道的教义所说,人类的贪欲大致有三类,而且都十分邪恶。第一类是,食欲、贪欲以及其他一切感官欲望;第二类是,个人的、利己的、不想死的欲望;第三类是,追求功名利禄及诸如此类的欲望。乔达摩认为,人们只有彻底挣脱这些欲望的束缚,才能真正逃离人生的苦恼和一切痛苦。当人们杜绝了这些欲望之后,其自我也自然而然消失了,心灵将获得宁静,就能达到至善的涅槃境界了。

这便是乔达摩传道的要旨——一种微妙的形而上学的教义。希腊人的教义是教导人们要勇敢无畏地去探求真理,希伯来人的教义则是劝诫人们要敬畏上帝施行正义,这两种教义都很容易让人明白其宗旨。但是乔达摩教义却明显与它们不同,他的教义更加玄妙难懂,就连乔达摩的亲传弟子也常常无法悟透其真正的含义。所以,当乔达摩个人的影响力消退之后,他的教义常被曲解传播,并被视为异端邪说。在印度,人们广泛相信,每隔一段时间就有一位智者降临人间,他便是神灵佛陀的化身。乔达摩的弟子宣称,乔达摩就是佛陀,而且也是最后的佛陀。不过,还没有什么证据可以证明乔达摩自己到底有没有接受这个尊号。在他涅槃之前,印度就已经开始盛传他的神奇传说了。比起道德说教来,人们更乐意相信传奇故事,所以乔达摩便被神化了。

乔达摩祖师的确给这个世界带来很多实质性的东西。对芸芸众生来说,如果涅槃的想象力过于深不可测,印度人把乔达摩平凡的生活编织成神话的冲动过于强烈的话,我们最起码从他的教义中悟出了乔达摩所宣扬的"八正道",即人生八大正道的真正的含义:正见(正确的见解)、正思维(在没有贪嗔等烦恼的情况下,依正见观察、思维,合理地做出决定)、正语(即说话要符合佛陀的教导)、正业(正确的行为)、正命(从事正当的职业)、正精神(精神上要向善)、正念(正确的欲念)以及正定。

# 第二十九章 佛教与阿育王

乔达摩神圣而深刻的教义，第一次提出了自我克制是人类的至善表现。尽管在他去世后数代人的岁月里，这一教义并没有在世上得到广泛流传，但它却征服了世界上最伟大的一位君主。

前面我们提到，亚历山大入侵印度时，与印度国王波鲁斯在印度河边展开了厮杀。据希腊历史学家记录，曾经有一位叫旃陀罗笈多的人去亚历山大的军营游说，他想要说服亚历山大改为进攻恒河流域，接着再占领印度。但是，由于亚历山大麾下的马其顿人不愿意深入陌生的地方，认为那样太过危险，亚历山大也只好作罢。到公元前321年，虽然没有希腊人的支持，但旃陀罗笈多还是在多个山地部落的相助之下，实现了在北印度建立属于自己的帝国的梦想。旃陀罗笈多于公元前303年大举进攻旁遮普的塞琉古一世的领土，最后，赶走了那些在印度领土上残留的希腊士兵。他的儿子继承了他的王位后，再次扩展了帝国的疆域，公元前264年，他的孙子登上王位，并征服了从阿富汗到马德拉斯的疆土，这个人就是我们要讲述的阿育王。

即位之初，阿育王仿效父祖的做法，企图以武力征服整个印度半岛。公元前255年，他率军进攻位于马德拉斯东海岸的羯陵伽，并且打败了对手。但是，战争结束后，当他看到战场上尸体横布，突然体会到了战争的残酷与恐怖，他开始憎恶战争，并决定放弃战争。后来，他接受了佛教的和平主张，宣布从此以后他只进行宗教上的征服。

在灾难深重的人类历史中，阿育王执政的28年成了其中最光辉的一页，印度人过上了史上最安宁平和的日子。阿育王在印度大规模植树造林、掘井，又建造了许多医院、药圃和公园，设立专门机构用于保护和管理印度的土著居民和隶属民，制定妇女教育制度。当时，乔达摩创立的纯粹而简洁的教义，传至这一代已经染上了腐败和迷信色彩，为了鼓励佛教布道者整理、研究所收集到的经文，他为他们提供了巨额资助，希望对此有所帮助。除此之外，阿育王派佛教教徒到喀什米尔、波斯、锡兰和亚历山大城，宣传佛教教义。

　　这就是伟大的君主阿育王，他是时代的先驱，他比其所处的时代更为进步。然而，阿育王的子嗣中没有人继承他伟大的思想，在他去世后不到百年，其开创的盛世帝国就已经衰败了，而他所统治下的繁荣景象也只是印度人心中的一段光辉往事而已。在印度的最高、最有权势的阶层是婆罗门，而这一阶层从来就反对佛教坦诚的教义，不断削弱佛教对印度的影响。日久天长，各种古老奇怪的神，在各种婆罗门教的仪式中重新恢复了他们的统治地位。种姓制度变得越来越严格，也越来越复杂。婆罗门教和佛教在几个世纪里同时繁荣，可是，佛教在婆罗门教的压迫下，渐渐地衰落下来，婆罗门教还以各种形式代替了佛教。不过，在等级制度外和印度以外的国家，佛教却得到了广泛的传播，如中国、日本、缅甸和暹罗。现在，佛教在这些国家仍然有着极为深远的影响。

# 第三十章　中国的两位伟大导师

公元前6世纪，是人类走向青春期的美好时代。就在这个时代，出现了历史上两位伟大的导师，他们便是孔子和老子。

本书写到这里，我们还没详细谈过中国古代的历史，这是因为我们至今对它仍不是很了解。我们期待正在崛起的中国探险家和考古学家，能像欧洲人在上一个世纪探究自己的历史所做的那样，可以完整地勾勒出中国的历史。中国的原始文明孕育于大河流域，出自原始的日石文化。与苏美尔、古埃及文明一样，中国的原始文明也具有日石文化的一般特征。他们的生活以庙宇为中心，君王和祭司在神庙中主持季节性的血祭仪式。至于他们的城市生活，应该与六七千年前的苏美尔人、古埃及人以及和一千多年前中美洲的玛雅人，十分相似。

如果说中国历史上曾出现过以活人献祭的情况，那么也是很久以前的事了，在有历史记载之前他们就已经改用牲畜来祭祀了。中国人很早就已经开始使用象形文字了，时间可追溯到公元前一千多年前。

事实上，与欧洲和西亚的原始文明经常遭遇沙漠和北方的游牧民族的骚扰一样，原始的中国文明也不断遭到来自北方游牧民族的袭击。这些游牧民族在语言上、生活上均有很多相似之处，他们中有匈奴人、蒙古人、鞑靼人以及突厥人。就像北欧和中亚的日耳曼人一样，他们也不断地变化、分化、组合、重组，但这种变化多是指称谓上的变化，其本质却没有什么大的不同。与日耳曼人相比，这些蒙古系的游牧民族拥有马匹的时间要早很多，而且他们似乎在公元前1000年就已经从阿尔泰山一带发现了铁。和西方的游牧民族一样，这些东方的游牧民族也曾经多次获得政治上的统一，成为某些文明定居点的征服者、统治者和复兴者。

　　正如欧洲和西亚的文明不是日耳曼人和闪米特人的文明,中国的原始文明也应该不是蒙古人的文明。中国的早期文明极有可能是浅黑人种的文明,在这一点上,其与最早的古埃及文明、苏美尔文明、达罗毗荼人的文明是一样的。根据史料记载,中国文明从一开始就呈现出融合和征服之景象。不管怎样,我们发现中国早在公元前1750年左右就已经出现了诸侯国和城邦国家,它们彼此之间有着某种默契,最终形成一个没有什么凝聚力的联盟,并定时向他们所敬畏的天子朝贡。

　　公元前1125年,周朝取代商朝,成为新的统治王朝。周朝的统治尽管显得有些松弛,但国家基本还是统一的,而且这种状态一直维持到古埃及的托勒密和印度的阿育王的王朝时期仍没有改变。在周朝这一漫长的历史时期里,中国逐渐出现了分裂的局面。于外,位于周朝北面的匈奴人,不断南侵周朝,并且还建立了他们的属国;于内,周朝各诸侯国纷纷割据,不再向周天子进贡。一位中国历史界的权威曾说过,到公元前6世纪,中国实际上已经分裂为几百个独立政权了。这一历史时期,在中国历史上被称为"春秋战国"时期。

　　尽管当时是一个诸侯混战的时代,但中国的文化并没有因此而停止发展,相反,还显示出更加繁荣的发展势头,许多地方都出现了各具特色的文化。如果进一步了解的话,我们会发现中国也有自己的雅典、米利都、帕加马和马其顿。然而有关这些方面的历史,我们知道的并不多,所以无法整理出一条完整连贯的线索,所以只能做一个大致的说明。

　　或许动荡不安的社会局势更能激发人们的智慧,世界上的许多智者都是在纷乱年代中走入人们视线的,如犹太人在遭到亡国劫掠后出现了先知,希腊在分裂中产生了哲学家,而中国也在春秋战国的诸侯割据中涌现了一大批的先哲和贤人。其中,最具有代表性的便是孔子和老子。

　　孔子出身于一个贵族家庭,曾在鲁国当过官。可能是在某种与希腊人的冲动相似的情绪的影响下,孔子创立了一所学校,传授人知识,探究更深层次的知识文化。当时中国"礼崩乐坏"的社会现实深深刺痛了他的心。为了实现他的政治理想和教育思想,建设一个更好的国家,给百姓带来更美好的生活,他周游列国,希望能寻找到一位支持他的诸侯。然而,他的希望落空了,虽然他一度找到了这样的诸侯，但是他们往往因为谗言而拒绝了他。有趣的是，在一个半世纪之后，希腊哲学家柏拉图也曾做过同样的事儿，不过柏拉图的运气要好得多，其最终被西西里岛叙拉古国王迪奥尼修斯聘为顾问。

最终，孔子在怀才不遇的心情下去世了。他曾十分遗憾地说："夫明王不兴，而天下其孰能宗予，予殆将死也。"在其迟暮失意之时，孔子大概没有想到他的思想学说对后人会产生多大的影响，更没有想过他的儒家思想竟然发展为中华民族精神的重要组成部分。在中国，一直有"三教"之说，其中之一便是儒教，另外两个分别是佛教及以老子为创始人的道教。

孔子思想的核心是"仁"，十分注重个人品行修养，其注重程度与希腊人重视客观知识、犹太人注重实施正义以及乔达摩注重内心的"无我"的程度相当。在所有人类的导师中，孔子是最强调公共精神的一个。面对战乱不断、百姓生活于水深火热中的社会现实，他忧心忡忡，痛苦不已。他追求的是美好而崇高的世界，他希望将所有人都打造成具有高尚品德的人。他提倡尽量约束自己的行为，在各方面都建立更为全面、更为完善的礼法准则。他树立做人的理想——严于克己、温文有礼、富于公心，这便是"仁"。这种理想被孔子赋予了永恒的力量，使得它在中国北方的人群中得到了发展。

与孔子同时期的中国，还有一位著名的学者，便是老子。老子曾长期任职于周朝的皇家图书馆，学识渊博。和孔子的思想学说比起来，老子的学说显得更加玄妙、隐晦和难以捉摸。老子认为，无论何时，人们都应该保持一种清心寡欲的、耽于想象的朴的心态，如此一来，才不会迷失在享乐和对权势的追逐的旋涡中。他留下的作品，文字十分洗练，但文意却晦涩难懂，就好像是谜语一样难以解读。老子去世之后，他的学说遭遇了和乔达摩的教义一样的厄运——被肆意篡改，染上了一层浓重的神话色彩，甚至还沾染了一些奇异而又复杂的迷信思想和戒条。

中国的文化发展历程与印度文化的发展如出一辙，那些新的思想都要与人类幼年产生的神秘的原始思想进行斗争，与各种光怪陆离的传说交锋。然而，结果总是后者占了上风，这些新的思想往往被强制加以某些荒诞的、迂腐的、古老的仪式。在今天的中国，我们可以发现，佛教和道教（用老子的学说作为教义的宗教派别）都有着寺院、祭司、僧侣和祭祀习惯。他们即使没有在思想上保留着跟古代苏美尔、古埃及相似的宗教祭司习俗，但至少在形式上延续了某种古代风格。然而，儒教却与之不同，因为其教义有限且通俗易懂，所以才能保持真传，避免被人曲解。

就思想和精神而言，生活于中国北部的黄河流域的人大多尊奉儒教，而生活在长江流域的人则大多信仰道教。因此，从那个年代起，中国的事务就经常体现这两种思想精神的冲突，即北方精神和南方的争锋相对，如北京与南京的矛盾——前者守旧、保守、秉直；后者富有怀疑精神、浪漫、务实。

公元前6世纪，周朝国势渐弱，国威荡然无存，老子辞官归隐。此时，诸侯之间的纷争愈发激烈，简直到了惨不忍睹的地步。

当时，国势较强的诸侯国有三国，分别是北方的齐国和秦国、地处长江流域的楚国，它们都具有对外扩张的实力。后来，齐国和秦国结盟，迫使楚国屈服，退兵求和。从此后，秦国日益强大。大约在印度阿育王执政时期，秦王夺取了周王朝的祭祀神器——周鼎，取代周王完成祭祀典礼。公元前246年，秦庄襄王的儿子秦始皇（公元前221年称帝）即位，后来他征服了齐、楚、燕、赵、韩、魏六国，结束了国家分裂的状态，成为中国历史上"第一位统一中国的皇帝"。

与亚历山大大帝相比，秦始皇还算比较幸运，其在位时间长达30年。对中华民族来说，秦始皇强有力的集权统治，标志着中国开始进入一个统一而强盛的时代。为了抵御北方匈奴人的入侵，秦始皇倾全国之力，修建了宏伟浩大的工程——万里长城。

# 第三十一章　罗马帝国拉开历史的序幕

　　因为地理上的阻隔，使得一种文明与另一种文明之间的联系受到了限制，如印度西北边境有崇山峻岭，中亚和印度内陆有群山环绕。尽管这些特殊的地理环境阻碍了文明的交流，但我们还是能够发现上述各种文明之间存在某种相似性。

　　在人类最初的几千年里，古代的日石文化广泛传播于旧世界温暖肥沃的大河流域，并逐渐形成一种祭祀传统——一种以神庙为生活核心并由祭司阶层掌控的习俗。显然，日石文化的创始人，就是我们在前面章节中所提到的人类核心人种中的浅黑色人种。后来，游牧民族在季节的变化中不断迁徙，不断向外扩张，给原始文明增添了他们的语言和元素。他们不仅推动了原始文明的进程，自身的文明也得到新的发展，他们所到之处的文明都有所改变，呈现出的是一种不同于以往的风貌。在美索不达米亚，推动各种文明全新发展的民族有闪米特人、埃兰人以及北欧系的米堤亚人、波斯人及希腊人；在爱琴海，促进文明发展的是希腊人；在印度，是雅利安民族促进了印度文明的发展；在古埃及，由于当地人极度迷信祭司文化，所以外来势力对其文化影响不大；在中国，则因为多次遭到不同部族的匈奴人的入侵，受到不同文化的影响。如同希腊和印度北部被雅利安化、美索不达米亚被雅利安化和闪米特化一样，中国也被蒙古化了。由此看来，虽然游牧民族每到一处就进行各种破坏，但也有其有益于人类的一面。比如，他们带来了自由探索、道德革新的理念和精神；他们质疑自古以来就存在的信仰，将光明带进了神庙——他们推举首领或族人中的佼佼者为领袖，既不信奉神灵，也不拜服祭司。

我们发现，自公元前6世纪起的数百年里，原始的传统逐渐为人类所抛弃，一种全新的追求知识和道德的精神开始觉醒，而这种精神始终与人类历史的伟大进程同在，只是此时不再沉默。在此之前，阅读和写作是祭司阶层独享的权利，而这个时候，统治阶级和富有阶级都开始学习阅读和写作了。马匹的广泛使用，使得人们对道路修筑的要求越来越高，随之旅行和运输也变得更加频繁和便利了。为了便于贸易，人们开始铸造货币。

现在，让我们将目光从中国这个古老的东方国度，转向地中海的西半部地区。在这里，出现了一个值得我们关注的城邦，它在人类历史上的作用举足轻重。它，便是罗马。

直到这里，我们还没具体讲述过意大利的历史。在公元前1000年，意大利还只是一个人烟稀少的国家，其境内丛林密布，到处是山。后来，大批雅利安语民族不断涌入意大利半岛，还建立了一些小城。在半岛的南部，有很多希腊人居住在那里。裴斯茨姆遗址气势极为宏伟，从这可以看出，希腊的聚居点在以往是很繁华的。此外，还有与爱琴人相近的非雅利安人系民族，即伊特鲁里亚人，他们在半岛的中部地区生活，他们征服了很多雅利安部落。罗马是以一个在台伯河畔的不显赫的小商贸城，出现在历史的舞台上的，罗马的大部分居民说的都是拉丁语。然而，他们的统治者却是一位伊特鲁里亚人。

根据古代纪年史所载，罗马城建成于公元前753年。如果这样算来，那么它的建造时间比腓尼基人建造迦太基晚了半个世纪，即它是建于第一届奥林匹亚运动会23年后。但是，人们在古罗马广场的遗址发掘出一座伊特鲁里亚人的坟墓，发现其建造年代要早于公元前753年。

公元前6世纪是人类历史上一个光辉时代，而罗马城的伊特鲁里亚人国王正是在那个时代被废黜（前510年）的。之后，罗马变成了一个贵族制共和国，由贵族阶层掌控国家权力。除了罗马人使用的是拉丁语外，罗马和诸多贵族制的希腊共和国没有本质区别。

在此后的几百年里，罗马上演了一幕幕抗争史诗，罗马的平民阶级为了争取自由和参政权利坚持不懈地与贵族阶层进行斗争。此类的矛盾冲突，在希腊历史上也是频频发生，希腊人习惯称之为"贵族政治与平民政治之间的战争"。最终，罗马的平民取得了胜利，贵族阶层的特权统治被打破，平民赢得了与贵

## 第三十一章　罗马帝国拉开历史的序幕

族平等的权利。他们摒弃了旧有的排外思想，接受更多的外来人口，而罗马城也越来越繁荣。虽然罗马国内斗争激烈，但这并不影响其向外扩张的野心。

公元前5世纪，罗马终于踏上了对外扩张的征程。在此之前，罗马人曾多次与伊特鲁里亚人交锋，但总是以失败告终，虽然伊特鲁里亚人的城堡威伊距罗马城只有几英里，但罗马的多次进攻都没有成功。公元前474年，伊特鲁里亚人将面临灾难。希腊人从西西里岛的叙拉古赶来，击败了伊特鲁里亚的舰队。真是祸不单行，北欧人的高卢人也在此时大举发动战争。伊特鲁里亚人受到高卢人和罗马人的同时攻击，迅速灭亡，从此退出了历史舞台。威伊被罗马人占领。公元前390年，罗马城被高卢人劫掠一空，高卢人占领了罗马城，不过高卢人最终还是没能占领朱庇特神庙。据说，高卢人偷袭神庙当晚，就在他们准备行动时，一群鹅突然高声尖叫起来，使得他们的行动暴露，偷袭计划失败了。最后，罗马人用金钱打发了这群侵略者，高卢人终于撤回意大利的北部。

高卢人的入侵似乎并没让罗马人备受打击，他们反而受到鼓舞，更加斗志昂扬。在短短几年间，罗马人取得了极大的成就。公元前300年，罗马人征服并同化了伊特鲁里亚人，并且成功同化了对方，罗马的领土得到了极大的扩张，其势力范围从阿尔诺一直延伸至那不勒斯的整个意大利中部区域。罗马人征服意大利之时，正是亚历山大大帝向印度和古埃及扩张势力、菲利普大举进攻马其顿和希腊的时候。然而，当亚历山大的帝国四分五裂的时候，罗马民族则一跃成为西方文明世界中的璀璨明星。

当时，罗马帝国北有高卢人，南有大批希腊的移民，即聚居于西西里岛与意大利半岛脚尖和脚跟部分的希腊民族。罗马人为了抵御能征善战的高卢人，便在与高卢人的交界处修建了一系列的堡垒和要塞。与其说罗马城被塔兰托姆（今塔兰托）和西西里岛上的叙拉古为首的希腊南方城市威胁，不如说这些城市受到罗马的威胁，为了提防正在崛起的罗马，他们开始寻求外援的帮助。

在前面的章节中，我们就已经介绍过，亚历山大帝国的分裂及遭到瓜分的事情。在瓜分者中，有一个名叫皮洛士的，他是亚历山大大帝的同族，后来他创建了新帝国伊庇鲁斯。伊庇鲁斯的疆土从亚得里亚海一直延伸到意大利半岛的"脚跟"部分。皮洛士野心勃勃，他以统治大希腊的菲利普大帝为榜样，一心想征服塔拉托姆、叙拉古及其附近区域。就当时的作战水平而言，皮洛士的军队可谓首屈一指,其既拥有一支精良的步兵方阵,又有与当初的马其顿骑兵实力不相上下的塞萨利骑兵,还拥有二十几只经过精心训练的战象。有这样先进的军队基础,皮洛士便毫无顾忌地入侵意大利了,并在两次战役中大败罗马人,即公元前280年的赫拉克利之战和公元前279年的奥斯库卢姆之战。罗马人战败后,被皮洛士驱逐到了北方。接着,皮洛士又将目标锁定西西里。

这一次,皮洛士所挑战的对手是实力强劲的腓尼基的商都迦太基,迦太基是当时首屈一指的强盛之都。征服它,要比征服罗马困难得多。由于迦太基与西西里岛距离很近,所以人们自然不会欢迎一个亚历山大式的强势人物统治这里。迦太基人不会忘记,半个世纪前他们的母城提尔遭到了不测,他们永远也无法释怀。因此,迦太基派出舰船帮助罗马人,鼓励或者督促罗马人继续与皮洛士抗争。同时,迦太基人还主动出击,截断了皮洛士的海上交通。后来,罗马人开始反攻,两方在那不勒斯和罗马之间的贝尼温顿展开战斗,皮洛士的军队溃不成军。

就在这紧急关头,伊庇鲁斯传来高卢人南下进犯的消息,皮洛士只好火速返回伊庇鲁斯。高卢人这一次南下没有入侵意大利,而是绕道伊利里亚(即今塞尔维亚和阿尔巴尼亚),进攻马其顿和伊庇鲁斯,原因是罗马的防线固若金汤,高卢人认为罗马难以攻克。一时间,罗马人、迦太基和高卢人纷纷与皮洛士激战,皮洛士遭到了围攻。迫于这种情势,皮洛士不得不放弃征服西西里的想法,于公元前275年回到自己的国家。而罗马的势力却因此而有所扩张,一直延伸到墨西拿海峡。

在墨西拿海峡西西里岛这一边,是当时被掌控在海盗手中的希腊城市墨西拿。当时,西西里岛的实际统治者其实是迦太基人,他们和叙拉古结成了同盟。因此,公元前270年,迦太基人攻打了海盗,将他们赶出墨西拿,并派兵驻扎在那里。面对强敌,海盗们只好向罗马人求助,而罗马竟也同意帮助他们。就这样,隔着窄窄的墨西拿海峡,两股强盛势力形成了对峙的局面,一方是具有雄厚贸易力量的迦太基,而另一方则是刚崛起的罗马征服者。

# 第三十二章　罗马帝国和迦太基

公元前264年，罗马和迦太基之间爆发了一场战争，即布匿战争。这一年，印度的阿育王在比哈尔即位，亚历山大博物馆的科研活动正热闹地开展着，而中国的秦始皇还是个未成年的孩子，未开化的高卢人正蛰居于小亚细亚并不断向帕迦马强索贡品。因为不可逾越的空间距离的阻隔，当时世界相互隔绝。因此闪米特牧人势力的最后的堡垒与新兴的雅利安语系的罗马人之间的战争持续了一个半世纪，这场战争涉及的范围极其广泛，如西班牙、意大利、北非、地中海广大地区，其他民族对这场战争的来龙去脉或许只有一些模糊的、隐约的道听途说。

这场战争不仅在当时影响重大，其影响甚至延伸到现在，使得世界频频出现一些纷争。在布匿战争中，罗马人战胜了迦太基人，而闪米特人和雅利安人之间的敌对情绪也由此产生，并且逐渐演化为日后犹太民族与非犹太民族之间的仇视和冲突。在本书中，我们将着重讲述这场战争带来的各种后果以及被扭曲的传统，这对当今世界各地的冲突和纷争仍有不利影响，或使人看不清真相，或进一步推进矛盾的加深和冲突的升级。

公元前264年，第一次布匿战争爆发，而这一次战争是由墨西拿的海盗挑起的。战争开始之后，战况不断升级，除了希腊的叙拉古外，几乎整个西西里都被卷入到这场战争当中。战争伊始，海上的主动权掌控在迦太基人一方，他们拥有五排桨的战舰，舰上还装有巨大的撞角，这样庞大、先进的战舰在当时还是比较少见的。而在两个世纪前的撒拉米斯战争中，主力战舰也不过只有三排桨。

罗马人虽然没有什么海上经验，但在面对迦太基人时，他们却毫不示弱，表现出了极大的斗志和勇气。为了与迦太基人对抗，罗马人组建了更强大的舰队：他们在舰上配备希腊水手，以加强舰队力量的建设；发明了抓钩和抢登船的技术，以弥补自己在航海技术上的不足。海战中，当迦太基人开着战舰冲撞而来，想要夺走罗马战舰的排桨时，罗马人就出动巨型的抓钩，以此来钩住敌人的舰船，再冲上敌人的甲板进行厮杀。

在公元前260年的密拉战役和公元前256年的埃克诺马斯战役中，迦太基人均遭到了惨败。尽管他们一度在迦太基城附近击退了登陆的罗马军队，但他们还是在巴勒莫的战争中受到重创，损失战象104头。罗马军队凯旋，军队穿越罗马广场时，人们发现了一道壮观的风景线，便是这些被缴获的战象。后来，罗马军队虽然遭遇两次失败，但是都很快恢复了元气。

公元前241年，双方在亚加蒂安群岛展开了最后一场对峙，结果以迦太基人的彻底失败告终。经此一役，迦太基最后残存的海上力量也失去了，迦太基人不得不向罗马俯首称臣。至此，除了叙拉古国王希洛外，西西里岛已经全在罗马人的统治之下了。

两国在之后的22年里，因为国内局势动荡不安，彼此间也暂时放弃了争夺。意大利的高卢人又一次大举南下，罗马城变得岌岌可危。惊慌的罗马人想出了一个荒唐的招数，他们竟然用活人献祭。最终，罗马人通过特拉蒙战役，将高卢人彻底打败。趁此机会，罗马人将他们的势力范围向阿尔卑斯山推进，使得其领土从亚得里亚海一直延伸到伊利里亚。与此同时，迦太基却因内乱元气大伤，其境内撒丁岛、科西嘉都发生了暴乱。结果，罗马人趁其内乱，进攻并吞并这两个岛屿。

当时，迦太基的领地十分广泛，从西班牙一直扩展到北边的埃布罗河。罗马人以河为界，不让迦太基人越过雷池半步，如果对方越过这个河界，罗马人就会认为这是对他们的挑衅。公元前218年，迦太基人终于被罗马人的行径给激怒了，他们在历史上赫赫有名的汉尼拔将军的带领下，越过埃布罗河。汉尼拔率领的迦太基军队，以西班牙为起点，翻越阿尔卑斯山，进入意大利，并且游说高卢人与自己结盟对抗罗马。就这样，一场长达15年的战争就此爆发，这便是第二次布匿战争。

## 第三十二章　罗马帝国和迦太基

战争开始之后，在特拉西美尔湖与坎纳等地，汉尼拔接连重创罗马军队。可以说，汉尼拔的军队在意大利境内所向披靡，没有哪支军队能与之抗衡。但是，后来一支从马赛登陆的罗马军队切断了汉尼拔与西班牙之间的联系，使得迦太基军队因为攻城装备不足而无法攻占罗马城。最后，由于迦太基国内发生努米迪亚人的叛乱，汉尼拔迫于形势只好班师回国，去保卫他们在非洲的城市。与此同时，一支罗马军队紧随其后，也到了非洲。

在扎马城外，汉尼拔率领大军与罗马统帅大西庇阿展开殊死的战斗，这次战斗是汉尼拔第一次打败仗，第二次布匿战争也随之结束。战败的迦太基不得不投降，他们同意把西班牙战舰让给罗马人，交出巨额赎金予以赔偿，他们还答应交出汉尼拔，听从罗马人的发落，但汉尼拔已经逃往非洲了。汉尼拔不想落入敌人的手里，最后选择了服毒自杀。

第二次布匿战争后，罗马人和迦太基人又保持了56年的和平关系。在此期间，罗马帝国的势力不断扩张，还将目标瞄准正处于分裂混战状态的希腊。罗马人入侵了小亚细亚，并且在吕底亚的马格尼西亚打败了塞琉古王朝的安提俄克三世。此外，当时还在托勒密控制下的古埃及、珀加蒙和小亚细亚的一些小国，都成了罗马的"同盟国"，即我们所说的"附庸国"。

与此同时，饱受奴役的迦太基人，在经历了国力衰微的艰难时期后，又逐渐恢复了往日的繁荣。对于他们的复兴，罗马人产生了极大的仇恨和猜忌心理。公元前149年，罗马人以莫须有的罪名大举进攻迦太基，迦太基人奋起反击，坚持了很长一段时间。然而，公元前146年，迦太基城最终被罗马人攻陷，随之发生巷战，或者说大屠杀，并且持续了整整六天六夜。迦太基城伤亡惨重，血流成河，25万居民中仅有5万人活了下来。幸存的居民被卖为奴隶，迦太基城被焚毁。在被烧焦的城市上，罗马人开垦土地，播下种子，以示他们将迦太基的痕迹统统抹掉。

第三次布匿战争便这样结束了。从此以后，众多在500年前繁荣一时的闪米特国家和城邦中，只剩下一个犹太小国依旧能够在自己本族领袖的统治下自由地生活。犹太国挣脱塞琉古王朝的统治独立出来，在本族的马加比家族的带领下，过着属于他们的生活。当时，他们已基本完成了《圣经》的编纂，并且一心想要发扬光大我们现在所说的犹太民族的传统。腓尼基人、迦太基人以及一切分散于世界各地的犹太同宗民族，他们当然能够从这本实际上是用同一种语言书写的充满了勇气和希望的《圣经》中，发现他们的共同之处。极有可能，闪米特人仍是这个世界的商人和银行家。所以说，闪米特人的世界不是被取代了，而是被扩散开来了。

耶路撒冷是犹太教的核心，更是犹太教的象征。公元前65年，耶路撒冷被罗马人攻占。耶路撒冷在经历了半独立、叛乱的几度兴衰之后，于公元70年再次遭到罗马军队的围困。虽然他们抵死反抗，但最终城门还是被罗马人攻破了，庙宇遭到洗劫。公元132年，耶路撒冷发生了一场叛乱，致使该城被彻底毁灭。事实上，我们现在所说的耶路撒冷，其实是经罗马帝国的授权而兴建的。罗马人在原先耶和华圣殿的遗址上修建了罗马神朱庇特的神殿，并严禁犹太人居住在城内。

# 第三十三章　崛起的罗马帝国

公元前 2 世纪到公元前 1 世纪的罗马帝国，是一个新兴的主宰西方世界的帝国，它不管在哪方面都与旧时支配这个文明世界的各大帝国不太相同。首先，它不是一个君主国家，这个帝国不是任何一位伟大的征服者所开创的；其次，它不是历史上第一个共和政体的帝国。在它之前，雅典在伯里克利时代就已经拥有诸多的盟国和附庸国，而迦太基在和罗马进行布匿战争之前就已经控制着包括撒丁、阿尔及利亚、科西嘉、摩洛哥、突尼斯以及西班牙和西西里的大部分地区。但是，罗马却是历史上第一个免遭毁灭并继续发展的共和政体的帝国。

那些古代帝国的中心一般都位于美索不达米亚或古埃及的各大流域，与它们比起来，罗马这个新兴的共和国的中心更靠近西面。这种帝国中心的西移，极有可能将文明带进某些新地区和新民族。此时，罗马帝国的势力范围已经极度扩张，东南方向延伸至西班牙和摩洛哥，西北方向则推进到今天的法国、比利时和英国，东北方向则扩张至匈牙利和俄罗斯南部。但在另一方面，罗马帝国却没有在中亚及波斯等地建立自己的殖民统治，因为罗马距离这些地方实在是太遥远了。当时，罗马帝国中有很多不同的民族，如诸多北欧雅利安语系民族和世界上所有的希腊民族，不过，罗马境内的哈姆特人和闪米特人的数量比以往任何一个帝国都要少。

罗马帝国建立之后，没有像波斯帝国和希腊帝国一样迅速衰败，而是在长达数个世纪的岁月中不断发展，越来越兴旺发达。以往古老文明帝国的征服者往往极容易被其所征服地区的文明所同化，如米堤亚和波斯的统治者仅经历了一代就被巴比伦完全同化了，他们接受了巴比伦万王之王的王冠，还接受了神庙和祭司思想；亚历山大大帝和他的继位者们也被轻而易举地同化了；塞琉古王朝建立的宫廷组织形式与尼布甲尼撒所建立的极为相似，而且塞琉古王朝还效仿后者的管理方法；托勒密家族统治古埃及后，便被完全古埃及化了。与先前的闪米特人在征服苏美尔后就被苏美尔化一样，这些征服者都不可避免地被同化了，唯独没有被同化的征服者便是罗马人。

在几个世纪中，罗马人以自己的方式管理自己的国家，使用自己的法律，遵循自己民族的习俗。希腊人在血统上与罗马人关系密切，所以在公元前3世纪至公元前2世纪，他们是唯一对罗马文明产生影响的民族。从本质上来说，罗马帝国是历史上首先尝试用雅利安模式统治强化帝国的国家。就此而言，罗马帝国采用的是一种全新的统治模式，罗马帝国是一个扩张了的雅利安共和国。

之前，征服者在兴建都城之时，都是以一位丰收之神的神庙为中心，在其周围兴建城市，从而形成统治。然而，到罗马帝国时期，这种模式已经不再适用了。罗马人兴建自己的神庙，并在其中供奉他们所信奉的神灵。罗马人的神灵与希腊人的极为相似，都是一些有人性欲望的、神圣的、不朽的神祇。遇到特殊情况，罗马人也会用活人进行血祭——这种传统大概是黑肤色的伊特鲁里亚人传过来的。尽管如此，当罗马不再繁荣时，罗马的神庙和祭司也从未在罗马历史上扮演过任何重要角色。

可以说，罗马帝国是以一种独特的、人们从未预测到的新式发展模式进行发展的。而罗马人就在这不知不觉间，开展了一项规模宏大的行政管理试验。但是，这却不能算是一项成功的试验，因为罗马帝国最终还是陷入了全面崩溃的境地。一个世纪又一个世纪，罗马帝国的管理方法及管理模式，都不断发生着变化，而且这种变化的幅度特别大。罗马帝国一百年间的变化，要比美索不达米亚、古埃及及孟加拉等地区经历数千年的变化还要大。它始终不断变化着，但从来没有固定的发展模式。

从某种角度来看，罗马帝国的这个实验是失败的，但是换一种角度看，这个实验或许还没有完成。当初罗马人一直为"如何治国"而烦恼，如今欧美国家仍在为这个世界性的难解之题而忧虑。

研究历史的人应该谨记，在整个罗马帝国发生的巨大变化，不仅仅表现在政治方面，而且也表现在社会和道德方面。人们往往会冒出不合常理的想法，

## 第三十三章　崛起的罗马帝国

认为罗马帝国的统治是完整的、稳定的、牢固的、完善的、神圣的、具有决定意义的，比如麦考利的著作《古罗马之歌》中，就将罗马元老院和罗马市民、老加图、西庇阿、戴克里先、恺撒、君士坦丁大帝、演说、角斗、凯旋、基督徒殉道等所有一切都混在一块了，将其绘制成一幅庄严又残忍的图画。事实上，我们应该对图画中的每一个元素都进行一番解析，因为它们源自不同的历史阶段，经历了不同的沧海桑田，其变化之大完全超出了我们的想象——比威廉时代的伦敦与今天的伦敦的变化更加深刻惊人。

一般而言，我们将罗马帝国的扩张分为四个阶段。

第一阶段，从公元前390年罗马人遭高卢人劫掠开始，一直延续到公元前240年第一次布匿战争结束，我们也可称之为——同化的共和国阶段。这一阶段或许正是罗马历史上最美好的、最具特色的时期。这一时期，罗马贵族与罗马平民之间的冲突逐渐平息；伊特鲁里亚人对罗马的威胁也日益消除；贫富差距已经慢慢缩小；大多数罗马居民都具有公益心。这一时期的罗马帝国属于一个自由的农民共和国，与公元1900年前的南非布尔共和国以及公元1800年至1850年的美国北方联邦是很相似的。

在此阶段初期，罗马只不过是一个极小的国家，国土面积不过方圆20英里。罗马人对其周边的同宗强国发动战争，只是为了能与之结盟，而不是为了毁灭对方。在经历了数个世纪的内乱纷争后，罗马市民逐渐懂得了妥协退让。那些被罗马征服的城邦，有的成为罗马的一部分，同时也获得参政议政、投票选举的权利，从而被彻底罗马化；一些则成为权力自治的城市，拥有在罗马经商贸易、成家立业的权利。为巩固自己在新征服的地区的统治，罗马人在这些地区设立享有各种特权的殖民地，还在各战略要塞设置营寨，并派大批的军民前往营寨驻扎，还到处修建公路。经过一系列的征服调整后，整个意大利不可避免地被罗马化了。

公元前89年，整个意大利的自由民都变成了罗马市的市民。从形式上而言，罗马帝国终于成为一个扩张的大城市了。到了公元212年，每一位罗马帝国的自由民都被赋予了市民权，这也就意味着所有出席罗马市民会议的人都享有投票选举权。

罗马帝国的扩张是独具一格的。它先赋予易于管理的城市市民权，然后再将这种市民权推广至帝国各处,其结果是:作为征服者的罗马人不仅没有被同化,反而将征服者给同化了。这是历史上的一种全新局面,与以往被同化的往往是征服者恰好相反。正是借用这种扩张方式,罗马将所有的征服者都同化了。

然而,在第一次布匿战争结束和吞并西西里后,罗马帝国虽然仍保留有传统的同化痕迹,但新的扩张模式却也逐渐显露、出现。如,西西里被征服后,便被罗马人当成了战利品,宣布其为罗马人的财产。当时的西西里地区,土地富饶,百姓勤劳,罗马人便利用这些获取财富。同时,战争也为罗马人提供了许多的奴隶。在第一次布匿战争爆发之前,罗马帝国的许多居民都是拥有市民权的农民,参军是他们的权利和义务。但是,在他们为国家尽义务时,他们在罗马的田地均因此负了债,而罗马国内的奴隶农业也日益兴旺且规模越来越大。所以,当这些士兵从战场上回到家中时,发现他们面临着来自西西里和新殖民地产品的竞争。时代发生了变化,共和国的性质也发生了变化。西西里在被征服的同时,西西里的百姓也落入罗马富有的债主与竞争者的手中。罗马帝国从此进入了一个新的阶段,即第二个阶段——富人冒险家的共和国。

农民出身的罗马士兵为了争取自由和参政的权利,进行了200年坚持不懈的抗争,终于赢得了100年的特权。然而,一场布匿战争(第一次布匿战争)却让这一切付诸东流。

此时,市民虽然名义上依然还享有"选举权",但有名无实。实际上,这一时期的罗马共和国的政体由两部分组成。其一是元老院,它也是罗马政权最重要的组成部分。最初的时候,元老院是一个由贵族组成的实体,后来它则变成一个由各方有影响的人物组成的团体,而这些人又是由执政官或监察官及那些握有实权的官员召集促成的。这种元老院的组织结构不像美利坚的参议院,倒是跟后来英国的上议院十分相似,英国的上议院是由权威政界人士、大地主、大商贾组成。布匿战争后的3个世纪里,元老院一直是罗马的意志与政治思想中心。

罗马帝国政体的另一个组成部分是平民会议,它也被称为罗马全体公民的集会。当罗马还是一个方圆仅20英里的小国时,这样的集会经常举行。但是,当罗马的势力扩张到意大利之外时,这样的集会便不复存在了。以前,人们总是在朱庇特神庙或罗马城墙上举行集会,只要号角一响,平民便会聚集过来参加会议。但是后来，这些地方慢慢变成了市井无赖、政治掮客们的聚集场所。在公元前4世纪，平民会议还能制约元老院，并且代表广大市民的权利与要求，但是到布匿战争结束时，平民会议已经毫无意义了，再也不能有效限制有权势的人的行为了。

代议政体这一模式从来没有在罗马共和国出现过，也从未有人提出以推举市民代表来争取人民的利益。这对研究历史的人来说是一定不能忽略的。罗马共和国的平民会议，如果与英国的下议院和美国的众议院一比较，就显得太微不足道了。这种平民会议，不过徒有模式，虽然其在理论上代表了全体市民的意志，但在实际上却毫无意义。

所以，第二次布匿战争结束后，罗马百姓的生活陷入了困境之中。有的人家徒四壁，有的人失去了土地，有的人则因为奴隶的竞争而退出了有利可图的行业，但更不幸的是他们被剥夺了可以扭转这一局面的政治权利，也无从表达自己的政治意见。对于他们而言，唯一能够表达自己意见的途径就只剩下暴动和罢工了。

公元前2世纪至公元前1世纪，就国内政治而言，罗马的历史可谓乏善可陈，这是一个收效甚微的革命暴动时期。由于篇幅有限，关于当时的复杂的斗争场景，如试图让贵族等特权阶级将土地还给自由民的斗争，提出废除部分或全部债务的议案等等，这里便不赘述了。总之，这一时期，各种各样的暴动和内战在罗马接二连三地出现。

公元前73年，由斯巴达克斯领导的奴隶起义掀起了意大利暴动的高潮，意大利的局势更加混乱。这些参加暴动的奴隶拥有强大的战斗力，他们中多数人都曾是罗马竞技场上训练有素的角斗士，因此这次的暴动来势凶猛。奴隶起义大军死守在当时似乎是死火山的维苏威火山，顽强地抵抗着罗马大军，他们整整坚持了两年。但是，他们最终失败了，遭到了血腥残酷的镇压。公元前71年，6000名斯巴达克斯战士在亚壁古道被罗马大军所俘，并被活活钉死在一条由罗马通往南部国境的公路两旁的十字架上。

罗马的百姓从来没有对压迫、奴役他们的人给予迎头痛击。而那些有权势的富人则永远欲壑难填，在取得对平民的控制权后，又在其上建立一支新力量——军队，用以压迫平民。

在第二次布匿战争爆发之前,罗马军队的士兵都是自由的农民。战争爆发时,国家临时组建军队,农民们根据自己的情况,或骑马或步行开赴战场。对近距离的战争来说,这样的作战部队还是比较有优势的,但如果遇到长期征战或远途作战时,他们的局限性便显现出来了。而且,随着奴隶数量的增多、土地兼并的日趋严重,原来那种具有自由精神的农民士兵就显得越来越缺乏了。就在这时,平民统帅马略进行了一项军队建设改革,引进了一种新的战斗力量。

自迦太基文明逐渐衰落后,北非也逐渐成为一个半开化的国家,即努米希亚王国。罗马帝国与努米希亚王国的国王朱古达经常出现军事摩擦,而且也多次发生过战争,但罗马帝国始终未能征服努米希亚王国。为了能尽早结束这场颜面尽失的战争,人们将马略推举为执政官,由他来指导作战。马略一上任,便立即下令招募雇佣兵,然后又对他们进行严格的训练。最终,这支军队打败了朱古达的军队。公元前106年,朱古达被戴上手铐脚镣,押往罗马。后来,到了规定的卸任时期时,马略却不肯交出兵权,而是倚仗其新建兵团的支持,非法执政,而此时的罗马又没有其他力量能够压制他。

马略的出现,标志着罗马帝国发展到了第三个阶段——军人共和国时期。在这一时期,罗马雇佣军的将领们为了争夺罗马的统治权,发生了激烈的争执。其中,与马略争夺最厉害的便是贵族苏拉,此人曾跟随马略出征非洲。两方的争斗一触即发,双方都大开杀戒,数以千计的人在这场权力争夺战中或被杀戮或被放逐,他们的财产遭到了拍卖。在经历了这种残酷的厮杀和镇压了斯巴达克斯起义之后,罗马帝国则进入了各种政权不停更迭的时代,而这些政权的领袖个个都是手握军队实权的人,他们分别是卢卡拉斯、庞培大帝、克拉苏和恺撒。克拉苏镇压了斯巴达克斯起义;卢卡拉斯攻陷了小亚细亚,后又进军亚美尼亚,但在抢掠了巨额财富后便归隐了。后来,克拉苏又率大军攻打波斯,结果却被帕提亚人所败,并且死在了战场上。恺撒与庞培之间进行了长时间的较量,终于在公元前48年有了结果,庞培落败并死在了古埃及。从此,罗马就成了恺撒大帝一个人的天下了。

像恺撒大帝这样的人物,是极容易给人们创造无限遐想空间的。他的形象往往被扩大了,超乎了其本身的真实价值和意义,使其成为了一个象征,一个传奇。在我们看来,恺撒大帝的行为有一个重要意义,其标志着罗马军人共和国时期的结束，罗马扩张的第四个阶段——早期的罗马帝国时期的到来。

尽管当时罗马帝国的内部政治、经济一片混乱、内战频发、社会动荡不安，但是罗马的版图却没有缩小，反而不断扩大，并在公元前100年达到了历史的顶峰。不过罗马的扩张并不是持续稳定的，如第二次布匿战争期间，罗马的扩张一度出现低潮；在马略重建罗马军队之前，扩张速度也曾停滞不前；斯巴达克斯起义期间，罗马领土扩张的计划再度遭到阻遏。而这一时期，恺撒在高卢境内，即今天的比利时、法国一带，建立了军事领袖的威望。那时高卢境内的主要居民也属于凯尔特族系，与被称为加拉提亚人的高卢人一样，后者曾占领意大利北部，继而入侵小亚细亚，最后定居在那里。后来，恺撒又将入侵高卢的日耳曼人驱逐出高卢境内，并将高卢并入罗马的版图。公元前55年至公元前54年，恺撒曾两渡多佛海峡，入侵不列颠，但是均未能占领那里。与此同时，庞培也努力巩固罗马帝国往东直抵黑海的各征服地区。

公元前1世纪中期，元老院依旧被视为罗马行政中心，元老院具有任命执政官和其他官员的资格，而后者的权力也是元老院所赋予的。当时，为了维护罗马共和国的伟大传统，为了维护法律的尊严，许多政治家都在进行着不懈的斗争，其中最为杰出的政治家便是西塞罗。但是这种争取市民权的精神，随着自由农民的不断减少而逐渐在意大利人群中消失了。当时意大利四处可见奴隶和贫民，但他们不仅没有争取自由的欲望，甚至对自由完全没有概念。而此时，元老院中的共和国领袖已经没有力量可以依靠了，而那些曾令他们感到害怕并试图加以控制的军人冒险家们，其背后则拥有强大的军团支持。于是，这些冒险家们凌驾于元老院的领袖之上，瓜分了罗马帝国的统治权，如克拉苏、庞培和恺撒对罗马所实行的"前三头政治"统治。后来，克拉苏对帕提亚人发动卡尔战争，结果却被对方所杀。随即，恺撒与庞培反目。庞培于是转而支持共和政体，他以恺撒违抗元老院命令、藐视罗马法律为由，主持通过了对恺撒进行审判的法案。

当时，罗马法律规定，军事领袖不能将其所领部队带离该部防区，否则便被视为"违法行为"。而那个时候恺撒的防区与意大利之间横亘着一条卢比肯河。至公元前49年，恺撒宣布"事已至此，无路可退"，然后率部越过卢比肯河，向庞培所在的罗马进发。

古罗马有着这样的习俗：出现紧急军情时，全国就会推举一位"独裁者"并赋予其至高无上的权力，以解决危机。恺撒击垮庞培的统治后，就被推举为这样的独裁者，任期十年。公元前45年，他又被推选为终身独裁者。事实上，恺撒已经是罗马帝国的终身统治者了。其间，有人建议他称帝，但恺撒考虑到自5个世纪前伊特鲁里亚人被逐开始，罗马人便深深憎恶帝制，所以他并没有接受这一建议，但他却接受了帝王的地位和实际权力。

恺撒击败庞培后，曾远征古埃及，并深深地迷恋上了古埃及托勒密王朝的末代女王——美艳绝伦的克娄巴特拉。似乎是受到了克娄巴特拉的影响，恺撒的思想发生了极大的变化，他将"神兼君王"的古埃及思想带回了罗马。之后，恺撒把自己的雕像供奉于神庙里，并题词："献给无敌之神"。但是，行将熄灭的罗马共和之火，在最后关头闪现出抗争的火花，元老院杀死了恺撒，而恺撒倒下的地方正是死于其手的政敌庞培的雕像的脚下。

后来又有三位罗马野心家为争权夺势，进行了十三年的斗争，在罗马史上留下了"后三头政治"的故事。这三位野心家分别是李必达、安东尼和恺撒的养子屋大维。屋大维和他的养父一样，掌管着贫穷而强悍的西部各省，招募最精锐的士兵。公元前31年的亚克西姆海战中，他唯一的对手，即安东尼被他击败，于是屋大维成了罗马帝国的统治者。然而，屋大维却与他的养父恺撒大帝的做法不同，他从来没想过做神当皇帝，也没有哪个女王使他神魂颠倒，他将自由还给了罗马人和元老院，还拒绝了独裁官一职。元老院为了感激他，让他享有实权而非名义上的权力。屋大维不称帝，而是被称为"奥古斯都"，或者"元首"。屋大维于公元前27年被封为"奥古斯都·恺撒"，又于公元前27年至公元14年成为罗马的第一位皇帝。

此后，他的继位者依次为提比略·恺撒（14—37年）、卡利古拉、克劳狄、尼禄，此后又有图拉真（98年）、哈德良（117年）、安东尼奥·庇乌（138年）和马可·奥勒利乌斯（161—180年）。所有这些罗马皇帝都曾是军队的领导者，是士兵们将其推上皇帝宝座的，不过也有人是被士兵拉下皇位的。时间一长，元老院逐渐退出罗马的历史舞台，其位置被皇帝和官员所取代。

罗马历史进行到这里，其疆域之广已经到达历史的顶峰。当时，罗马占有不列颠的大部分领土，特兰西瓦尼亚也被纳入罗马的统治范围并被称为"达契亚"

行省。到图拉真统治时期，罗马的统治范围又越过了幼发拉底河，到达了另外一端。而哈德良则放弃了大规模的扩张，更着眼于防守，他的所作所为很容易让我们联想到世界的另一端——中国这个东方古国曾发生的事情。像中国的秦始皇一样，哈德良也修建了用于抵御北方野蛮民族的城墙，其中一段矗立于不列颠境内。另外，他在莱茵河与多瑙河之间建设防卫栅栏。同时，他还放弃了部分图拉真时代扩张的领土。

到这里，罗马帝国的扩张便宣告结束了。

## 第三十四章　罗马和中国

公元前2世纪至1世纪，人类历史进入了一个崭新的阶段，美索不达米亚及地中海东岸地区已经不再是世界的焦点了。虽然此时的美索不达米亚和古埃及依然土地肥沃、人口众多、贸易繁荣，但是它们已经不再是占主导地位的世界中心区域了，权力的中心分别向东、西两个方向转移。当时，新兴的罗马帝国与再次崛起的中国汉王朝成了世界的主宰者。

这个时期，罗马的疆域一度延伸至幼发拉底河，但因距离罗马太过遥远，此后便鲜有扩张了。幼发拉底河对岸的印度地盘曾是波斯和塞琉古王朝统治的，但现在已改朝换代落入新的征服者的手中。这期间，中国的秦始皇已经驾崩，取代秦朝的是汉王朝。汉王朝不断扩张，其领土涉及的范围非常广泛，从西藏穿越到帕米尔高原，一直伸展到中亚。汉王朝的领土扩张也同样到此为止，再扩张就过于遥远了。

这一时期的中国，是世界上最繁荣昌盛的、组织最完备的、政治制度最先进的国家，是万国瞩目的焦点。其不管是在领土面积上还是人口数量上，都远胜于鼎盛时期的罗马帝国。然而，这两个处于同一时期的世界强国，它们却极有可能并不知道彼此的存在。根据当时的实际情况来看，这种推测的确是成立的。因为当时的水上交通、陆路交通都十分不完善，还不足以让两个国家发生直接冲突。

不过，罗马和中国都以某种特别的方式对彼此产生影响，同时也对处于两国之间的中亚和印度等国家和地区产生了深远的影响。比如，源源不断地进行一定规模的商业贸易活动，其形式或是一支穿越波斯的骆驼商队，或是顺着红

## 第三十四章 罗马和中国

海海岸和印度海岸的商船。或者是，偶尔进行的军事行动，公元前66年，庞培率领罗马军队踩着亚历山大大帝的脚印，从黑海东岸向北方挺进；公元102年，班超带领着中国远征军也到达过黑海，还派出使者打听罗马帝国的情况。但是，东亚和欧洲这两个地方，真正了解并直接接触，则是数个世纪之后的事儿了。

在这两个帝国的北面，一样都有未经开垦的荒野。今天的德国，在当时还只是一个森林众多且林木葱郁的区域，这些森林一直伸展到俄罗斯。森林中，栖息着体型如大象一般庞大的野牛。在巍峨的亚洲群山之北，是草原和沙漠地带。再往北，便只剩下森林和冻土了。在亚洲高地的东麓，是一片低洼地带，人们称之为满洲大三角地。自古以来，自俄罗斯南部到中亚，直至中国东北的大片土地上，都是气候多变地区。经过多个世纪的变迁，那里的降雨量才发生了巨大的变化。对于人类而言，这样的区域是不适合生存的：其可能在某个时期牧草丰美，也适合种植庄稼，然而又可能在某个时期雨量突减，遭受致命干旱的周期性打击。

在这片北方原始荒野的西面，从德国的森林地区到俄罗斯南部和中亚，从哥德兰岛至阿尔卑斯山，这一片广大的区域就是北欧各民族和雅利安语系民族的发祥地。而蒙古东边的草原和沙漠地区，则是匈奴人、蒙古人、鞑靼人、突厥人等民族的发源地。这些民族在生活方式和语言上都存在着一定的相似性。有一段时期，匈奴各部族由于人口过剩，纷纷以流浪者、侵略者以及征服者的身份涌入中国境内，并且过上了定居生活。他们和北欧民族从自己的国度进入南方，进入美索不达米亚以及中海沿岸兴盛的文明地区一样。北方的人口因为一个时期的丰衣足食而迅速激增，而牲畜瘟疫的蔓延和极度缺少牧草，却使饥肠辘辘的北方好战的部落大举向南入侵。

终于，人类历史上出现了这样的时代：世界上两个强大的国家，他们不仅没有被野蛮民族攻陷，而且还把自己国家和平的领土疆域往外扩张了。中国汉王朝从北部边境，对匈奴发动的攻击是猛烈和持久的。中国居民穿越长城，向塞外涌去。在戍边将士的身后是牵马扛锄的农民，他们开垦草场，把冬季的草场圈护起来。当时，匈奴经常袭击并屠杀当地的百姓，但还是被汉王朝制止了。败下阵来的他们有两条路可以选择：一种是在当地定居，种植庄稼，定时向汉王朝纳税进贡；一种是迁徙到其他地方，寻找新的夏季牧场。选择定居的，时间一久便被中国化了。剩下的人则迁往东部或东北方向，翻山越岭后抵达中亚地区的西部。

公元前 200 年，一些游牧民族开始向西迁徙，他们的西侵带给雅利安部族巨大的压力，使雅利安人不得不向罗马边境迁徙，并寻找薄弱点，企图攻破罗马人的防线。公元前 1 世纪，帕提亚人——塞西亚人的一支向南迁移，进军幼发拉底河流域。他们还战胜了克拉苏，并杀死了他；他们曾经和庞培的东征大军交锋；在波斯，他们推翻了塞琉古王朝，并创建了帕提亚人自己的阿萨息斯王朝。

长久以来，不管在西方还是东方，这些饥饿的游牧民族每到一个地方，就会遭到当地居民的激烈反抗。所以，最终他们不得不跨过中亚，向东南方向进发，穿越开伯尔山口，来到了印度。事实上，在罗马和中国极度繁荣的几个世纪里，匈奴人一次又一次入侵印度。一批批的匈奴征服者经旁遮普，南下袭击印度平原，肆意烧杀抢掠，阿育王帝国因此四分五裂，印度经历了一个极其黑暗的时期。在入侵队伍中，有一支叫印度—塞西亚人的，在北印度地区建立起贵霜王朝，并维持着一定的社会秩序。这些入侵持续了几个世纪。公元 5 世纪的大部分时间，印度饱受白色匈奴人的侵袭。这些侵略者向印度的小诸侯强行索取贡品，导致印度陷入一片恐慌当中。每当夏天来临，这些入侵的白色匈奴人就到中亚西部牧马放羊；秋天一至，他们便翻越山口，袭扰印度。

公元 2 世纪，罗马帝国和中国汉王朝同时遭到大难，其对抗北方游牧民族的力量也由此减弱不少。在中国，一场规模空前的瘟疫在其大地上肆虐了 11 年之久，社会秩序大乱，内战连连。最终，汉王朝灭亡，统一的中国再次陷入四分五裂的状态，各方割据势力不断相互征战。经历了魏、晋、南北朝几百年的动荡后，公元 618 年唐王朝建立后，中国才终于恢复元气。

当时，瘟疫的范围还蔓延到了欧洲。公元 164 年到 180 年，罗马境内也遭受瘟疫的侵袭，这使罗马帝国的社会结构动荡不安，人口数量锐减，罗马帝国的统治活力与效率也急剧下降。此时，罗马的边境防线也不再坚不可摧，频频被打开缺口。同一时期，一个新兴的原先居住于瑞典哥德兰岛的北欧民族，此时已经越过俄罗斯，移居到伏尔加河流域及黑海海岸，并且开始在海上从事海盗活动，他们便是哥特人。公元 2 世纪末，可能是感受到了西侵的匈奴人的威胁，哥特人开始对其他民族展开侵略活动。公元 247 年，他们越过多瑙河，在今天的塞尔维亚地区与德西乌斯皇帝展开大战，并杀死了对方。另一支叫洛兰克的日耳曼民族于公元236年，突破了莱茵河下游的罗马边境；阿勒曼尼人迁移到阿尔萨斯。在高卢地区，虽然罗马人把入侵者驱逐出境，但哥特人却多次骚扰巴尔干半岛，至此，罗马版图上的达契亚省就不复存在了。

## 第三十五章　罗马早期的平民生活

从公元前2世纪开始,罗马帝国在奥古斯都·恺撒的统治下,人们一直生活在安宁昌盛的环境中,时间持续了200年之久,但最后陷入动荡、走向衰落的原因是什么呢?在分析这个问题之前,先让我们了解一下,生活在这片广阔土地上的平民的生活实况。不管是在繁荣太平的中国汉朝,还是在安宁和平的罗马帝国,当时这些文明国度的百姓生活都越来越接近后来人民的文明生活了。

罗马帝国时期,西方国家已经开始使用铸币了。当时社会上新产生了一个阶级,他们既不是祭司也不是政府官员,而是一些拥有独立财产的人。从前,人们的出行经常受限制,而此时人们的出行自由多了,到处都是公路和旅店。与公元前5世纪相比,人们的生活更加随意、自由,过去人们总被某些传统习俗所束缚,几乎一生都只能生活在一个极其狭小的环境中,被约束在某个区域或某个国家内。那时,只有那些游牧民族才会四处漂泊和经商。

然而,不管罗马还是中国,国家太平并不意味着在其境内就只存在一种单一的文明。实际上,在其领土的不同地区所呈现出的文明差异性极大,其程度就如同曾经的大英帝国统治下的印度同英国本土之间的差异,各地的文明带有鲜明的地方特色甚至截然不同。在广阔疆域上,罗马的殖民地和驻军随处可见,他们崇拜罗马神,说拉丁语。不过,那些比罗马人先到的民族,他们所建立的城镇,最后虽然臣服于罗马人,但他们依然继续管理自己的事务,至少在某些时期他们用自己的生活方式和习俗供奉着自己信仰的神灵。

事实上,在希腊、古埃及、小亚细亚和早已被希腊化的东方地区,拉丁语始终无法普及,一直处于优势地位的还是希腊语。后来成为使徒保罗的塔苏斯

## 第三十五章 罗马早期的平民生活

人扫罗，他既是罗马市民，又是犹太人，但他使用的语言不是希伯来语，而是希腊语。那个在波斯推翻希腊塞琉古王朝的帕提亚王朝，即便位于罗马的领土之外，但它的官方语言仍然是希腊语。

此外，在北非和西班牙，虽然迦太基已经灭亡，但对迦太基语的使用却保持了很长时间。又比如古城塞维利亚，这个早在罗马尚未登上历史舞台就已经十分繁荣的城市，虽然在其几英里之外就驻扎着罗马老兵，但当地的闪米特族百姓所信奉的依旧是他们民族的女神，所使用的语言仍是闪米特语。再比如，塞普蒂默斯·塞维鲁在担任罗马皇帝期间（193年至211年在位），一直使用的都是自己的母语迦太基语，很久之后才开始学习拉丁语，但只是将其当成一种外国语言来学习。根据史料显示，塞普蒂默斯·塞维鲁的妹妹一直没有学会拉丁语，甚至在家中指挥罗马用人时，用的都是迦太基语。

不过，在高卢、不列颠、诺尼亚（今天多瑙河以南的匈牙利）、达契亚（大约是今罗马尼亚）等这些在罗马人到来之前没有建造大城市和神庙、没有文化的地方，则被罗马帝国给"拉丁化"了。同时，罗马帝国也给这些地区带来了文明，在这些地方建造从一开始就以拉丁语为主要语言的城市或城镇。在这些罗马人兴建的城市里，人们供奉的是罗马神，当地盛行的是罗马风俗。后来，拉丁语分化出多种语言，如今天的西班牙语、意大利语、法语以及罗马尼亚语都是从拉丁语衍生出来的，不难想象当时的拉丁语和罗马风俗的普及程度有多高。到最后，就连非洲西部的大部分地区也开始使用拉丁语，但在希腊、古埃及以及罗马帝国的其他东部地区却未被拉丁化。不管是在精神方面还是在文化方面，他们都坚持着希腊和古埃及的民族传统。在罗马，一些受过教育的罗马人都将希腊语看成是绅士语言，并学习它。所以，相较于拉丁语，当时人们往往更喜欢希腊文学和文化。

在文化和传统如此复杂的罗马帝国里，其贸易和劳动的方式自然十分丰富多彩。各大定居点仍然以农业为主要产业。在前面章节中我们已经提到，身强力壮的被视为早期罗马共和国支柱的自由农民，后来怎样在布匿战争中逐渐为奴隶劳动所取代。在希腊，各种农耕方式也相继出现，最初人们采用阿卡狄亚田园牧歌式的农耕方式，即每一个自由民都依靠自己的双手辛苦劳动，到后来斯巴达劳作方式风气形成，人们逐渐将劳动视为有损颜面的事情，并将劳动强制交由奴隶阶级承担——这些奴隶被称为"希洛人"。不过，这些耕作方式都成为过去，因为在大多数希腊化的地区，领地制度及奴隶集体劳作逐渐成为主流。

在大部分希腊化地区，奴隶集体劳作和领地制度开始流行。这些奴隶不是被俘虏来的，就是生为奴隶，被俘虏的奴隶都说着不同的语言，相互间无法进行交流。由于这些奴隶不识字，所以他们没有团结起来反抗压迫的能力，他们不懂知识，更没有权利。公元前1世纪发生的斯巴达克斯奴隶起义，是一次由一群经过特殊训练的奴隶角斗士组织发动的。

在罗马共和国的晚期和罗马帝国的初期，意大利的农耕奴隶受尽屈辱和折磨。为防止他们逃跑，奴隶主一到晚上就给他们带上镣铐，或是将他们的脑袋剃成阴阳头，使其极易辨认。奴隶主剥夺了奴隶们的婚嫁权利，还经常折磨虐待他们，甚至有权处死他们。奴隶主可以随意买卖奴隶，他们经常向角斗场出售奴隶，让其在竞技场上与野兽搏斗。如果一个奴隶杀死了奴隶主，那么奴隶主家中所有的奴隶都会被钉死在十字架上，不管他们是不是凶手。在希腊的某些地方，尤其是雅典，奴隶们的命运稍微好些，但还是十分可怜。或许对这些奴隶而言，那些突破罗马防线而入侵罗马的野蛮人，不仅不是他们的敌人，反而是他们的救世主。

当时，罗马的奴隶制度已经根深蒂固了，几乎每一行业都能见到奴隶的身影，每一项靠团体才能完成的工作都是由奴隶完成的。各种大型工事，如筑路、划桨、开矿、冶金等，都是靠奴隶来完成的。另外，奴隶主家中的所有家务，也几乎是由奴隶来承担的。不过，一些贫穷的城市或农村自由民和半自由民，或为了工钱或为了自己，也进行劳作。这些人在劳作中往往充当监工和工匠，是一个新型的领薪阶层，和奴隶劳动者形成了竞争关系。至于当时他们在罗马总人口所占的比例，我们至今也不清楚，其在不同时期、不同区域会有极大的出入。而且，各地的奴隶制也不尽相同。在有些地方，奴隶们白天在鞭子的驱赶下到农场和采石场劳作，晚上则被带上镣铐；在另外一些地方，奴隶们可以和自由民一样耕种自己的小块土地或是做一些手工活，也能娶妻生子，只是他们必须向奴隶主缴纳一大笔租金。

在罗马，有部分奴隶属于武装奴隶。公元前264年，即布匿战争刚开始的时候，伊特鲁里亚人那种让奴隶进行格斗取乐的消遣方式又在罗马出现了，而

## 第三十五章　罗马早期的平民生活

且迅速流行于全罗马。后来，几乎所有的罗马富人都养着一批角斗士，这些角斗士有时要到角斗场搏斗，但更重要的任务则是保护富人们的安全。罗马当时也出现了一些有知识的奴隶。在共和国后期，罗马征服了希腊、小亚细亚和北非等一些文明高度发达的城市，俘虏了大量接受过教育的战俘为奴隶。这些奴隶往往成为罗马上等家庭中孩子们的家庭教师。富人也经常让奴隶来管理图书馆，让他们充任秘书和门客。当时富人们养一个诗人和养一只会表演的狗一样容易。在这样的奴隶制社会氛围中，近代文学批评传统才得以日渐发展。另外，当时还出现了一些比较聪明的买卖奴隶者，他们先买下聪明伶俐的童奴，对其进行教育培训，之后再高价出售给别人。而这些童奴常常被调教成图书誊写员、珠宝工匠或是各种手工艺人。

罗马奴隶的地位从富人共和国对外扩张的初期到瘟疫蔓延，帝国崩溃的400年里发生了很大的变化。在公元前2世纪，罗马国内战俘数量急剧增多，战俘奴隶的生存状况极为恶劣，他们失去了一切权利，奴隶主强加在他们身上的残忍暴行远不是读者所能想象得到的。公元前1世纪，罗马文明对待奴隶的态度有了显著变化，原因是：战俘人数大大减少了，奴隶的身价也上涨了；另外，奴隶主终于意识到对这些悲惨的奴隶施以尊重，能让自己获利更丰，生活更加舒心。再者，社会道德风尚越来越受到人们的关注，人们也越来越富有正义感，希腊的高尚精神影响着罗马人，从而使得古罗马严苛、残暴的行为得到了抑制。

这时候，奴隶主不可以再随便买卖奴隶，也不能强迫奴隶去与困兽角斗。奴隶们还拥有了所谓"私产"的财产所有权，并且有权获取作为奖励和工作动力的工资，也有了婚娶资格。在一些地区，其农业劳动模式不适宜群体劳作，或只适合季节性的群体劳作，奴隶就逐渐演变为农奴。农奴或者向农奴主缴纳一定的收成，或者在某些季节为农奴主服劳役。

这个讲拉丁语和希腊语的罗马帝国衰落和灭亡的原因，正是它在公元后的200年间实行了奴隶制，那时享有尊严和自由的人数只占极少的一部分，正是这些原因使罗马帝国走了下坡路。当时的罗马，几乎不存在所谓的家庭生活，而那种节制的、在文化思想上积极进取的家庭实在罕见。学校和学院也很少，而且远离人们的生活区。自由意识和自由精神，在这片土地上几乎绝迹。罗马尽管给后人留下了令人惊讶无比的宽阔的大道、灿烂无比的建筑遗迹以及有据可循的权势和法律，但这些都不能掩盖一个事实：这些表面上的辉煌是建立在对人民意志的禁锢、才智的束缚和欲望的扭曲和削弱上的。甚至是那些统治着这个被征服的庞大帝国（强迫奴隶劳动的王国）的少数统治者的灵魂也一直处于不安、怏怏不乐中。

在这种社会环境中，自由、快乐心灵的产物，如哲学、科学、艺术、文学等，也会遭到毁灭。社会中，到处都是抄袭和模仿，随处可见没有丝毫创造力的艺术工匠以及奴颜媚骨的迂腐学者。然而，与仅辉煌了100年的雅典壮阔的、无所畏惧的精神活动相比，这个荣耀了400年之久的罗马帝国所取得的成就，简直就不值一提了。在罗马的统治之下，雅典逐渐走向衰落，而亚历山大的科学活动也即将被战火中止，人类的精神在这一时期似乎一天天趋于没落了。

# 第三十六章　神圣罗马帝国的宗教

在基督教出现的最初两个世纪里，在罗马和希腊帝国的统治下，人类的灵魂充满了痛苦和绝望。这一时期，奴役和暴行在社会上风行；傲慢和炫耀泛滥，而平静和幸福却少之又少。穷人们的生活悲惨凄苦，无时无刻不在遭受着富人的鄙视和压榨，而富人们则不安而又疯狂地寻欢作乐。绝大多数城市里，角斗场血腥的刺激场面成了人们生活中必不可少的一幕，人与兽进行厮杀，其残忍程度是难以想象的。那时的人们就这样地生活着，人们内心的不安在极度的宗教不安中得以淋漓尽致地体现出来。

当雅利安游牧民族第一次向古代文明侵犯时，古老的庙宇神灵和祭司阶级就难逃被改造或是消亡的命运。在经历了几百代人的沧桑变迁后，农耕民族建立了浅黑色人种的文明，他们已经形成了这样一个生活和思维模式——以庙宇为中心的模式。他们的心灵受制于祭司、风俗、玄幻故事和对打破常规的畏惧心理。对我们来说，他们所敬仰的神灵是荒诞的、不合逻辑的，那是因为我们属于雅利安化了的世界，但这些神灵对那些古老民族而言，是他们梦境中显现的事物的逼真再现，他们对这些神灵深信不疑。在苏美尔或是古埃及，如果一个城邦遭到其他城邦的侵占，那么这个城邦中的男神和女神都会遭到这样的命运——或被取代，或被改名换姓。但是，有一点始终没有什么变化，那便是敬神的精神和方式。虽然梦境中的形象所有改变，但是梦却重未中断。从精神层面上来看，早期的闪米特征服者与苏美尔人之间不存在太大的差异，当他们接管了美索不达米亚文明的宗教后，并没有改变其本质。从宗教革命的意义上来说，古埃及人从来就没有被征服过。不管是在托勒密的统治之下，还是在罗马帝国的占领中，古埃及的神庙、祭坛和祭司始终以古埃及传统的方式存在着，不曾改变过。

如果两个有着相似社会和宗教习俗的民族之间发生了征服与被征服的关系，那就可以通过同化或者合并的方式，化解两地神庙和神灵的冲突。如果这两种神在本质上并无太大区别，那么他们就会被合二为一，变成一种神，祭司和百姓们于是就说："虽然叫法不一样，但他们其实就是同一个神。"这种多神混合的现象被人们称为"泛神崇拜"。

公元前1000年前后，是历史上的大征服时代，更是一个典型的"泛神崇拜"时代。在许多地方，不少的地方神灵都被一个统一的主神所取代了，更确切地说是被吞并了。这样，当希伯来先知们在巴比伦宣告全世界只有一个神即正义之神时，人们就不觉得奇怪了。

然而，在大多数情况下，由于神与神之间的差异太过悬殊，致使彼此间难以融合在一起，因此他们只好被勉强地融合在一起。在被希腊人征服以前，爱琴海地区的人极为崇拜一位女神——母神，但是她后来嫁给了一位男神；一些动物神、星宿神则常常被拟人化，或是将这些动物或是天象方面的神——如蛇、太阳、星辰等——转化为某种象征或装饰；而那些被征服民族的神，则往往被丑化为与光明之神为敌的邪恶之神。在神学史上，对地方神进行弱化、改换、合理化处置等现象随处可见。

当古埃及从一个城邦发展成为一个统一的国家时，"泛神崇拜"便已经十分盛行了。当时古埃及的主神是奥西里斯（Osiris），他被视为丰收之神，人们通常会在丰收之时对其进行祭祀，据说古埃及法老就是他在人间的化身。传说中，奥西里斯死过多次，但每次又都复活了，所以人们不仅将其视为掌管人间播种和收获的神，还很自然地将其看成掌管人类长生不老钥匙的神。他被赋予了多种形象，比如埋卵重生的大翅圣甲虫、光芒四射的落而复升的太阳等等。

后来，牛神阿庇斯和奥西里斯神合为一体，并娶了女神伊西斯（Isis）。伊西斯又叫哈索尔，是位母牛之神，此外，她还是新月和海洋之星。当女神的丈夫奥西里斯仙逝后，她诞下了荷鲁斯（Horus），荷鲁斯是黎明和雄鹰之神，等他长大了，就成为新的奥西里斯了。伊西斯的形象被塑造成怀中抱着正处于婴儿期的荷鲁斯站在新月上的样子。

## 第三十六章 神圣罗马帝国的宗教

其实，这些神话故事中的神与神之间的关系完全没什么逻辑可言，可在人类的思维尚未发展到严密的有系统的程度前，这些借助人类的幻想而被编织出来的神话就存在某种梦幻般的联系。除了这三个主神外，古埃及人还供奉其他一些更为奇特、神秘的古埃及神，一些凶恶之神，如长着豺首的亡灵导引神阿努比斯，他是黑夜之神，是众神及人类的敌人，是诱惑者，也是吞噬者。

任何宗教体系在其发展过程中，都会经历一个根据人类灵魂的需要而做出调整的过程。尽管这些宗教信仰显得有些荒诞怪异、不合逻辑，但是其还是能给古埃及人民带来心灵上的慰藉，让古埃及人民以此来寄托自己的信仰。由于古埃及人民是如此强烈地渴求灵魂永生，所以他们的宗教生活的主要内容往往是满足人们的永生梦想。与以往所有的宗教相比，古埃及的宗教有其独特之处，那便是其对灵魂永生的独特理解。后来，古埃及遭到外族入侵，古埃及众神的政治意义不复存在，于是古埃及人就更加迫切追求来世的补偿了。

当古埃及被希腊人征服之后，新兴的亚历山大城成了古埃及新的宗教生活中心，同时也是希腊所有统治区域的宗教生活中心。在由托勒密一世兴建的塞拉贝姆大神殿内，供奉着一位"三位一体"的神，即塞拉庇斯（奥西里斯与阿庇斯合二为一时的名字）、伊西斯、荷鲁斯的组合体。它们被视为三位一体的神，而不是三位独立的神。在人们眼中，塞拉庇斯的地位等同于希腊的宙斯、罗马的朱庇特、波斯的太阳神。这种崇拜极为广泛，任何希腊所统治地区都存在这种崇拜，甚至还传到了北印度和中国西部。

对于那些生活贫苦、处境悲惨的百姓而言，他们深信人类的灵魂是永恒不灭的，相信自己今生所遭受的苦难会在来世得到慰藉和报偿。"灵魂的救赎者"是人们对塞拉庇斯的称呼，当时有一首赞美诗如此写道："当死亡降临，塞拉庇斯依然陪伴在我们身边，庇佑我们。"当然，女神伊西斯也有大批的信徒，他们尊她为"天后"，在神殿中供奉她怀抱婴儿的神像，提供源源不断的祭品，香火不断。祭司们修面净体，终生守身，终生守护她的祭坛。

崛起的罗马帝国为这种日渐兴盛的宗教崇拜打开了一条通往西欧的大门。当罗马大军的旗帜到达苏格兰和荷兰时，塞拉庇斯—伊西斯神庙、祭司的传经授道、灵魂不灭的渴望也接踵而至。但在当时，有很多对宗教派别与塞拉庇斯—伊西斯教是对立的，而密特拉教最突出的，它的发源地是波斯，是一种主要祭拜密特拉神的神秘宗教仪式，不过这些仪式如今已经失传了，它的祭品一般是仁慈的圣牛。

与复杂的塞拉庇斯—伊西斯宗教仪式相比，密特拉教的宗教仪式似乎要原始得多，不禁令人联想到古老的日石文化的血祭仪式。密特拉教举行祭祀典礼时，祭司通常会在圣牛的腹部划开一个小口，让鲜血从这个小口中流出，人们以为新的生命就是从鲜血中诞生的。而密特拉教徒们往往是以用于献祭的圣牛的鲜血来进行洗礼的。信徒初入教时，会站立在祭坛之下，这样，献祭之时，圣牛的鲜血就会洒到他们身上。

与早期罗马帝国统治下向市民和奴隶提倡效忠的很多别的宗教一样，这两种宗教同样是个人宗教，它们所关注的只是个体的永生和救赎。但以前的宗教却都是社会性的宗教。在以前的宗教模式中，一个城市的神是最主要的，其后才是个人的。祭祀活动不是个体行为，而是社会性的公共事务，它们所关注的是养育我们的这个世界的集体的需要。后来，希腊人和罗马人先后将宗教从政治领域中剥离出来。此后，在古埃及传统的引导之下，宗教逐渐演变为关注个人了。

这种提倡灵魂永生的、新兴的、关注个人的宗教，抢走了人们对旧的国家宗教的激情，然而并没有真正代替它。在罗马帝国的早期，那些具有代表性的城市里都建设有供奉着各路神灵的神庙，不仅有供奉着罗马神朱庇特的神庙，还有供奉着罗马皇帝的庙宇，当时罗马皇帝已经从古埃及法老那学会了做"神"。在这些神庙里，举行着庄严、冷漠的政治性礼拜，人们到这里顶礼膜拜似乎只是为了表示自己的忠诚。但是，当人们去天后伊西斯神庙朝拜时，通常是去倾诉个人的苦恼，祈求女神的指点和怜悯。想必当时人们还敬奉地方上各路稀奇古怪的神灵。如一直信奉原先迦太基女神维纳斯的塞尔维亚人；在地下的庙宇或洞穴中，一定有密特拉教的教坛，奴隶或士兵侍奉着；也许，也有一个犹太教堂，犹太人成群地聚集在这里，阅读《圣经》，笃信他们看不见的上帝。

罗马的国教往往带有政治色彩，犹太人常因此而遭遇各种麻烦。犹太人对自己的神始终保持着绝对的忠诚，所以他们不会去崇拜其他神，因此也就不会去参加罗马皇帝的公祭活动。基于对偶像崇拜的禁忌，他们甚至不愿意向罗马国旗致敬。

## 第三十六章 神圣罗马帝国的宗教

早在乔达摩诞生之前,东方国家就已经存在男女苦行僧了。他们放弃了家庭、财产、享乐,靠禁欲、隐居、苦行等修炼方式去寻求精神的力量,以挣脱世俗的烦恼和窘迫。虽然乔达摩对这一修行方式持怀疑态度,但是他的许多信徒都过着极为清苦的生活。在希腊,也有一些没什么名气的宗教往往有类似的苦行,一些宗教甚至出现教徒自相残杀的情况。犹太城和亚历山大城中的犹太社会,是在公元前1世纪时产生禁欲主义思想的。一些团体脱离了尘世生活,将自己置于严酷而玄秘的冥想中,艾塞尼教派就是其中一个典型的团体。公元1世纪至2世纪,在这整整两个世纪的时间里,似乎全世界都在流行这种拒绝享乐、寻求超脱现世苦难之风。

此时,人们对建立秩序不再抱有固有的看法,对神庙、祭司、法律和习俗的信任,统统消失不见了。生活在一个奴隶制、残暴、恐怖、挥霍、炫耀、焦虑和放纵无度的年代里,人们的内心世界产生了极大的不安和自我厌恶,其像瘟疫一样毫无止境地蔓延开来。人们为了获得内心的安宁,宁愿放弃世俗中的一切享乐,去苦行。正因为如此,塞拉贝姆神庙中才会挤满了痛哭流涕的忏悔者,而将改变信仰的人带到了密特拉教血腥、阴暗的洞穴中。

# 第三十七章　耶稣与基督教

当奥古斯都·恺撒作为罗马的首任皇帝统治罗马时，基督教的救世主耶稣在犹太城诞生了。于是，罗马兴起了以耶稣基督之名命名的宗教，即基督教。后来，基督教日益繁盛，最终成为全罗马的国教。

从整体上来看，将历史与神学分开来研究要更加方便。大多数基督教徒都相信，耶稣就是当初犹太人承认的那位"世界之神"的化身。但如果从历史学家的立场判断的话，就无法接受也无法否认这种观点。在从物质上而言，耶稣曾经以人的肉身出现过，而历史学家应该将他看作一个人来探究。

耶稣首次出现在众人的面前，是以先知的身份出现的，当时的犹太城正处于提比略·恺撒统治之下。耶稣当时大约30岁，他遵循传统的犹太先知的传教方式进行传教。但是，有关他之前的生活，我们一无所知。

想要了解耶稣的生平和传道事迹，唯一现成的途径就只有四部《福音书》了。通过这四部书，我们可以看到一个清晰的人物形象。如果人们翻阅过《福音书》，他就一定会说："原来耶稣不是杜撰出来的，他真的存在过。"

然而，耶稣坚忍和清瘦的形象在后世遭到了很大程度的歪曲，就像佛陀乔达摩的形象被后世塑造的安然盘坐的镀金佛像给歪曲和掩盖一样。在现代基督教的艺术里，因为受到风俗礼教和讹传的影响，人们对耶稣的崇拜太高，所以，耶稣的形象严重失真。事实上，耶稣只是一个穷困的传道士，终日奔波在炎热的尘土飞扬的犹太城，靠偶尔的施舍为生。然而，在画像中，他总是被画成这样一个人：头发整齐、皮肤光洁、衣服整洁、身材挺拔，他周围的所有东西都是静止不动，好像只有他在空中飘然而过。仅凭这些画像，很多人不相信耶稣

## 第三十七章　耶稣与基督教

真实存在,因为他们觉得,后世对耶稣的顶礼膜拜进行的粉饰是盲目的,仅从不高明的添油加醋中是不能识别故事的真义的。

假如我们可以把这些加诸耶稣身上的粉饰和莫名其妙的添加去掉,那么,我们所看到的将是一位富有人情味、热情而真诚的人,一位偶尔也会发发脾气的人。耶稣所宣传的教义简单而深刻,他告诉人们:上帝是仁慈的博爱的父亲,"天国"即将降临人间。用现在流行的话说,他就是一位拥有强大人格魅力的人,众多信徒深深为他所吸引。

他的出现,让信徒们的内心充满了爱和勇气,让一切劳苦大众及弱者获得了重新生活的勇气。但是,他的身体应该十分羸弱,因为他在被钉在十字架后不久就死去了。有一个传说,按照惯例,他必须自己将十字架背负到刑场执行,而他在背负十字架前往刑场的途中曾一度昏厥过去。据说,他在犹太国游历了三年,四处传教,最后来到了耶路撒冷。结果,他却受到了指控,称其欲在犹太建立一个异教王国。于是,他受到了审判。随后,他和两个小偷一起被执行死刑,同样都被钉在十字架上,两个小偷却在其死后许久才咽了气,而他已早早结束其在人世间的苦难。

耶稣所倡导的"天国"教义,是一种能改变人类思想、激发人类智慧的革命性教义。当初,人们还无法充分了解其真正意义,或者是当人们刚刚一知半解地了解到这种教义是对传统习俗和旧制度的大胆挑战时,便立即畏惧退缩了。其实,这一点也不奇怪,因为耶稣所传播的"天国"教义宣扬的就是无所畏惧的、永不妥协的精神,要求人类抛却争斗的欲望,对自己的生活进行一番从里到外的改变和净化。如果读者想要更全面地了解耶稣的教义,可以去翻阅《福音书》,我们在此只谈论其对传统观念的影响。

犹太人坚信,正义之神是这个世界上唯一的真神。此外,他们也相信,正义之神是一位懂得世俗交易的神,他曾与犹太民族的先人亚伯拉罕订下了契约,承诺让犹太民族成为世界上最优秀的民族。对于犹太人而言,这是一个对犹太民族极为有利的、宝贵的契约,但耶稣却要解除这一珍贵的承诺。为此,犹太教徒感到异常失望,又十分愤怒。耶稣却教导众人说:"上帝不是买卖约定者,他没有跟人类做过任何交易,天国里既不存在上帝的宠儿,也没有被上帝选中的民族。上帝是一位仁慈的天父,就像太阳把阳光洒在时间的每一个角落一样,上帝也是平等对待万物生灵的。在他眼中，一切人类皆是兄弟，所有人都是罪人，所有人都是他的爱子。"

在《福音书》行善人的寓言中，耶稣对那种只愿意称颂本族人而鄙薄其他民族或支持其他教派的人，表示了深切的怜悯。在劳动人民的寓言中，耶稣对犹太人一向自诩是上帝所宠爱的民族的主张，给予了批判。耶稣告诉信徒说，不管是谁，只要其被上帝接入天国，那他就会受到平等的无差别对待，因为上帝的恩泽是无限的、不可衡量的。此外，耶稣用了许多寓言倡导人们尽力行善，如埋藏银子的寓言、寡妇捐款的寓言等等。耶稣向人们所说的"天国"，是一个没有特权、不打折扣、没有借口的"天国"。

但是，耶稣并不只是想单纯指责犹太人所抱持的浓厚狭隘的民族主义。毫无疑问，犹太民族是一个有着强烈的民族观念的民族。耶稣希望能用上帝伟大的博爱精神来感化犹太民族，使他们的爱不再是一种狭隘的、有限的家族之爱，而是一种大爱。

在耶稣眼中，"天国"是一个由所有信徒共同组成的大家庭。《圣经》上说："当耶稣正同大家说话的时候，他的母亲和兄弟正站在外面并有话对他说。于是，有人就立即告诉他说：'你的母亲和兄弟正在外面呢，他们有话跟你说呢。'耶稣却回答道：'谁是我的母亲？谁又是我的兄弟？'接着，他伸手指着信徒们说：'看，在座的就是我的母亲，就是我的兄弟。凡是遵照上帝旨意行事的所有人，都是我的母亲，都是我的兄弟姐妹。'"（《马太福音》第12章，第46-50节）

耶稣对狭隘的爱国主义和片面的家族情感进行了有力的抨击，并以上帝的博爱和全人类皆兄弟的理念教导人们。耶稣还谴责了经济制度上的贫富等级以及一切个人财产和个人利益。他教导人们说：天下所有的人都属于"天国"，一切的私有财产也都属于"天国"，任何人都应该不遗余力地为上帝效劳。对于私有财产以及各种形式的个人生活，他进行了一次又一次的批评。

"在耶稣刚要起程上路的时候，跑来一个人，并跪在他的面前问道：'完美的主啊，我怎么做才能永生不灭呢？'耶稣反问道：'你不能说我是完美的啊！只有上帝是完美的。你该知道圣诫吧，不能杀人、不能偷盗、不能行骗、不能奸淫、不能作假证，应该孝敬父母。'那人回道：'主啊，我从小就把这些谨记在心，

## 第三十七章 耶稣与基督教

从来没有违反过啊。'耶稣看着他，充满爱怜地说道：'还有一件事你没做到，把你的一切财产都变卖掉，发给贫穷的人，那样你就会在天国拥有财产了。做完以后，拿上十字架跟我走。'那人听了这话，快快地走掉了，因为他拥有大量的私有财产。

"耶稣扫视了一下四周，对他的信徒说：'恐怕那些富人进入天国的愿望很难达成啊！'他的信徒们都对他的这句话感到不解。耶稣继续说：'我的孩子们，那些财主们太依赖财富了，对他们而言，进入天国是很难的，骆驼穿过针眼都要比他们容易进到天国。'"（选自《马太福音》第10章，第17–25节）

此外，耶稣在宣扬"天国"中上帝将所有子民都聚集在一起的同时，还谴责了正统宗教中的那种交易式的正义。据一些记载资料显示，他的说教中有不少是抨击那种为了表示虔诚而恪守戒规的行为的。"法利赛人和文书问他：'你的门徒怎么能违反古人遗训，用未清洁干净的俗手吃饭呢？'耶稣回答说：'看来，以赛亚对你们的预言果然是真的，你们可真的是伪善的人。'"

"人们用嘴唇亲吻我，心却离我远去。"

"他们虽然对我顶礼膜拜，但却是徒劳无益的，因为他们所遵循的只是人定的戒规。"

"你们对上帝的训诫视而不见，却严格遵守人定的戒律，你们所做的许多事情，就犹如是刷锅洗杯之类的烦琐杂事，没有多大意义。"接着他又说道："你们这是抛弃了上帝的教导，而坚持自己的传统。"（引自《马可福音》第7章，第1–9节）

耶稣教导人们的最终目的，绝不仅仅是在社会和道德层面上的变革，种种迹象表明，他的传教具有明显的政治倾向。他曾说过，"天国"不属于这个世界，也不在于帝王的宝座，它只存活于人们的心中。但同时，不管身在何处，在人们心里"天国"占据多大分量，外部世界的变革与革新也以同样的程度发生并持续。

耶稣在传道时，不论听众再怎么盲，再怎么失聪，再怎么漏听，他们也不可能听不出耶稣想要改变这个世界的决心。从那些反对他的理论要略以及他受审、受刑的情形来看，不难发现他为那个时代的人们提出了一整套用于改革、融合、拓展人类生活的方案。

耶稣所宣扬的教义十分明确，同时也被富人们视为洪水猛兽，富人们担心自己的世界一不小心就会被这洪流所吞没。耶稣也曾经试图说服大众，贡献出他们的社会劳动所得，将这些私有财产全部纳入普遍的宗教生活中。他就像是一位可怕的道德狩猎者，将人们从居住习惯了的舒适的洞穴中拉出来。他的"天国"光芒万丈，那里没有特权、没有私产、没有炫耀、没有优越感，除了爱再没有另外的动机和报酬了。对此，人们感到迷茫，不知如何是好，于是有些人开始反对他，就连他的门徒也感到不解。至于那些祭司，他们简直将耶稣当成了不共戴天的仇人，只能与他进行鱼死网破的较量，而别无他法。对于罗马士兵而言，面对这种难以理解又威胁其行为准则的教义，他们除了用狂笑来掩饰其吃惊的感受外，别无他法。他们将耶稣打扮成恺撒大帝的样子，给他戴上用荆棘编成的皇冠，披上紫色的袍服。他们认为，如果接纳耶稣的教义，那就说明他们将要过的生活是奇特且胆战心惊的，说明他们将要放弃原有的习俗，克制自己的冲动和本能，去探寻一种难以置信的幸福……

## 第三十八章　基督教的发展

我们可以通过阅读四部《福音书》，了解耶稣本人以及他的传教情况，但书中却很少提到基督教教义，如果想完全了解基督教教派的信条，那就只能在耶稣最忠实的信徒所写的《使徒书》中找到想要的答案。

基督教教义的最主要的创立者是圣保罗。圣保罗不曾见过耶稣本人，也没有听过耶稣的传教。圣保罗，原名扫罗。在耶稣受难后，他一度迫害过一小部分耶稣信徒，并因此远近闻名。但是，后来他突然皈依基督教，并将自己的名字改为保罗。

保罗是一个思维敏捷的人，他对当时的宗教运动有着极大的兴趣和热情。对于当时的犹太教、密特拉教、亚历山大城的宗教，保罗都十分熟悉，他还将这些宗教中的不少思想和概念都带入基督教中。尽管保罗并没有发扬耶稣所提出的"天国"的教义，但他却教导人们说：耶稣是上帝所承认的救世主和犹太人的领袖；耶稣的死就是一种殉道，耶稣是为了拯救人类才献身的，他的牺牲与古老的血祭中的殉难者的牺牲是同一性质的。

当各种宗教派别并存共荣时，那么它们之间就必然会相互借用对方的宗教仪式及其独特的外在表现形式。比如，中国的佛教，就拥有与老子所创立的道教相似的庙宇、僧人和宗教仪式，然而它们的原始教旨却是完全不同的。同样的，基督教也借用了密特拉教和亚历山大宗教中的神庙僧侣、祭坛、供品、香烛、诵经、为神灵塑像等宗教仪式，还采纳了它们的神学思想以及祷告用语，不过人们并没有因此而怀疑和轻视基督教的宗旨。这些宗教同其他不怎么兴旺的宗教并存，一起发展。它们都在寻找自己的信徒，所以各宗教之间经常会出现改变信仰的人。

在历史发展的不同阶段，往往会有某种宗教能够得到统治者的特别垂青，而受到扶持。在众多宗教中，基督教总是更容易遭到统治者的猜忌，因为基督教的信徒不肯向神圣的罗马皇帝施礼，就像犹太人一贯做的那样。我们暂且不说耶稣本人所提出的改革精神，仅凭这一点，基督教就被看成是一种具有煽动性的反叛宗教。

圣保罗要求信徒必须牢记一点：与冥神奥西里斯一样，耶稣会复苏并为人类带来永生。后来，随着基督教的日益兴盛，基督教内部产生了分裂，原因是信徒对耶稣和天父的关系的复杂神学产生了极大的分歧。撒伯里乌派认为：耶稣是天父的化身，只是模样不一样而已，上帝是耶稣也是天父，这就好比一个既可以是工匠又可以是父亲的道理；而阿里乌教派认为：虽然耶稣是神，但天父的地位比他高很多，耶稣应该在天父之下；然而，三位一体派的教义更为玄奥，他们是这样认为的：上帝是三位一体的，集圣父、圣子、圣灵为一体。似乎有一段时期，阿里乌派在论战中占了优势。后来，在经过辩论、暴力、战争后，三位一体的教义终于成为基督教的信条。这在《亚大纳西信经》中有详细的介绍。

在这里，我们不打算对这些神学辩论做太多的评论，因为这些争论对世界的影响与耶稣本人的教义对世界的影响相比，显得太微不足道了。耶稣所提出的教义，确实为人类的道德和精神生活开辟了一个新的时代。

耶稣认为，上帝是所有人的慈父，天下之人都是兄弟姐妹，每个人的人格都是上帝居住的殿堂，是神圣无比的。这些教义对人类后来的社会和政治生活都有深远的影响。随着基督教地位的确定以及教义的广泛传播，一种人类的作为人的新尊严问世了。没错，就像一些反对基督教的批评家所指出的那样，《福音书》曾明确记载着，耶稣鼓励人们奋起反抗，而圣保罗则曾向奴隶宣扬服从之道。此外，更具有说服性的是，基督教是极力反对竞技场上那种践踏人类尊严的角斗的。

在耶稣死后的200年里，基督教已经传播至罗马帝国的每一个角落，并且越来越多的人加入了这一思想和主张都十分鲜明的宗教团体。对于基督教，各代罗马皇帝所持态度各不相同，有的敌视反对，有的则包容接纳。公元2世纪至3世纪时，基督教这一新型宗教形式开始受到打压。在公元303年及其后几年的时间里，罗马皇帝戴克里先终于率先发起了迫害基督教徒的运动，基督教会积聚的巨额财富遭到查封，所有的《圣经》及各种宗教著作均遭焚毁，基督教徒不再受法律保护，大批基督教徒遭到了杀戮。其中，关于"销毁书籍"的事情最值得我们关注，它说明了：统治者已经察觉到文字在宣传新的宗教信仰方面起到了至关重要的作用。基督教和犹太教一样，都是"有书籍的宗教"，是教导人的宗教。它们之所以能够继续生存，在很大程度上就是因为它们有宗教书籍，人们能够通过阅读而理解其教义的思想。旧的宗教从来没有向人类的智慧和理性请求过帮助。在西欧即将出现的因野蛮民族的入侵而引起的暴乱中，恰恰是基督教会成为保存学术传统的中坚力量。

虽然戴克里先大肆迫害、打压基督教徒，但是基督教的发展并没有因此而停滞。事实上，由于当时许多的官吏和居民都是基督教的信徒，所以许多地方对基督教的迫害都失败了。公元317年，伽莱里乌斯皇帝颁布大赦令，停止迫害基督教徒。公元324年，君士坦丁大帝成为罗马皇帝，基督教徒得到了友善对待，而且他本人还在临终之际接受洗礼，皈依了基督教。君士坦丁大帝放弃了所有的圣号，却在自己军队的盾牌和旗帜上加上基督教的标志。

没过几年，基督教便迅速发展为罗马帝国的国教，地位更加牢不可破。那些欲与其一较高下的其他宗教，或者是很快灭亡了，或是被其给吸收了。公元390年，狄奥多西大帝下令销毁亚历山大城的朱庇特像。这样，从公元5世纪开始，罗马帝国境内就只有一个宗教的神庙和神职人员了，而它便是基督教。

# 第三十九章  蛮族的入侵，罗马帝国的东、西瓦解

公元3世纪，罗马帝国逐渐走向衰微，社会道德处于崩溃边缘。与此同时，它又面临着野蛮民族的侵略。这一时期的罗马皇帝都是崇尚武力的军事独裁者，为了达到自己的军事目的，他们经常迁都。所以，罗马帝国的首都有时设在意大利的北部城市米兰，有时又设在今塞尔维亚的西尔敏或尼什，有时还可能设在小亚细亚的尼科米堤亚。

当时的罗马城位于意大利的中部地区，远离帝国的中心而不适宜再做帝国首都，此后罗马开始走下坡路。帝国大部分的疆域依然很祥和安宁；掌管大权的仍是军队。帝王们凭借着手中掌控的军队力量，对人民的专制统治愈发严酷，罗马帝国这种日渐严酷的专制，与波斯和东方其他的君主制国家越来越相近了，戴克里先大帝也戴上了皇冠，披上东方的皇袍。

罗马帝国的北部边境线大致上是沿着多瑙河以及莱茵河而设的。此时，敌人的大军已经逼近了。法兰克人和其他日耳曼民族入侵莱茵河。汪达尔人袭扰匈牙利北部；西哥特人侵扰达契亚（即今罗马尼亚）地区；而东哥特人则驻扎在南俄罗斯；再往后，阿兰人驻守于伏尔加河流域。与此同时，匈奴军队也不断向欧洲方向推进。由于受到匈奴人的胁迫，被逼进贡，东哥特人和阿兰人不得不向西方迁徙。

在亚洲，罗马帝国则受到了来自再次崛起的波斯帝国的巨大压力，罗马的疆界越缩越小。新波斯帝国在萨桑王朝的统治下朝气蓬勃。在此后的300年里，波斯帝国一直是罗马帝国在亚洲最厉害的对手。

有兴趣的读者可以浏览一下当时的欧洲地图，就可以发现罗马帝国版图有

## 第三十九章　蛮族的入侵，罗马帝国的东、西瓦解

着很明显的薄弱环节：多瑙河在今天的塞尔维亚和波斯尼亚地区往南拐了个弯，呈现出一个U字形，亚得里亚海离这里只有200英里。此前，罗马人从来没有管理过海上交通，而这200英里宽的地方是个重要的交通枢纽，它就是连接西方拉丁语世界和东方希腊语世界的地方。也正是这个原因，野蛮民族为了获得这一U形地区的控制权，投入了大量的兵力，如果他们的进攻成功了，罗马帝国势必一分为二。

假如此时的罗马帝国依然国力昌盛的话，那么它完全有能力用武力夺回达契亚，然而此时的它已经不再像从前那般强大了。虽然君士坦丁大帝是一代明君，他的确驱逐了入侵罗马要害巴尔干地区的哥特人，但要将罗马的势力扩张到多瑙河的对岸，他也没有足够的力量。君士坦丁大帝将他的大部分精力都用于整顿帝国内部的弱点了，他想尽一切办法来挽救日渐衰亡的帝国精神，甚至试图借助基督教的道德力量和凝聚力团结臣民。此外，他还下令在达达尼尔海峡附近的拜占庭修建一座新首都，作为罗马帝国永久性的首都。为了歌颂他的功绩，后人便以他的名字为该城命名，称其为君士坦丁堡。事实上，君士坦丁堡是在君士坦丁大帝过世之后才建成的。

在君士坦丁大帝执政的晚期，曾发生过一件很奇特的事件：受哥特人奴役的汪达尔人，请求罗马帝国同意他们迁入其境内，他们的要求得到君士坦丁大帝允许，并赐予他们一片土地——潘诺尼亚地区，即今多瑙河西岸匈牙利的一片土地。这样，汪达尔人的士兵在名义上就成了罗马军人，但他们依然归自己的军官指挥，罗马未能整编他们。

君士坦丁大帝花费毕生的精力和心血用于重振罗马帝国，最终在劳碌中离开了人世。没过多久，罗马帝国的边境防线再次被撕裂，西哥特人几乎就要攻到君士坦丁堡了。他们在艾德里安堡击溃了罗马皇帝瓦林斯，然后仿效汪达尔人在潘诺尼亚的做法，在今天的保加利亚建立自己的定居点。虽然他们看起来像是罗马帝国的市民，但事实上他们却是征服者。

公元379年至395年，罗马帝国处于狄奥多西大帝统治之下。虽然此时的罗马帝国在形式上还是统一的整体，但意大利军队和潘诺尼亚军队的统帅权都已经掌握在汪达尔人斯底利哥手中，而巴尔干半岛的军队则由哥特人阿拉列统率。公元4世纪末，狄奥多西去世，留下了两个儿子。在君士坦丁堡，阿拉列

拥立狄奥多西的长子阿卡丢为皇帝；而在意大利，斯底利哥则将狄奥多西的次子霍诺留推上了皇帝宝座。换言之，阿拉列和斯底利哥以两位皇位继承人为掩护，展开了对罗马帝国的实际掌控权的争夺。在这场争斗中，阿拉列大举发兵意大利，围攻罗马，并于公元410年攻占了罗马城。

到公元5世纪的前50年，罗马帝国的整个欧洲板块，几乎成了那些掠夺成性的野蛮民族的军队的争抢目标。关于当时的世界局势，想要将其清晰地描述出来是极其困难的。在法国、意大利、西班牙和巴尔干半岛等地，那些在帝国早期曾繁荣兴盛的大城市，此时依然还在，但当地的百姓却过着穷苦、单调和担惊受怕的生活。由于入侵者频繁造访，这些地方遭到了严重的践踏和蹂躏，人口数量锐减，一派萧条衰败的景象。由于天高皇帝远，许多地方官员便盗用皇帝之名，在当地耀武扬威，高压控制百姓，为恶一方。此时，教会仍继续运作，但是充当神职人员的大多是一些不学无术的家伙，他们不怎么读书，脑海中装着的尽是迷信和恐惧。不过，在那些未遭受劫掠的地方，依旧可以发现大量的书籍、绘画、雕刻及其他艺术作品。

农村的生活也不如从前。罗马帝国渐渐衰退，到处都是凋敝的景象。有些地方，由于受到战争的洗劫、瘟疫的蔓延，变得荒无人烟；有些地方，还出现多次拦路抢劫的盗匪。野蛮民族入侵这些地方是轻而易举的。后来，他们让自己的首领为统治者，还冠以罗马帝国的官衔。倘若侵略者是半开化的民族，他们通常会对被征服地区较为宽容。当他们占领城市之后，就开始和当地百姓交往、结婚，还学会了带有口音的拉丁语。但入侵罗马的还有些农耕民族，如盎格鲁人、撒克逊人以及朱特人，对于这些农耕民族而言，城市没什么用处，他们几乎将所有的罗马化的居民驱逐出城，并在征服地推行自己的语言条顿土语，而不用原居民的语言。时间一久，这种条顿土语便演变成了英语。

受篇幅所限，我们不能详述那些日耳曼和斯拉夫各部族为争夺财富和寻找舒适家园，趁罗马帝国四分五裂之际而转战南北的情景。在这里，我们只能介绍其中的汪达尔人这一个例子，让大家对整个战局有所理解。

德意志东部地区是汪达尔人首次登上历史舞台的地方。我们在前面提到，汪达尔人曾定居在潘诺尼亚。公元425年左右，他们经长途跋涉而来到了西班牙，结果发现这里已经有——南俄罗斯的西哥特人和其他一些日耳曼部族建立的王

## 第三十九章　蛮族的入侵，罗马帝国的东、西瓦解

国和贵族阶层了。于是公元429年，金塞里克又带领着汪达尔人从西班牙出发，漂洋过海到了北非，并于公元439年攻占了迦太基，还创建了自己的舰队。从此，汪达尔人掌控了海上霸权。公元455年，汪达尔人攻陷并洗劫了罗马城，而此时的罗马城还没有从半个世纪前的阿拉列的强占和掠夺中缓过劲儿来。不久，汪达尔人便掌控着西西里、撒丁、科西嘉以及地中海西部诸多岛屿。

实际上，从疆域层面来看，汪达尔人所建立的海上帝国，与700年前的迦太基人所建立的海上帝国，已经十分接近了。至公元477年，汪达尔人的势力达到了顶峰，然而他们不过是统治着这一个广大地区的人数极少的征服者。直到一个世纪之后，统治者查士丁尼一世将这个海上帝国一度推上了更加辉煌的位置，但这种辉煌只是昙花一现。很快，它的整个海上帝国，几乎都被君士坦丁堡帝国给夺走了。

汪达尔人的故事，不过是诸多同类侵略故事中的一个。随后，匈奴人和鞑靼人——和先前的入侵者没有丝毫亲缘关系的民族，席卷而来。与以往的征服者比起来，这些黄种民族更加凶猛彪悍，更富有活力和战斗力。至此，西方世界还从来没与他们交锋过。

# 第四十章  匈奴人,西罗马帝国的崩溃

匈奴人入侵欧洲,可以看成是人类历史上一个崭新的开始。直到上一个世纪,或者说是基督教时代之前,北欧人还从没有与匈奴人有过真正意义上的接触。尽管曾生活于北方丛林以北的冻土地带的拉普人,一度向西迁移至拉普兰地区,但是他们却从来没有在历史舞台上扮演过重要角色。几千年以来,西方的雅利安人、闪米特人以及那些主要的浅黑色人种,他们几乎没有被匈奴人或南方黑色人种侵略过(埃塞俄比亚人侵略古埃及是一个例外),而一直维持着他们之间颇具戏剧性的历史进程。

匈奴游牧民族之所以西迁,原因大致有两方面。其一,当时中国处于汉王朝的繁荣时期,人口猛增,其疆界不断向北扩张,由于其国力强盛,匈奴人无力与之抗衡。其二,气候发生了变化,一些地方雨量增多,原先的沙漠地带出现了草原;一些地方雨量减少,原先的沼泽和森林消失不见,这两种气候变化发生在不同地区,共同作用,鼓励匈奴人西迁。

另外,罗马帝国人口迅速减少、经济衰退、国力明显不如从前也是一个原因。罗马共和国后期的富人们挥霍着帝国的财产,又加上行伍出身的皇帝们的税赋官彻底榨干了帝国的活力。根据这些因素,我们就能看出匈奴人向西迁徙的原因、途径和时机所在了,这就是:迫于东方的压力,来自西方的衰落和道路的畅通无阻。

公元1世纪,匈奴人就已经到达欧洲东部的俄罗斯边界了,但是直到公元4世纪至5世纪,这些马背上的民族才真正成为这片草原的统治者。可以说,公元5世纪是匈奴人的世纪。第一批进入意大利的匈奴人,是汪达尔人斯底利哥

## 第四十章 匈奴人，西罗马帝国的崩溃

的雇佣兵团，而他们也是傀儡王霍诺留的主子。很快，他们便占领了人去屋空的潘诺尼亚，即汪达尔人的原驻地。

公元5世纪的20年代至50年代，匈奴部族诞生了一位伟大的军事统帅阿提拉。至于他的军事实力到底有多强，我们并不十分了解，我们只知道：其在统治匈奴的同时，还同时统治着日耳曼部族，他的帝国从莱茵河起跨越欧洲大平原一直延伸至中亚，帝国的势力范围十分广大。他经常派使节出使中国。在多瑙河东岸的匈牙利平原上，他还建立自己的大本营，并且还在这里接待过君士坦丁堡的使臣普利斯克斯。

后来，普利斯克斯写了一本《出使记》，并在其中记述了阿提拉帝国的风土人情。与那些被匈奴人驱逐的原始雅利安人的生活相比，这些匈奴人的生活方式也没什么特别之处，两者十分接近。一般而言，部落首领居住在有围栏的木屋里，而一般百姓则居住在小屋或帐篷中，大家在首领的木屋中举办宴会，饮酒作乐或是欣赏吟游诗人的说唱表演。先不说《荷马史诗》中的英雄人物，就算是亚历山大大帝的马其顿骑士，与身处君士坦丁堡狄奥多西二世（阿卡丢之子）没落颓废、充斥着繁文缛节的宫廷比起来，他们宁愿待在阿提拉的营帐中。

犹如很久以前未开化的希腊人给爱琴文明带来的冲击一样，一个时期以来，匈奴人阿提拉率领的游牧民族在地中海地区对希腊—罗马文明造成了同样的冲击。历史在一个更广阔的舞台上开始重演。比起那些因季节的变迁而迁徙的半农半牧而非真正游牧的古希腊人，匈奴人更喜欢游牧生活，他们四处掠夺，经常入侵，可他们从来都不会在哪个地方过定居的生活。

长久以来，阿提拉总会到狄奥多西的土地上炫耀自己的武力，四处破坏劫掠，甚至直逼君士坦丁堡城下。根据著有史学巨著《罗马帝国衰亡史》的英国历史学家吉本的考证，阿提拉至少摧毁了巴尔干半岛上的70座城市。而狄奥多西为了解决阿提拉的问题，也费尽心思，曾试图用重金和贡品来拉拢阿提拉，但是却以失败告终；后来又派刺客去刺杀阿提拉，也没能成功。

公元451年，阿提拉又将目标锁定在了罗马帝国使用拉丁语的地区，并对其实施入侵计划。后来，匈奴人大军直捣高卢，几乎洗劫了所有的北高卢的城镇。这一次，罗马军团终于与西哥特人、法兰克人结盟，组成联军对抗阿提拉，并在法国的特鲁瓦地区重创阿提拉。这是一场规模宏大的血战，据估计此战共致

15万到30万士兵战死沙场。特鲁瓦大败，虽然让阿提拉无法如愿以偿地侵占高卢，但其强大的军事实力却并没有因此而被摧毁。此战后的第二年，阿提拉又率领大军借道威尼西亚，入侵意大利，并在途中焚毁了帕多瓦和阿奎里亚两城，而后又将米兰洗劫一空。

难民们纷纷从意大利北部城镇——特别是帕多瓦涌出，逃到了亚得里亚海北端的潟湖岛上，并在这里建立了最初的威尼斯城邦。中世纪时，威尼斯获得良好的发展，成为当时世界上最大商贸中心之一。

公元453年，阿提拉娶了一位年轻女子为妻，并为此举行盛大的庆祝宴会。谁知在宴会结束后，他却突然暴卒。他的死亡，也使得他那掠夺成性的联盟遂告解体。从这个时候开始，历史上再不存在独立的匈奴部族了，匈奴人都融入到其周围人口数量更多的雅利安语系的各部族之中。但是毫无疑问的是，正是匈奴人的大举入侵，导致了罗马帝国的最终灭亡。

在阿提拉去世后的20年间，罗马相继出现了十位皇帝，他们都是由汪达尔人和其他雇佣军团扶植的。公元455年，罗马遭到来自迦太基的汪达尔人的入侵，最终沦陷。公元476年，雇佣军首领鄂多亚克先是废黜了有着响当当名字的潘尼亚人皇帝罗穆卢斯·奥古斯都，接着又对君士坦丁堡宫廷报告说："西罗马从今往后再也不会有皇帝了。"于是，西罗马帝国就这样灭亡了，而且是以一种十分不体面的方式结束的。公元493年，东哥特人狄奥多里克成了罗马的皇帝。

当时，在整个西欧和中欧地区，蛮族部落首领纷纷自立为王或自封为侯，并依此统治着自己的领地。他们在表面上仍会向皇帝表示自己的忠诚，但实际上却各自为政。这种实际上是割据一方的盗匪式王侯，有成百上千个之多。此时，在西班牙、高卢、达契亚和意大利等地区，拉丁语中尽管掺杂着一些当地土语，但它也仍然还是通用的语言；在不列颠、莱茵河东部地区，人们的通用语言则是日耳曼语，而其中的波希米亚地区通用的则是斯拉夫语系的捷克语，只有高级神职人员和极少数受过教育的人才能用拉丁文进行阅读和书写。那一时期，社会动荡不安，人们需要靠武力来保卫自己的财产；城堡与日俱增，而道路状况却不断恶化。到6世纪初，整个西方世界都开始出现衰败景象，呈现出一种分裂局面，文化知识领域也陷入一片黑暗之中。当时若不是有基督教徒和修道士传承拉丁文化，恐怕拉丁文化早已不复存在了。

## 第四十章　匈奴人，西罗马帝国的崩溃

罗马帝国为什么会崛起？最后它为什么又彻底灭亡了呢？

事实上，罗马帝国之所以能够崛起，凭借的是罗马早期的公民权理念，它令罗马民众紧紧团结在一起。罗马自共和国扩张时期开始，一直到帝国初期，大多数罗马人都十分重视公民权。在他们看来，公民权不仅是他们的权利，也是他们的义务。对于这种受罗马法律保护的权利，罗马人对其表现出了极大的信任，并做好了为之付出一切的准备。那个时候的罗马，还以公正、严格遵守法律而为人们所称颂。然而布匿战争爆发后，这种公民权理念受到了财富积累和奴隶激增的冲击，从罗马人的思想中日渐消退。尽管"公民权"这一概念在当时得到了广泛传播，拥有公民权的人数不断增加，但是此时的公民权却越来越背离其原来的意义。

当时的罗马帝国是一个非常原始的国家组织，没有加强对公民的教育，没有向人数不断增加的公民解释治国之道，也没有邀请民众共商国是。更确切地说，罗马既没有一个学校一类的机构来保证民众能达成共识，也没有发布一条新闻去支持公民的集体活动。自马略、苏拉统治以来，野心勃勃的军事家从来没想过让公民参与政务，他们只想到了自己的霸业，公民权早已被抛弃，但却无人注意到这一点。在人类社会中，任何国家、帝国和组织机构的维系，都离不开认识和意志的统一。失去了这种意志，罗马帝国也就难逃灭亡厄运了。

公元5世纪，拉丁语系的罗马帝国终于灭亡了，但依赖于它的传统和权威，使用拉丁语的天主教得以保存，并且一直延续至今。虽然罗马帝国消亡了，但是基督教会却仍然存在，因为教会迎合了人类的思想与意志。凭借书籍、教师和传教士，这个庞大的团体始终团结在一起。他们的这个体系，比任何法律和军队都具有更强的力量。公元4世纪至5世纪正是罗马帝国衰亡之期，但基督教的传播却没有受到消极的影响，反而迅速传播至欧洲各地。在阿提拉准备进军罗马时，罗马教皇纯粹用道德的力量成功说服他退兵，这种力量是任何军队都不具备的。

罗马大主教，即罗马教皇，要求成为基督教会的最高领导人。既然罗马不会再有皇帝，那么皇帝的称号和权力就一并归教皇所有了。教皇还自封为"大祭司长"，也就是在罗马领土范围内主持祭祀的最高祭司。事实上，大祭司长是先前皇帝所采用的称号中最古老的一种。

# 第四十一章 萨桑帝国、拜占庭帝国的发展

和西罗马帝国相比，使用希腊语的拜占庭帝国（即东罗马帝国）更具有政治韧性。公元5世纪，使用拉丁语的西罗马帝国，即罗马帝国的发源地，最终崩溃了，但拜占庭帝国却安然渡过了这场危机。尽管狄奥多西二世不断遭到阿提拉的威胁，领土常遭侵犯与劫掠，君士坦丁堡甚至一度遭到兵临城下的危机，但是君士坦丁堡最终还是平安无事。尽管努比亚人的军队沿着尼罗河一路向南进攻，洗劫了上古埃及，但下古埃及和亚历山大城却一如既往地繁荣。尽管萨桑王朝的波斯军队不断侵袭，但是小亚细亚的大部分地区也能有效地抵御敌人。

公元6世纪，西罗马陷入了无尽的黑暗之中，而希腊语系的东罗马却出现了极大的复兴。公元527到565年间，查士丁尼一世成为东罗马的统治者，他是一位精力旺盛而具有雄才大略的统治者，他还娶了非常有才干的演员出身的狄奥多拉为他的皇后。查士丁尼一世当政后，先从汪达尔人手中夺回了北非的统治权，又将意大利的大部从哥特人手中抢回来，甚至还重新取得了南部西班牙的掌控权。不过，他并不只专注于海上和陆上的军事活动，他还十分关注教育，创办了大学；在君士坦丁堡，他建立了宏伟高大的圣索菲亚大教堂；组织人编纂了《罗马法典》。但是，为了让自己创办的大学免于竞争，他竟然下令关闭拥有千年历史的雅典哲学院，而这座学府从柏拉图时代起就已经开始传承了。

自公元3世纪开始，波斯帝国始终是拜占庭帝国最强大的敌人。由于这两大帝国之间的纷争，使得小亚细亚、古埃及和叙利亚这些地区的百姓长期生活在动荡不安中，民不聊生。在公元1世纪的时候，这些地区仍具有较高的文明水平，人口众多，人们生活富足。然而，就是这一片富饶之地，后来连遭战乱、

## 第四十一章　萨桑帝国、拜占庭帝国的发展

重税、抢劫等各种灾难，逐渐没落，除了被捣毁的支离破碎的城市和零星散居于乡间的农民外，就什么也没有了。在这样令人黯然神伤的衰败、混乱景象中，只有古埃及的境况似乎稍微好一些。此外，亚历山大城也像君士坦堡一样，仍然继续着东西方之间的贸易往来，虽然这种贸易也越来越不景气。

在这两个深陷战乱并日益衰败的帝国之中，科学和政治哲学不仅得不到发展，甚至逐渐消亡。雅典哲学院中的那些最后的哲学家们怀着无限的敬意和强烈的求知欲，一直保护着伟大的古文献，直到他们受到查士丁尼一世的镇压。社会上，再找不到一个勇敢的拥有独立思维能力的自由志士——一个能将这些文献所体现出的自由议论和大胆探索的精神传承下去的人。造成这种局面的是社会和政治的动乱。另外，造成这一时期人类知识匮乏和混乱的原因还有：这一时期的波斯帝国与拜占庭帝国都严重排外，各自建立了新的宗教形式，而新宗教却是极力压制人类精神自由活动的。

世界上的古老帝国几乎没有哪一个是不具有宗教传统的。在这些国家中，百姓的生活往往是以敬神或是敬奉具有神一样地位的帝王为中心的。比如，亚历山大大帝就曾被当成是神；而罗马皇帝也是神，他们都有专属的神庙、祭坛，对其敬香就表示忠于罗马帝国。

然而，以基督教为代表的新兴的宗教，它们更关注人们的真实想法，要求人们在心中真正理解和信仰他们的神，而不仅仅是在表面上花功夫。由此，也就自然产生了对信仰本质的激烈争论。更确切地说，新兴的宗教都属于信念上的宗教。于是，"正教"这一新名字就诞生了。正教有着严格的教规，其制定了一套教义，用于限定的个人的行为甚至个人言论和思想。根据这一规定，假设一个人持有错误的见解，然后他还将这种错误的见解传达给他人，那他就不仅是犯了知识方面的错误，更是道德犯罪，他的灵魂将得不到救赎。

阿尔达希尔一世在公元3世纪建立萨桑王朝，而君士坦丁大帝于公元4世纪重建了罗马帝国，而他们都一度求助于宗教团体，因为他们都在宗教团体中找到了利用、控制人民意志的新手段。早在公元4世纪结束之前，这两大帝国就大肆破坏言论自由和宗教革新。在波斯，阿尔达希尔发现了一种古老的波斯宗教，即索罗亚斯德教，亦称为拜火教。该教拥有神殿、祭司，还有一种在祭坛上点燃圣火的仪式——阿尔达希尔十分满意，于是将其定为国教。

公元 277 年，摩尼教的创始人摩尼被钉死在十字架上，连尸身也被剥皮。而在君士坦丁堡，人们正在追捕杀害异教徒，即非基督教的宗教信徒。基督教之所以对摩尼教进行如此激烈的反击，原因是摩尼教的思想干扰了基督教。同样的，拜火教则认为，基督教的思想也同样扰乱了拜火教的纯洁性。如此一来，几乎所有的宗教思想都遭到了人们的普遍怀疑。在这各宗教水火不能相容的岁月中，科学之光也日渐暗淡，毕竟科学发展的前提是拥有不受干扰的能自由活动的灵魂，而此时哪里还有这样的灵魂存在。

这期间，拜占庭在战火中度过，到处充斥着人类惯犯的恶行和邪恶的神学，就好比一幅充满惊险传奇的生动的画面，几乎没有美好和光明。北方蛮族入侵的架势一旦消退，波斯帝国和拜占庭帝国就会在小亚细亚和叙利亚来一场气势汹汹的纷争，使这些地方的居民无法生活，即便当时的两大帝国可以结成同盟国，也不一定能与入侵的北方蛮族抗衡，恢复帝国以往的繁荣。不过，在这两个帝国之间，还有一股势力，那便是突厥人。突厥人，即鞑靼人，他们最初是以拜占庭帝国或波斯帝国的盟友的身份登上历史舞台的。公元 6 世纪时，拜占庭的查士丁尼与波斯的科斯洛埃斯一世成为主要对手，而到了公元 7 世纪初期，则由拜占庭的赫拉克利乌斯皇帝对阵波斯帝国的科斯洛埃斯二世。

在赫拉克利乌斯成为皇帝（610 年）之前，在两个帝国的较量中，科斯洛埃斯二世一直处于领先地位。科斯洛埃斯二世先后将安提阿、大马士革和耶路撒冷纳入自己的统治之下，接着又直取与君士坦丁堡遥遥相对的小亚细亚的加尔西顿，还在公元 619 年征服了古埃及。但是没过多久，赫拉克利乌斯便开始反击了。公元 627 年，虽然当时的波斯大军仍驻防在加尔西顿，但赫拉克利乌斯的军队还是击溃了尼尼微的波斯驻军。公元 628 年，科斯洛埃斯二世被自己的儿子卡瓦特废黜并杀害。此时，这两个帝国都已经元气大伤，双方终于维持了一段暂时的和平。

最终，拜占庭和波斯之间展开了最后一次厮杀。但是，任谁也不会想到，为这场漫长的毫无意义的战争画上句号的风暴，此时已经在沙漠中积聚而成。

正当赫拉克利乌斯忙于恢复叙利亚的秩序时，一封用难懂的闪米特语言阿拉伯文书写的信，送到了他的手上。这封信最初是被送到大马士革南面的波士特拉的帝国前沿阵地的。想必，赫拉克利乌斯见了这封信，也是由一位翻译为

## 第四十一章　萨桑帝国、拜占庭帝国的发展

他复述信中内容的。这封信的署名为：神的先知穆罕默德。他在信中奉劝赫拉克利乌斯一定要信奉唯一的真主，做真主的仆人。至于赫拉克利乌斯到底是怎么回答的，史料上并无记载。

与此同时，在忒西丰的卡瓦特也收到了内容一样的信。卡瓦特得知信的内容后，大发雷霆，撕了信，赶走了信使。

事实上，穆罕默德是贝都因部族的一位首领，他的大本营设在一个当时并不起眼的沙漠小镇麦地那，他传播的是一种信仰"唯一的真主"的新宗教。

当他得知卡瓦特的态度后，便说："既然这样，主啊，那就让卡瓦特也撕碎他的王国吧！"

# 第四十二章　中国的隋唐时代

从公元 5 世纪开始，一直到公元 8 世纪，游牧民族在这 400 年间从来都没停止过他们向西前进的脚步。在这些西进大军中，阿提拉的匈奴部族只是先锋队。最后，蒙古人终于在诸如芬兰、匈牙利、爱沙尼亚和保加利亚等地区，建立了自己的定居点。在这些地方，他们的后裔说着与土耳其语十分相似的语言，在这里繁衍生息，并延续至今。土耳其民族中的一些人也定居于保加利亚，但是这些人所使用的却是雅利安语。对于欧洲、波斯和印度的雅利安文明来说，蒙古人的到来给它们带来了极大的冲击。在若干世纪以前，闪米特和爱琴文明也遭到了相似的冲击，只不过当时带来这种冲击的是雅利安民族。

在中亚，突厥人已经站稳了脚跟。在波斯，不少突厥人担任政府官职，有些人则成了雇佣兵。此时，帕提亚人已不在历史舞台上崭露头角了，他们吸收了波斯的文化，融入了波斯人的大家庭。雅利安游牧民族已退出了中亚的历史，突厥人取代了他们。这一时期，突厥人统治着从中国边境到里海这一大片亚洲领土。

公元 2 世纪晚期的那场瘟疫，不仅让罗马帝国从此颓败，也使得中国的汉王朝逐渐走向没落。中国开始陷入分裂状态，匈奴人也乘机不断骚扰边境，国家局势震荡不安。但是与欧洲比起来，中国的复兴不仅更为迅速，而且更加全面。到公元 6 世纪结束前，隋朝又重新统一了中国。当拜占庭正值赫拉克利乌斯统治时期，中国又进入了另一个时代，唐朝取代隋朝，成为新的政权。唐朝的建立，意味着中国开始进入一个极度繁荣的时期。

从公元 7 世纪至 9 世纪，在这整整 300 年的时间里，中国可谓世界上最安定、最文明的国家。如果说中国的汉王朝将中国的领土不断向北拓展，而隋、唐两代则将文明推广到了南方。中国的疆域版图，在这一时期就已经形成近乎今天的结构了。在中亚，中国的边界越过附属于它的突厥部族领地，一直延伸到波斯与里海。

先前汉王朝与重新崛起的中国有着很大的不同。中国诞生了一种新兴的文学流派，它更具活力，那是一场伟大的诗歌复兴。同时，由于佛教在中国的普遍传播，使得人们的宗教思想和哲学思想都发生了本质的变化。在这一时期的艺术创作、工艺技巧、社会生活方面都取得了突飞猛进的进步。人们开始饮茶，造纸术早已开始流行，木版印刷术也已经出现。就在欧洲和西亚人口迅速减少，当地百姓不是住在茅屋就是城墙高筑的城镇里，或者蛰居在阴暗恐怖的山寨里之时，中国人已经在秩序井然的社会里过着安宁稳定、优雅体面的生活了。正当西方人的心智被神学紧紧纠缠而无法挣脱时，中国人的精神却是开放的、包容的、不断探索的。

公元627年，即拜占庭皇帝赫拉克利乌斯在尼尼微大败波斯的那一年，唐朝初年的皇帝唐太宗在长安登基称帝。唐太宗曾接见过赫拉克利乌斯派往中国的使臣，后者可能是为了争取前者成为同盟，以达到钳制波斯帝国的目的。公元635年，波斯帝国也派遣一队基督教传教士访问中国，并被批准向唐太宗讲解《圣经》，唐太宗甚至还读过中译本的《圣经》。后来，唐太宗下令，同意这一异域宗教在中国传播，并允许其在中国建立教堂及修道院。

公元628年，穆罕默德也派出使节，求见唐太宗。他们搭乘商船从阿拉伯出发，沿着印度海岸一直航行，终于到达了中国广东。与赫拉克利乌斯、卡瓦特不同，唐太宗十分认真地听了使节们的介绍，并对伊斯兰教的教义表现出了极大的兴趣，还同意他们在广州修建清真寺并给予帮助。据说，这座位于广州且保存至今的清真寺是世界上最古老的清真寺。

# 第四十三章  穆罕默德和伊斯兰教

"用不了几个世纪,整个欧亚大陆都将掌握在蒙古人种手中。"——在了解了7世纪初的世界形势后,就算是一位业余的历史学家,也会顺理成章地做出上面的预言。在当时,西欧各国根本没有要建立秩序或是结盟的迹象,拜占庭帝国与波斯帝国甚至还相互争斗不休。而印度此时也面临着分裂的问题,国势微弱。至于中国,其凭借巨大的实力不断对外扩张,其人口可能比欧洲的总人口还要多。在中亚,突厥人逐渐崛起,并采用了中国式的扩张之道。不过,上述预言也并非全部落空。到公元13世纪的时候,终于出现了一位蒙古统治者——成吉思汗,他征服了从太平洋沿岸一直延伸至多瑙河的这一广阔疆域。另外,突厥各代王朝则将整个拜占庭帝国、波斯帝国全境、古埃及和印度的大部分地区都纳入其统治圈。

如果说上面这则预言出错了的话,那就是它低估了欧洲拉丁语系的复兴力量,并且还忽略了阿拉伯沙漠地区所潜伏的能力。从很早的时候开始,阿拉伯半岛就一直被看成是遭受战乱之苦的弱小游牧部族的避难之所。一千多年以来,闪米特人从来没有在这里建立他们的政权。

不过,后来生活在这片土地上的贝都因人,却突然在人类历史上崭露头角,并且还表现突出。这种情形维持了100多年。他们开始向世界传播自己的文化和语言,并且一直从西班牙扩张到中国边境。他们为这个世界带来了一种全新的文化,他们创造了至今依然活跃在世界各地的宗教。

点燃了阿拉伯宗教圣火的人就是穆罕默德。人们最初认识穆罕默德时,他的身份是麦加城一位富商遗孀的年轻丈夫。在40岁之前,穆罕默德几乎没干过

## 第四十三章　穆罕默德和伊斯兰教

什么大事儿，一直没引起人们的注意，不过他却好像十分热衷于宗教辩论。那时，麦加被视为异教城市，麦加人虔诚地供奉着"麦加黑石"——一块在阿拉伯世界享有盛誉的石头。麦加是穆斯林朝圣者心中向往的圣地，但是在整个阿拉伯半岛包括麦加在内，许多居民都是犹太人。而事实上，阿拉伯半岛南部地区的人全都信仰犹太教，而叙利亚还建有基督教教堂。

就像1200年前的希伯来先知那样，穆罕默德也在其40岁时有了预言的能力。他的首位传道对象是他的妻子，他让她相信"唯一真主"，还与她谈了善有善报、恶有恶报的理念。他将自己的一部分信徒召集起来，带领着他们走街串巷去布道，公开进行反对偶像崇拜的宣传。然而，他的宣讲遭到了麦加市民的厌恶，因为市民清楚地知道：如果没有崇尚偶像崇拜的朝圣者，那么麦加就不可能如此繁荣昌盛。市民的态度并没有打击穆罕默德的布道热情，相反的，他更加大胆地进行说教，而且旗帜也更加鲜明。穆罕默德声称自己是神的使者，是世界上的最后一位先知，他的使命就是完善宗教。他还说亚伯拉罕与耶稣是他的先行者，他是被神选出的去实现和完善神的旨意的人。他写了许多诗歌，并宣称这些诗歌都是天使传给他的。他还声称自己做了一个奇特的梦，梦中他被带入了"天国"，接受了神的亲自指点。

随着穆罕默德传教的影响力越来越大，他的麦加同胞也越来越敌视他。这种敌视发展到最后，他们竟然策划了一个杀害穆罕默德的计划。穆罕默德和他忠实的朋友兼弟子艾卜·伯克尔得到消息后，便立即逃到对他友好的城市麦地那。在这里，穆罕默德拥有大批信徒。由此，麦加和麦地那不可避免地爆发了一场战争，最终通过谈判才结束。战后，麦加承诺信奉"唯一真主"，同时还承认穆罕穆德是先知。不过，这些信仰"唯一真主"的教徒被允许仍然可以到麦加朝圣，就像他们以异教徒身份所做的那样。就这样，在没有打乱朝圣的秩序下，穆罕默德便在麦加确立了"唯一真主"的地位。后来，穆罕默德返回麦加城，并成为麦加的国君。一年后，他派遣使臣拜见世界各地的统治者，这些统治者包括赫拉克利乌斯、卡瓦特、唐太宗等。

穆罕默德于公元632年辞世，在穆罕默德的统治下，其国的势力范围伸展到整个阿拉伯。具有虔诚的宗教激情的穆罕默德，口述了一本有关伊斯兰教训谕和阐释的书——《古兰经》，他宣扬这是上帝的圣谕。

穆罕默德灌输给阿拉伯人的伊斯兰信仰，有着巨大的启示和能量。它毫不妥协的"一神论"就是其中之一，意思就是对真主的统治与真主的圣父身份的单一、狂热的信仰，避免了神学的错综复杂；其次，他传教的思想彻底摆脱了祭祀牧师和神庙，它属于一种完全先知性的宗教，杜绝了血祭死灰复燃的可能性。《古兰经》中明确规定，麦加朝圣是一种有限的仪式性活动，为了避免在穆罕默德死后，人们将其神化，穆罕默德采取了各种预防措施；再次，伊斯兰教认为，所有的信徒不管是何种人种、何种出身和地位，大家在真主面前都是肝胆相照的好兄弟，都是平等的。

　　就是因为以上这些特征，才使得伊斯兰教成为人类历史上最有影响力的一股力量。

## 第四十四章　阿拉伯的文明

　　从这一刻开始，人类历史上最令人叹服的征服故事揭开面纱。在公元634年的亚莫克（约旦河支流）一役中，拜占庭的军队被摧毁；皇帝赫拉克利乌斯染上了水肿病，他的势力也因此元气大伤，又因为在波斯战争耗费了巨大的财力物力，他只能看着他刚刚征服的巴尔米拉、安条克、叙利亚、耶路撒冷以及其他一些地区，在几乎没有做任何反抗的情况下，就落到穆斯林军队手中，此后，这些地区的大部分人皈依了伊斯兰教。接着穆斯林军队调头东进。为了阻挡穆斯林军队，波斯人在拉士丹地区寻得一位干将，然后组建起一支象军。公元637年，波斯人与阿拉伯人在卡迪西亚摆开阵势，双方激战了三天，最后以波斯人的失败告终。

　　紧接着，穆斯林军队征服了波斯帝国全境，穆斯林帝国的势力日益强大，其疆界西至大西洋，东抵中国边境。接着，穆斯林军队又入侵古埃及，结果古埃及人不战而降。这些崇信《古兰经》的征服者，一进入亚历山大城便让亚历山大城图书馆中一息尚存的图书抄写行业遭到了毁灭性的打击。穆斯林征服者的征服狂潮从非洲北部海岸一直延伸到直布罗陀海峡和西班牙。穆斯林军队于公元710年入侵西班牙，公元720年抵达比利牛斯山脉。公元732年，阿拉伯的先锋军队抵达法国中部，但却在普瓦捷一役中受挫，退回比利牛斯山脉。另外，穆斯林军队在征服古埃及后，得到了一支舰队。这样，在某一段时期里，他们似乎具备了入侵君士坦丁堡的实力。从公元672年至718年间，穆斯林军队曾多次从海上对君士坦丁堡发起了进攻，但是君士坦丁堡这座伟大的城市就是屹立不倒。

阿拉伯人缺乏政治才能和经验，所以他们所建立的——以大马士革为首都、拥有延绵于西班牙至中国之间广阔疆域的帝国，注定不能长久。从一开始就存在着教义的分歧，严重影响了帝国的统一。不过，这里我们要讨论的不是有关其政治解体的问题，我们关注的是其对人类精神和共同的命运的影响。就知识观念的传播来说，阿拉伯文化的传播速度要快于 1000 年前希腊文化的传播速度，而且势头也更强劲。这种知识对中国以西的整个世界的思想都有刺激作用，并且极大地促进了观念的推陈出新。

在波斯，这种新鲜、活跃的阿拉伯思想，在和拜火教、摩尼教、基督教的思想发生碰撞的同时，还与靠希腊文献和叙利亚译本而保存下来的希腊科学发生了接触。此外，它也在古埃及发现了希腊文化。它还发现不管哪里的犹太人都有思辨传统，尤其是在西班牙最为活跃。在中亚，它接触了佛教，感受了中国发达的物质文明，并从中国人那学会了造纸，使得印刷书籍成为现实。最后，它还接触了印度的哲学和数学。

很快，那种将《古兰经》视为唯一宝典的狭隘与自满的初期信仰被抛弃了。从此以后，阿拉伯征服者所到之处，其学术活动便十分活跃。到公元 8 世纪时，在"阿拉伯化"的世界里，教育组织就已经随处可见了。至公元 9 世纪时，西班牙科尔多瓦地区各学校的学者们，经常与巴格达、开罗、布哈拉、撒马尔罕等各地的学者们，进行书信交流。在这样的交流中，阿拉伯的思想与犹太思想发生了融合。在很长一段时间里，这两个闪米特民族，用阿拉伯语交流，相互合作。即使在阿拉伯政权瓦解后许久，这样的知识交流在阿拉伯语范围内一直继续着，在公元 13 世纪时还创造出令人瞩目的成就。

这样，希腊人开创的这套系统地积累和考证事实的方法，在经过闪米特人的惊人复兴后，也随之复活了。这一由亚里士多德和亚历山大博物馆播下的知识种子，在被搁置多年无人问津之后，又重新开始萌芽、生长甚至结出果实。此外，数学、物理学、医学等领域也取得了极大的进步。

在数学方面，沿用至今的阿拉伯数字取代了烦琐的罗马数字，"零"的符号也开始使用。另外，阿拉伯语应用广泛：化学（chemistry）、代数（algebra）等名词，就是出自阿拉伯语；毕宿五（Aldebaran）、大陵五（Algol）、牧夫座（Bootes）等名词也都源自阿拉伯语的星座名称。后者还说明，当时阿拉伯人已经具备较高水平的天文知识。而且，阿拉伯人的哲学为中世纪的法国、意大利及整个基督教社会的哲学都带来了新的活力。

在化学方面，阿拉伯人的实验化学家往往被人称为"炼金术士"，当时他们的思想还十分守旧，不肯公开自己的实验方法与实验成果。他们从一开始就知道，自己的发现将会对人类的发展带来多大的影响，又能为自己带来多大的利益。他们发明了各种冶金方法和工艺技术，为人类带来了许多价值巨大的东西，如合金、染料、蒸馏、酊剂、香料和光学玻璃等。不过，他们一直在追逐的两大目标，即"点金石"和"长生药"，却始终没能实验成功。所谓"点金石"，就是把一种元素转变为另一种元素，以此获得人造金子；而"长生药"即指能让人延长寿命、返老还童的药。后来，这套极其考验人类智慧与耐心的阿拉伯冶金术被传到了基督教世界。同时，冶金术士坚韧的探求精神也传播而至，成为大家学习的目标。慢慢的，炼金术士的活动终于变成一种社会性的协作活动，人们发现互相交流在实践中大有裨益。久而久之，经过极其缓慢的演变之后，最后一批冶炼术士终于成了最早的实验哲学家。

虽然古代冶金术士是为了追求能将普通金属变成黄金的"点金术"与"长生药"才展开实验的，但是他们却在这一过程中发明了近代实验科学方法，而这种方法对人类掌控世界和自身命运有极大的作用。

# 第四十五章　拉丁语基督教的发展

我们必须注意这一点：雅利安人在公元七八世纪控制的势力范围明显缩减。一千年前，中国以西的文明世界似乎都是由雅利安语系民族掌控的。现在游牧民族的势力范围已经扩张到匈牙利。雅利安人几乎失去了所有在亚洲的领地，只有小亚细亚的拜占庭帝国还完好无损，西班牙的绝大部分疆域和整个非洲都已经落入他人之手。有关昔日罗马的记忆，人们恐怕只能从西方基督教牧师所使用的拉丁语中找寻了。大希腊世界也光辉不再了，其领土范围缩小至以君士坦丁堡这个贸易城市为中心的一小块地方。与以上这些雅利安势力的衰败景象形成鲜明对比的是，闪米特民族的文化传统在经历了千年的黑暗岁月后又从被征服的屈辱与湮没中崛起了。

不过，北欧的日耳曼民族并没有因此而在历史上销声匿迹。虽然他们的势力只限于欧洲的中部和西北部，而且社会动乱、政治思想混乱不堪，但是他们却没有因此而放弃，反而在逐步地建立起一套崭新的社会秩序，并在沉默中准备再次崛起，他们打算建设一个比以往更加庞大的帝国。

在前面的章节中我们就已经介绍过，西欧在公元6世纪时就已经不存在统一的中央政权了，地方王侯纷纷割据自立。然而，这是一种无法长久维持的不稳定状态，于是在这种混乱中逐渐形成一种"合作与联盟"的全新体制，即至今依然在欧洲生活中留有痕迹的封建制度。所谓封建制度，实际是强权社会的某种体现。

在封建社会里，个体无论身处何方，都会感觉不安，所以随时有人会为了获得帮助和保护而放弃部分自由。他们需要投靠一个强有力的人，让他做自己的主子和保护人，并愿意为此去服兵役、缴纳税赋，以确保自身财产的安全。而这些人的主子，为了寻求安全和保护，则需要找一个更有权势的人来效忠。此外，各个城市也从这种寻求封建保护者中获得方便，就连教会和修道院也存在类似的附属关系。

在一般情况下，寻求保护者在获得保护前一般需要起誓，表示永远效忠保护者，然后才能获得保护。这套体制既自上而下地发展，又从下向上发展。就这样，一种金字塔式的制度便逐步发展起来了。这种制度在不同地区有不同的发展模式，差异性极大。要建立这样的制度，需要付出很大的代价，最初的时候经常发生暴力冲突和私斗，但最终确立了新秩序和新法律。在封建制度确立之前，这种金字塔式的制度始终被不断完善着。到公元6世纪初，在今天的荷兰、法国地区，就已经形成由克洛维建立的法兰克王国，此后西哥特王国、伦巴底王国和哥特王国相继出现。

公元720年，穆斯林军队在穿过比利牛斯山脉时，发现了法兰克王国，而这个王国的实际控制者其实是查理·马特——衰微的克洛维王室后裔的王宫总管大臣。公元732年，查理·马特在普瓦捷战役中大败穆斯林军队，取得了关键性的胜利。事实上，这位查理·马特是阿尔卑斯山以北的欧洲霸主，他的领地从比利牛斯山一直伸展至匈牙利，他还掌控着不少的分别使用低地德语、高地德语、法兰西拉丁语的封建诸侯。

查理·马特的儿子丕平，不仅推翻了克洛维王朝最后一位统治者的统治，而且还抢了王位。查理·马特的孙子查理曼对该王国的统治始于公元768年。查理曼登基后才发现，原来自己竟然拥有一个如此庞大的王国，然后他便不断想要恢复拉丁皇帝的称号。后来，他发兵攻占了北意大利，终于让自己成了罗马的统治者。

倘若我们站在世界历史宏观角度探求欧洲的历史，我们就会比纯粹的民族主义的历史学家更清晰地发现，拉丁罗马帝国的传统是怎样的专横压抑，又是怎样灾难深重的。一千多年以来，为了得到某种虚幻的霸权，欧洲人彼此间进行着持久的你争我斗，从而极大地损耗了欧洲的精力。纵观这一时期的历史，我们可以明显感觉到某种压制不住的仇视情绪，而这种仇视情绪吞噬着欧洲人的心智，就好像是一个疯子又患上了强迫症，简直到了无可救药的地步。

而造成政治混乱的原因之一，则是统治者的野心，这一点从一心想成为罗马皇帝的查理曼（即查理大帝）身上就能明显看到。查理曼的王国，是一个由许多开化程度不一的日耳曼封建小国组成的王国。在莱茵河以西，许多日耳曼人都是以拉丁化的土语进行交流的，各种土语融合在一起，最终演化为后来的法语；在莱茵河以东，这里的日耳曼人则始终以日耳曼语为流通语言。如此一来，两支未开化的征服者之间的交流就显得不是那么顺畅了，分裂也就在所难免了。根据法兰克王国的传统，查理曼去世之后，他的王国理所当然地由他的儿子们瓜分，这又加快了领土分裂的速度。

所以，查理曼之后的欧洲历史，就成了这样的历史：一方面是君主与王室成员之间的争斗史，即他们为了争夺不稳定的君位、爵位、主教之位和欧洲城市掌控权的争斗；另一方面是日耳曼语系民族和法语民族之间的仇视在动荡的局势中不断加深的历史。当时，每一个皇帝在接过权杖的时候都应该有一个加冕仪式，所以许多皇帝的最大愿望便是，不惜一切夺取那座早已衰败的徒有其名的罗马城，并在那里举行自己的加冕仪式。

造成欧洲时局混乱的第二个原因是：罗马教会希望让罗马教皇当皇帝，而不是由俗世的王子们来继承王位。事实上，罗马教皇早就已经是"大祭司长"了，但出于各种目的，他还是希望能由自己统治日渐衰败的罗马城。虽然教皇并没有军队，但他却拥有一个由教士组成的庞大宣传体系，整个拉丁语世界都能为其所用。尽管他无法控制人的肉体，但他却掌控着能够操控他人灵魂的神奇钥匙，而把钥匙则决定着人们到底是下地狱还是上天堂。所以在整个中世纪时期，当诸侯们先是为了平分权力、继而为了独掌大权、最后是为了至高无上的皇帝宝座而相互争斗时，罗马教皇则以基督教世界最高领导者的身份进入人们的视野。他们时而显得咄咄逼人，时而显得老谋深算，时而又显得虚弱无力——因为担任教皇一职的都是上了年纪的人，并且平均任期不超过两年——他们出面斡旋，但实际上却是希望所有君主都服从他的指令。

虽然王侯之争、国王与教皇之间的较量是导致欧洲时局动荡的重要原因，不过却不是全部。

当时，在君士坦丁堡，仍有一位说着希腊语，声称要统治整个欧洲的皇帝——查理曼。这位一心想要重振罗马帝国的查理曼，他所复兴的仅是拉丁语部分的

## 第四十五章　拉丁语基督教的发展

罗马帝国，所以这便极容易让希腊语罗马帝国和拉丁语罗马帝国发生对立，而且这种对立还不断升级。而导致双方矛盾一触即发的关键问题是，希腊语地区的基督教与拉丁语地区的基督教之间的对立。罗马教皇自称是基督教第一圣徒圣彼得的继承者，是基督教的最高领导者。对此，君士坦丁堡的皇帝和主教们完全不接受。于是，双方之间便展开了关于"三位一体"说的合理性的论战。在经过长期的争论之后，统一的基督教会终于在公元1054年宣布破裂。从此以后，拉丁语系教会和希腊语系教会划清界限，而且公开对立。正是这种宗教对立加上其他矛盾冲突，共同造成了拉丁语基督教派的衰落。

然而，在这种四分五裂的基督教世界的基础上，后来又出现了三组对抗势力。当时在北海沿岸和波罗的海一带，还生活着一些不肯接受基督教教化的北欧部族，即诺曼人。诺曼人雄踞海上，干一些海盗勾当为生，肆无忌惮地在整个南至西班牙的由基督教国家控制的海岸进行抢劫掠夺。他们沿着俄罗斯河流一直往北推进，然后来到了荒芜的中部地区，开辟了南部河流航道。此外，他们还将自己的海上势力扩展到黑海和里海。他们在俄罗斯创建了公国，并成为最早的俄罗斯人，就是这些诺曼系的俄罗斯人差点就攻占了君士坦丁堡。

在公元9世纪的初期，英格兰还是一个基督教化的低地日耳曼国家，统治它的是国王埃格伯特，而埃格伯特也正是查理曼的学生和门徒。埃格伯特的继承者是阿尔弗烈德。至公元886年时，诺曼人夺走了阿尔弗烈德所统治的英格兰超过半数的领土。到公元1016年时，卡纽特率领诺曼人攻占了英格兰全境。公元912年，另一支诺曼人在首领罗伦的带领下，征服了法兰西北部，并建立起一个诺曼底公国。

虽然征服者卡纽特手中牢牢掌握着英格兰、挪威、丹麦三地的大权，但是他一去世，他的帝国也随即土崩瓦解了。这种局面其实是因为未开化民族的政治缺陷造成的，即国王死后，其王国便由其子嗣共同瓜分。我们不妨做一个假设，如果诺曼人的王国没有分裂，那么接下来将会发生什么？这的确是一个值得深思的问题。诺曼民族是强悍的、精力充沛的民族，他们乘坐自己的大木船到过冰岛和格陵兰岛，他们是第一批抵达美洲的欧洲人。后来，他们还从撒拉逊人手中将西西里岛夺了回来，甚至洗劫了罗马城。我们不妨想象一下，卡纽特的王国本可以更加强盛，它可以发展为范围横跨美洲到俄罗斯的海上强国。

在日耳曼人和拉丁化欧洲人的势力范围之东，是突厥民族与斯拉夫部族的混居之地。其中，在这一地区生活的最多的是马扎尔人，即匈牙利人，他们是在公元8世纪至9世纪西迁至这里的。他们一度生活在查理大帝的统治之下，待查理大帝一死，他们就在今天的匈牙利境内定居，建立了自己的国家。他们一度效仿自己的同族祖先匈奴人，一到夏天就到欧洲人的定居点进行抢劫。公元938年，他们借道德意志入侵法兰西，接着又翻越阿尔卑斯山进攻意大利北部，最后打道回府。一路上，他们烧杀抢掠，无恶不作。

最后，罗马帝国的残存势力遭到了撒拉逊人从南方发动的猛烈攻击。当时，撒拉逊人已经掌握了大部分的制海权。除了来自黑海的俄罗斯诺曼人以及西方的诺曼人外，它在海上再没有其他强敌。

尽管当时的罗马帝国已经被这些强悍而好战的民族重重包围了，并且这些民族的势力及危险程度都难以预计，但是查理曼及其后的野心家们，依然打着神圣罗马帝国的旗号上演了一场所谓的复兴罗马帝国的闹剧，而这对罗马帝国而言是徒劳无益的。西欧的政治生活，自查理曼时代开始，便始终纠缠于复兴之念，且挥之不去。与此同时，罗马帝国的希腊语地区也早已开始衰败，最后只剩下一息尚存的商业城市君士坦丁堡及其周围几英里的领地。在查理曼去世后的千年岁月中，欧洲大陆的政治一直是一派死寂的景象，丝毫没有进步。

查理曼的名声在欧洲史上可谓家喻户晓，但其个人形象却很模糊。据说，他十分尊重知识，但是他本人却既不能读也不会写。他总喜欢在吃饭的时候，让别人为其大声朗读，还十分喜欢神学论辩。每年的冬天，他都会在其位于爱克斯·拉·夏倍尔或美因兹的冬季行宫，召见一批学者，与他们一起探讨学问，并从中获取知识。到了夏季，他便和马扎尔人、撒拉逊人、撒克逊人、斯拉夫人及其他不肯接受教化的日耳曼民族开战。但是，有关他是何时产生接替罗穆卢斯·奥古斯都成为罗马皇帝的念头的，我们至今尚不清楚——或许他在其征服北意大利之前就已经有了这样的想法，或许他是受一心想让拉丁教会从君士坦丁堡独立出来的教皇利奥三世的蛊惑后才有了这种想法的。总之，他最后是如愿当上了罗马皇帝。

当时，就是否由教皇为皇帝加冕一事，准皇帝查理曼与罗马教皇之间展开了一场奇妙的较量。公元800年的圣诞节，当查理曼到圣彼得大教堂参拜时，罗马教皇出人意料地为其举行了加冕仪式。据说，当时教皇拿出一顶皇冠，并直接戴到了查理曼的头上，还祝贺查理曼成为恺撒和奥古斯都（译者注：恺撒和奥古斯都都是罗马统治者最早的称号，都是指罗马皇帝的意思），观众爆发出热烈的掌声，表示拥戴。然而，查理曼却十分不高兴，并对此事耿耿于怀，觉得自己受到了莫大的侮辱。于是，他还一度给儿子留下一道密旨：无论如何，绝对不能再让教皇插手皇帝的加冕一事。原来，查理曼想亲自拿起皇冠戴在头上，亲手给自己加冕。所以，从帝国复兴的那一刻起，罗马教皇与皇帝之间争权夺利的斗争就已经开始了，而且这还是一场持久战。然而，在历史上被称为"神圣路易"的查理曼之子却没有遵照父亲的遗训去做，反而是对罗马教皇言听计从。

"神圣路易"死后，查理曼帝国即告分裂。德语系的法兰克人与法语系的法兰克人之间的矛盾进一步加深。接着，撒克逊人"猎鸟人亨利"的儿子奥托登上了皇位，他是在公元919年的德意志王侯与主教的大会上被推选为德意志国王的，接着又在公元962年来到罗马并成为罗马皇帝。11世纪初期，撒克逊王朝覆灭，取代它的是另外的德意志人。事实上，早在查理曼所开创的加洛林王朝灭亡之后，操各种法兰西方言的西部封建王侯和贵族便不再臣服于德意志皇帝的统治了。此外，不列颠的任何一部分都不曾加入过神圣罗马帝国。接着，法兰西国王、诺曼底大公和其他大大小小的封建统治者也纷纷脱离了罗马帝国的统治。

公元987年，法兰西王国摆脱加洛林王朝的控制，由休·卡佩统治，而且卡佩王朝一直延续到公元18世纪。在休·卡佩时代，法兰西仅控制着巴黎及其周围极小的一片区域。

公元1066年，英格兰遭到了由诺曼底大公统领的拉丁诺曼人与由哈罗德·哈尔拉德国王所统领的挪威诺曼人的入侵，而且两支诺曼人几乎是同时进攻。英格兰国王哈罗德在斯坦福德打败了挪威诺曼人，但却在黑斯廷斯被拉丁诺曼人打败。在被诺曼人征服后，英格兰断绝了与俄罗斯人、斯堪的纳维亚人以及条顿人的往来，而与法兰西建立密切的关系，同时也与之冲突不断。在此后的400年里，英格兰被卷入法兰西封建领主的争斗当中，并在法兰西战场上耗损了大量的国力。

# 第四十六章　十字军东征与教皇

有一件很有意思的事，查理曼曾与伊斯兰教的哈里发有过书信来往，哈里发即《天方夜谭》里的哈伦·阿尔·拉希德。据记载，哈伦·阿尔·拉希德从巴格达（已代替大马士革成为穆斯林的都城）派出使节奔赴罗马，并给查理曼送去了这几样东西：一座水钟、一头大象、一顶华丽的帐篷以及圣城的几把钥匙。其中，钥匙这份礼物是极富深意的，其真实目的是为了挑拨拜占庭帝国和新兴的神圣罗马帝国之间的关系，让它们为争做耶路撒冷基督徒的真正保护者而相互厮杀。

通过这些礼物，我们可以知道：公元9世纪，正当欧洲各国战火连天之际，在古埃及和美索不达米亚已经出现了一个繁荣富足的阿拉伯帝国，其文明程度已远超欧洲各国。在这个帝国里，科学和文学领域高度繁荣，艺术水平得到飞速提升，人们的思想极为活跃，它们都不曾受到迷信和恐惧的污染。即使在西班牙和北非在撒拉逊人的统治之下而陷入混乱，但是学术活动在这些地区仍得到了广泛开展。就在欧洲最黑暗的几个世纪里，阿拉伯人与犹太人却一直在研究亚里士多德的著作，顽强地守护着这些被别人抛弃的科学和哲学的种子。

在哈里发统治区的东北部，生活着许多突厥部落，这些突厥人此时已大多是伊斯兰教信徒了。和那些热衷学问的阿拉伯人及波斯人相比起来，突厥人的信仰更加狂热也更加淳朴。到10世纪时，阿拉伯人的势力急剧下降，面临崩溃的威胁，而突厥人却变得越来越强大。此时突厥人与哈里发帝国之间的关系，类似于14个世纪之前的米堤亚人与末代巴比伦帝国之间的关系。11世纪，塞尔柱突厥人抵达美索不达米亚，他们表面上拥戴哈里发为他们的统治者，但实际

## 第四十六章　十字军东征与教皇

上却是将其当成俘虏和傀儡。接着，他们占领了亚美尼亚，击败了在小亚细亚的拜占庭残余势力。公元1071年，墨拉斯格德战役爆发，最终突厥人彻底打败了拜占庭帝国的军队，结束了其在亚洲的统治。他们还占据与君士坦丁堡隔海相望的尼西亚要塞，并为攻打君士坦丁堡做着各种准备。

面对凶悍强劲的突厥人，当时的拜占庭帝国皇帝迈克尔七世被吓得手足无措。因为他才刚刚在与诺曼人的交锋中失去了拉索，又和渡过多瑙河的侵略者佩彻涅格人发生了激战，实在是无力再抵抗突厥人的入侵了。被逼到绝境的迈克尔七世只好四处求助。然而值得注意的是，他向拉丁基督教的首领罗马教皇格列高利七世写了一封求援信，却独独没有向西方的皇帝求助。后来，他的继位者阿历克修斯·科穆宁也向教皇乌尔班二世写过求援信，而且请求更为急迫。

此事发生时，距拉丁教会与希腊教会彻底决裂还不足25年，人们对过去所发生的不愉快事件仍记忆犹新。而对罗马教皇而言，拜占庭的危机却恰好是证明拉丁教会比希腊教会更有权威的一个极好的机会。同时，拜占庭皇帝的求助也给教皇带来了一个机会，即解决另外两个让西方基督教世界极为头痛的问题的机会。这两个问题分别是：当时"私斗"风气盛行，严重破坏了社会秩序；低地日耳曼人和基督教化的北方人，尤其是诺曼人和法兰克人有着过剩的战斗力，必须为其找到一个发泄出口。

于是，一场针对耶路撒冷的统治者突厥人的宗教战争——十字军远征便开始了。与此同时，罗马教会还号召基督教徒结束基督教内部的所有纷争。战争发动者们公开表示，这次战争的目的就是从异教徒手中收复圣城耶路撒冷。据说，当时有一个叫作彼得的隐士走遍法国和德国，以民主游说的方式广泛宣传十字军远征的"意义"。彼得身穿粗布衣服，光着脚丫，骑着毛驴，扛着一个巨大的十字架，在教堂、街头等各个角落对人们进行游说。他告诉人们说突厥人大肆迫害基督教朝拜者，声称圣城应该由基督教徒来掌管，否则就是基督教世界的耻辱。几个世纪的基督教教化的结果，激起了一种强烈的反应，整个基督教世界突然遭到了一股强大的狂热浪潮的席卷。

这种仅靠一个单纯的想法就在民众间产生强烈反响的现象，在人类历史上尚属首次——无论是在罗马帝国的历史上，还是在印度或中国历史上，都不曾出现过这种现象。不过，规模较小的类似的运动在一些地区倒是出现过，如被俘至巴比伦的犹太人在获释之后的行为，伊斯兰教徒的团结行为。毫无疑问，这类运动的产生，与宗教传播的发展导致新精神的萌发息息相关。耶稣与他的使徒、希伯来的先知们、摩尼、穆罕默德等，都是人们灵魂的劝慰者，他们让人们的良心直接受到"神"的照顾。而在此前，宗教其实更多的是一种伪科学，一种迷信，并不涉及人的"良心"。古代的宗教大多对神庙、祭司、各种神秘的祭祀活动有着极大的依赖性，利用恐怖控制着人——就像是奴隶主控制奴隶一样。而新宗教则完全不同，新宗教更强调个人的思想，让人成为自己。

事实上，欧洲历史上的第一次平民暴动便是第一次十字军远征。或许，称此次暴动为近代民主的发端并不恰当，但是近代民主的确是在那个时候出现的。在那之后不久，民主的意识再次燃起，并对社会性的和宗教性的各种问题产生强烈的冲击。

然而，这第一次民主运动的结局却是十分可悲可叹的。实际上，十字军中大部分人都不是军人，而是平民。这些普通民众为了让圣城早日脱离困境，不等统帅和武器到来，自己便从法国、莱茵兰、中欧等地向东开进了。所以说，第一次十字军东征，简直就是"平民十字军东征"。很快，两支十字军队伍涌进了匈牙利，误将不久前刚皈依基督教的马扎尔人当成异教徒，残忍地杀害了他们。他们由此犯了一个天大的错，最后自己也遭到屠杀。同样，第三支队伍也在莱茵兰干了一样的事情，在没弄清情况时就杀害了犹太人，然后继续东进，结果在匈牙利也被消灭了。由隐士彼得所带领的两支队伍，则先抵达君士坦丁堡，然后跨过博斯普鲁斯海峡，不过最终却被塞尔柱突厥人屠杀殆尽。就这样，欧洲历史上第一次人民运动——十字军远征，结束了。

第二年（1097年），东征队伍中的真正战斗部队，终于渡过了博斯普鲁斯海峡。实际上，这是一支诺曼人的军队，不仅队伍的主力是诺曼人，而且领导权也掌握在诺曼人手中，他们攻占了尼西亚。然后，他们沿着1400多年前亚历山大曾走过的路线，进军安提俄克。他们对安提俄克进行了整整一年的围攻，才终于攻克该城。1099年6月，他们终于抵达并包围了耶路撒冷。一个月以后，他们发起猛攻，战斗场面极为惨烈，鲜血四处飞溅，就连骑马路过的人都会被溅得浑身是血。7月15日黄昏，气势汹汹的十字军攻入圣城教堂，消灭了所有的反抗力量。这一群人个个浑身是血，已疲惫至极，他们高兴得哭了起来，跪

## 第四十六章 十字军东征与教皇

下来虔诚地祈祷着。

不久,拉丁人与希腊人的矛盾冲突再次升级。十字军是拉丁教会的力量,所以在耶路撒冷的希腊大主教认为,与其让骄奢的拉丁人统治耶路撒冷,还不如继续由突厥人来统治。如此一来,十字军其实面对的是两个敌人,其一是突厥人,另一个则是拜占庭帝国,与这两股势力共同作战。结果,小亚细亚的大片地区都被拜占庭帝国夺回了,只给拉丁诸侯留下了耶路撒冷及叙利亚的一些小国,以此作为希腊人与突厥人之间的缓冲带。其中,叙利亚的埃德萨是最重要的城市。但是,尽管领土不多,但是拉丁人还是没能守住它们,埃德萨在公元1144年时落入穆斯林手中。为此,他们紧接着发动了第二次十字军东征,只不过这第二次东征是徒劳无益的,他们并没能夺回已经失去的领土,只是守住了安提俄克而已。

公元1169年,库尔德冒险家萨拉丁掌握了古埃及的统治权柄。他重新召集伊斯兰士兵,发动了一场反对基督教徒的战争。公元1187年,萨拉丁夺回了耶路撒冷,并由此引发了第三次十字军远征。不过,十字军的这次远征却没能重获耶路撒冷。

公元1202年至1204年间,拉丁教会发动了第四次十字军东征。这一次,拉丁教会不再寻找任何借口对突厥人宣战,转而公然挑衅希腊帝国。十字军从威尼斯开拔,并于1204年攻陷了君士坦丁堡。在十字军的此次东征中,新兴的贸易城市威尼斯起到了关键作用,所以拜占庭帝国的大部分海岸和岛屿都被纳入威尼斯的版图内。在君士坦丁堡,人们拥立了一位"拉丁人"(佛朗德勒的鲍德温)为新皇帝,同时宣布,拉丁教会与希腊教会又重新统一了。就这样,君士坦丁堡自1204年开始由拉丁裔皇帝来统治了,直到1261年希腊人重新夺回它为止。

如果说公元10世纪是北欧人称霸的时代,公元11世纪是塞尔柱突厥人的霸权时代,那么公元12世纪到13世纪初期便是教皇的权力到达顶峰的时代。这一时期,在教皇的统治下,基督教教会得到了统一,其实际工作效率比任何时候都高。

在几个世纪的时间里,一种朴素的基督教信仰广泛地传播至欧洲这一广阔地区的每一个地方。但是,罗马自身却经历了长时间的黑暗,饱受耻辱。对于

10世纪的教皇约翰十一世与约翰十二世，应该不会有作家愿意为其辩解，因为他们的确令人恨之入骨。不过，拉丁基督教教徒们不管是在肉身上还是在精神上，都还保持着忠贞和淳朴，大多数的牧师和修女都过着规范而虔诚的生活。正是因为对这样一种生活充满无限的信心，所以基督教会才会拥有无限的力量。

当然，历史上也出现过伟大的教皇。如格列高利大教皇，他也被称为格列高利一世（590年—604年）。又如利奥三世，即出其不意为查理曼加冕的那一位。到11世纪的末期，又有教皇格列高利七世（1073年—1085年），他也被称作圣职者希尔德布兰德，他还是一位伟大的政治家。接着，又有乌尔班二世（1087年—1099年），其任职于十字军第一次东征时期。正是格列高利七世和乌尔班二世，开创了教皇控制皇帝的权威极盛期。这一时期，从挪威到西西里再到耶路撒冷，从保加利亚到爱尔兰，最富权威的人都是教皇。格列高利七世曾逼迫亨利四世皇帝亲自到卡诺萨请罪，当时在乡间城堡庭院的雪地里，亨利四世穿着麻布衣服光着脚丫整整恭候了三天，才乞得原谅。公元1176年，弗里德里希（巴巴罗萨·弗里德里希）皇帝来到威尼斯，然后跪在教皇亚历山大三世身前，宣誓永远效忠教皇。

11世纪初，教会的伟大力量来源于教徒的意志和良知，可是教会却没能提供维持力量的基础——道德威望。所以，当基督教发展到14世纪初期时，教皇就已没什么权威了。那么，基督教世界的普通百姓为何会对基督教失去信任，不再听从教会的召唤，也不再为教会服务呢？

关于这一问题，原因很多，而其中第一个原因便是：教会贪敛财富。教会是永存的，而人的生命却是有限的，所以，一些无儿无女的老人便将自己的土地作为遗产赠给教会；一些身怀罪过的人为了忏悔，也常常捐出自己的土地和家产。结果，欧洲的四分之一土地都被纳入教会的私囊。但教会对积累财富却没有罢手之意，而且胃口越来越大。所以13世纪的欧洲流传着这样一句话：神父和牧师都是贪图遗产、金钱的小人。

对于这种形式的财产转让，各国的国王及王侯们都是极为反对的，因为他们发现用于维持军事力量的封建领土并没有起到其该有的作用，而是去为教士和修女们服务了。而且，这些土地的支配权还握在外国人手中。另外，"圣职任命权"的问题一直困扰着各国的国王。所谓圣职任命权，即任命主教的权力，

## 第四十六章 十字军东征与教皇

早在格列高利七世之前，国王与教皇就曾因为这个问题进行过激烈的争执。对于国王而言，如果继续让教皇掌控任命权，那么其不仅无法在臣民面前立威，而且还会丧失对大部分领土的支配权。此外，基督教的神职人员一直要求享有免税权，以便他们对罗马纳税。不仅如此，教会还拥有对平民征纳十分之一税收的权力，这是平民在向王侯交完税后另外缴纳的税收。

到了公元11世纪时，似乎所有的拉丁基督教国家都上演了这样一段历史：国君和教皇为争夺圣职任命权往往大动干戈，但每次败下阵来的总是国君。教皇还宣布，自己拥有承认王位继承人的权力，解除臣民对王室的义务的权力，驱逐王侯出教会的权力，开除某国教籍的权力。一旦被开除教籍，那这个国家就必须停止除洗礼、坚信礼和忏悔外所有的宗教职能；该国牧师不能继续主持日常宗教仪式、不能主持婚礼也不能主持丧礼。凭借以上这两件武器，12世纪的教皇们才能控制得住多数对其心怀不满的王侯，才能威慑那些难以驯服的百姓。事实上，这些都是非比寻常的权力，按惯例只有在非常时刻才能使用。然而，教皇们却无视传统，滥用这些权力，最终导致权力失效。在12世纪的最后30年里，苏格兰、英格兰以及法国都被逐出教会。而教皇们甚至还利用十字军来对付那些与自己意见相左的王侯，最终导致十字军精神灭亡。

假如罗马教会只与冒犯他们的王侯作对，而去笼络其他人，或许它统治整个基督教世界的时间还会久一点。但教皇的这些权力，却使教士们的行为极其猖獗和傲慢。公元11世纪以前，罗马的教士可以结婚，因此他们可以与四周的人群保持着密切的联系，他们实际上就是普通民众中的一员。但到了格列高利七世时期，教皇要求教士们保持单身，以便教士更亲近罗马，但却切断了教士与世俗百姓之间的密切关系，从而使得教会与平民之间出现了一道裂痕。

当时，教会已拥有自己的法庭，只要涉及神父、教士、十字军、学生、寡妇、孤儿和无助之人的案子，都应交由教会法庭进行审理判决。另外，有关异教、巫术、亵渎、誓约、遗嘱、婚姻的案子，也是由教会法庭来处理的。如果一个俗世的平民与教士发生了争执，那么他必须遵从教会法庭的判决。总之，在基督教社会里，不管是在战争年代还是在和平时期，承担各种义务的总是普通百姓，而教士却从来不用担负任何义务。在这样的情况下，普通民众对教士们产生仇视情绪也就没什么好奇怪的了。

然而，罗马教会却似乎始终没有意识到这一点：教会所拥有的至高无上的权力是来自普通人的信仰。教会始终没弄明白这一点，所以它不断对民众施压；当民众对某些问题表示不满或提出质疑时，它还用教条式的正统教义来压制民众的思想。当教会干预道德问题时，民众选择与他们站在一边，但当它干预教义时，民众便不再与其站在同一阵线了。

在法国南部，沃尔多教派号召人们恢复质朴的信仰和生活，结果却招致教皇英诺森三世的讨伐，他的十字军对沃尔多教派进行凌辱、烧杀抢掠，镇压手段极为残酷。阿西尼的圣方济各（1181年—1226年），曾教导人们应该向耶稣学习，过一种俭朴和为别人服务的生活，但是由他的信徒所组成的"方济各会"，却遭到了教会的各种迫害，有的被罚鞭笞之刑，有的被关入牢狱，有的被驱逐出境。在马赛，四位方济各会的成员在1318年被判处火刑，即被烈火活活烧死。另一方面，由圣多明我（1170年—1221年）所创办的残忍的正统教派"多明我会"，却得到了英诺森三世的极大支持。而多明我会也帮助英诺森三世建立了"宗教裁判所"——一个迫害异教徒、禁锢自由思想的宗教机构。

后来，教会无限扩张的权力欲望、神职人员的日渐腐败、令人无法容忍的迫害，摧毁了普通民众的自由信仰，而这种自由信仰又正是教会全部力量的源泉。从教会衰落的故事中我们可以明白这样一个道理：任何一种势力，即使没有外部敌人的破坏，其内部的腐朽也能令其消亡。

## 第四十七章  王侯进行的反抗，教会的分裂

罗马教会为了确保自己在基督教国家中始终处于核心地位而不断进行斗争，不过其却在斗争中表现出一个巨大的弱点，那便是教皇选举制。

一位教皇，如果他想要统治整个基督教世界，并且让各基督教国家保持秩序与和平——为了实现这些野心，那么他必须制定一个强大、稳固、持久的方针政策。所以，教皇的首要素质应该是年富力强；其次，每一任教皇都应该拥有一位能够与其探讨各项教会政策的继承者；再次，教皇选举的形式与过程必须是清晰明朗的、固定不变的和没有争议的。然而，实际情况却与此理想状态相差甚远。在选举教皇时，对于谁才具有投票选举资格这一项并没有明文规定，甚至连神圣罗马帝国或拜占庭帝国的皇帝是否具有发言权也不清楚。为此，伟大的政治家兼教皇希尔德布兰德（教皇格列高利七世，1073年—1085年），花费了极大的精力去规范这一选举制度。他将选举权限限定在红衣主教之列，而皇帝不具选举权也没有发言权，只对教会提交的公文决议做例行的批准便可。不过，他却没有对确立继承人的问题做任何规定，从而导致红衣主教为讨论继承人的问题而争论不休，使得教皇之位空置了一年多的时间。

我们不难发现，16世纪以前的教皇选举并不严谨，而由此也产生了一系列严重的后果。为选举教皇而发生争执的现象在很早以前就已经有过，有时甚至会出现两个或是更多人都自称教皇。每当发生这种事情的时候，教会就会屈尊去请皇帝或是其他局外人来调停此事。而且，任何一位教皇，不管其是否伟大，在死去时总会留下一大堆问题。他一死，教会就会陷入群龙无首的境地，往往会乱成一锅粥。有时，继位者是前任的对头，所以一上任便大肆诋毁、破坏前

任的功绩；有时，继位者是一位耄耋老人，是早就徘徊于墓旁的人了，一般无所作为。

教皇机构中的这些弱点，让英格兰的诺曼系统治者、德意志王侯、法国国王和法兰西系的国王们，找到了可乘之机。他们用尽一切手段去干预教皇的选举，都想着将对自己有利的人推上罗马拉特兰教堂的教皇之位。教皇在欧洲事务中所起到的作用越大、地位越重要，各国国王与王侯之间的这种干预和争夺就越厉害。这也就难怪大多数教皇都是软弱无能之辈了。相反的，如果教皇中突然出现一位富有才学的、胆略过人的教皇，倒是颇令人感到惊讶！

事实上，这一时期就出现了一位精力旺盛且颇有趣的教皇——英诺森三世（1198年—1216年在位）。英诺森三世非常幸运，当上教皇时尚未年满38岁。当上教皇之后，英诺森三世和他的继承者们不断与那位更有意思的人物进行着激烈的较量，这位人物便是被誉为"世界奇才"的弗里德里希二世。弗里德里希国王与罗马教会的较量是历史上的一个转折点。最后，弗里德里希不但被罗马教会给打败了，而且他所建立的王朝也遭到了摧毁，不过他却也让罗马教会和教皇威望扫地，导致教会和教皇势力不断走向腐朽衰败。

弗里德里希的父亲是德意志皇帝亨利六世，母亲则是西西里诺曼王罗杰一世的女儿。1198年，弗里德里希只有4岁，但就在这一年他继承了外祖父的王国——西西里王国，教皇英诺森三世做了他的监护人。当时，西西里刚被诺曼人占领，宫廷中有一半人都是东方人，其中大部分是受过良好教育的阿拉伯人。弗里德里希就是在这种环境中长大的，他不仅接受了这些人的共同教育，而且深受其影响。毫无疑问，这些人无不倾尽全力地想用自己的思想去影响他。结果，弗里德里希既能够用穆斯林的观点去窥视基督教，又能用基督教的思想去观察伊斯兰教。然而，这种双重教育却令弗里德里希萌生了一种想法，而这一想法在当时那个宗教信仰至上的年代是十分可怕的，即他认为所有的宗教都是欺骗。他甚至公开发表自己的想法，他的这些亵渎神灵的、悖教的言论都被记录了下来。

随着年龄的增长，弗里德里希发现了自己与监护人英诺森三世开始有了冲突和对立，英诺森三世对他的要求也越来越严格。而且，当弗里德里希继承皇位时，教皇还以各种条件对此事横加干涉，如教皇要求弗里德里希镇压德意志的异教，放弃对西西里与南意大利的继承权。事实上，教皇之所以提出这些要求，

## 第四十七章 王侯进行的反抗，教会的分裂

无非是弗里德里希的强大力量令他感到害怕。此外，德意志的主教们还要求免除他们的各种赋税。对于这些要求，弗里德里希都满口答应了，不过他却没打算要履行自己的承诺。曾经，教皇因一己之私，唆使法兰西国王在法国发动了一场战争，用残酷血腥的方式来镇压沃尔多派。这时，教皇竟然又想让弗里德里希在德国也做一样的事情。然而，和那些因为太过朴实、虔诚而招致教皇憎恨的沃尔多派教徒相比，弗里德里希则更像是一个激进的异教徒，他并不愿意镇压异教徒。所以，当教皇让他组织十字军去征讨耶路撒冷时，他口头上答应了，可行动上却迟迟不见动静。

弗里德里希登上皇帝宝座之后，还是到西西里居住了。事实上，他更喜欢以西西里作为居住地，而不是德国。对于自己对英诺森三世的各种承诺，他根本就没打算履行。1216 年，教皇英诺森三世最终在愤懑中去世。

英诺森三世的继任者是霍诺里乌斯三世，但是这位新教皇也拿弗里德里希一点办法也没有。后来，教皇之位传到了格列高利九世（1227 年）手上，他决心无论付出什么代价也要让这位年轻的皇帝臣服。他开除了弗里德里希的教籍，剥夺了他的一切宗教特权，但这对生活在充满阿拉伯色彩的西西里宫廷里的弗里德里希来说，根本无关痛痒。格列高利九世还发表了一封公开信，痛斥了这位年轻皇帝的种种悖教行径与其他罪行。对此，弗里德里希准备了一份更为有利的文件进行反击。这份文件是为欧洲所有的王侯准备的，而后者也都收到了这份文件，弗里德里希在文件中明确陈述了教皇与王侯之间的争端，还揭示了教皇企图控制整个欧洲的狼子野心，并对此进行有力的抨击。最后，弗里德里希还建议王侯们一定要团结起来，共同抵抗教皇，同时也提醒大家要特别留意教会的财产。

当发射了这枚致命的导弹后，弗里德里希终于打算履行其 12 年前对英诺森三世的承诺，组织十字军东征。这就是所谓的第六次十字军远征（1228 年），也是一场战争闹剧。军队开拔后，弗里德里希二世先到了古埃及，与苏丹（编者注：某些伊斯兰教国家统治者的称号）进行了会晤，一起谈论国家大事。由于两人都对基督教持怀疑态度，所以此次会谈的气氛极为融洽，他们彼此交换了相似的宗教观点，并签署了互惠互利的商业协议。最后，苏丹还答应把耶路撒冷交给弗里德里希。

所以说，这次的十字军东征完全是一种新式的远征，既没有战场上的血腥拼杀，也没有"喜极而泣"的战后场景，而是通过私人交涉就完成了远征。这真是一次不可思议的远征行动，而它的领导者却是一个被开除教籍的人。所以当这位领导者要在耶路撒冷举行加冕礼时，所有的主教都躲着他，而他只能自己从圣坛上取下皇冠戴在头上，完成了这个纯粹世俗的加冕仪式。后来，他回到了意大利，并将那些入侵其领地的教皇军队全都赶了出去，还迫使教皇恢复了他的教籍。在13世纪，王侯对教皇采取这样的措施，已经不会引起百姓的抗议了，因为那样的时代早已过去了。

公元1239年，格列高利九世再次挑起与弗里德里希的斗争，教会又一次解除了弗里德里希的教籍，于是严重有损教皇权威的辱骂闹剧再次上演。这场论战持续了很久，直到格列高利九世去世而英诺森四世成为新教皇后，仍未平息。弗里德里希又给欧洲的王侯们写了一封信，其在信中对教皇的所作所为进行了强烈的抨击，对主教们的傲慢和无视教规的行为进行严厉的斥责，同时还指出正是教士的骄奢和贪婪导致了种种腐败现象。他还建议王侯们没收教会的所有财产，以重新树立教会的名声。他的这一建议，一直萦绕在王侯们的脑海里。

在此，我们不再详述弗里德里希的晚年了。与他的日常生活相比，他一生的各种逸事都稍显逊色了。关于这一点，我们只要将他在西西里王宫中的一些生活片段拼凑在一起，就能窥其一二了。弗里德里希对生活极为讲究，喜欢美丽的东西。有人认为他放荡不羁，但也清楚地了解他是一个好奇心强、热衷钻研探究的人。他将基督教、伊斯兰教和犹太教的哲学家都召集到他的王宫里，与他们探讨学问；拼命地用撒拉逊的文化去影响意大利人的思维想法；还将阿拉伯数字和代数介绍给基督教的研究者。在他的王宫里，住着一位名叫麦克尔·斯科特的哲学家，此人不仅翻译了亚里士多德的许多作品，还翻译了阿拉伯哲学家阿韦芳埃斯（科尔瓦多人）对这部分作品的评注。在弗里德里希的帮助下，那不勒斯大学（最古老的大学之一）在1224年建成，而勒诺大学的医学院也得以扩大充实。他还创建了一个动物园，并且留下一本有关放鹰的书，可见他曾细致观察过鸟类的生活。另外，他还是意大利人中第一批用意大利文写诗的人，意大利的诗歌就是从他的王宫中诞生的。有人称他是"第一个近代人"，这一称号恰恰说明了，他在知识方面是超然的、没有偏见的。

## 第四十七章 王侯进行的反抗，教会的分裂

当法国国王的势力一天天强大起来，并且还不断与教皇发生冲突时，即意味着：教皇的权威下降的趋势正日益加剧。弗里德里希二世在位之际，德意志就已经开始分裂了。而在法国，法国国王成为继霍亨施陶芬王朝各位皇帝之后，教皇的护卫者、支持者与竞争者。所以，连续几代教皇都推行支持法兰西君主的策略。在罗马的支持和帮助下，法国的亲王们建立了西西里和那不勒斯王国，这也催生了法兰西国王恢复查理曼帝国的想法。不过，让这种想法变成现实，却是困难重重。当弗里德里希二世，即德意志霍亨施陶芬王朝的最后一位皇帝去世后，因为没有继承人，王位曾空置了一段时间。1273 年，哈布斯堡家族的鲁道夫被众人推上了王位，结束了德意志的虚君时代。后来，罗马教廷的政策便开始在德意志与法兰西之间摇摆不定，而且完全取决于继任教皇的好恶。在东方，希腊人于 1261 年从拉丁系皇帝那里夺回了君士坦丁堡。新王朝的缔造者是迈克尔·帕莱奥洛古斯，即迈克尔八世，他不止一次表示愿意与教皇和解，但却从未实现诺言，最终彻底与罗马教皇决裂。另外，亚洲各拉丁王国逐一陷落，教皇在东方的势力也逐渐消失。

公元 1294 年，意大利人博尼法斯八世成为新一任教皇。这位教皇对法国有极大的敌对情绪，其拥有强烈的罗马传统意识和使命感。曾经有一段时间，他处处独断专行。1300 年的时候，他主持了大庆典，各路朝圣者纷纷涌入罗马，而"流入教皇财库的金钱如此之多，使得他的两个助手只好用耙子来收集堆积在圣彼得墓上的献礼"。然而，这个庆典不过是表面上看起来胜利了而已。不久，博尼法斯便同法国国王发生了冲突，而此时不过是庆典结束的两年后。公元 1303 年，博尼法斯刚准备宣布废除法国国王的教籍，法国国王的代理人纪尧姆·德·诺加雷便突然出现在他的阿纳尼宫殿里，出其不意地逮捕了他。这位代理人闯入宫殿，冲进早已惊慌失措的教皇（此时教皇正捧着十字架躺在床上）的卧室里，对他进行大肆的侮辱和威胁。大概是在一两天后，教皇才被镇上的居民给释放了，他这才得以逃回罗马。但后来又遭到阿西尼家族的某些成员的逮捕，又一次沦为阶下囚。过了几周，老人由于惊吓、幻想破灭，在囚禁中死去了。

诺加雷侮辱教皇的暴行，招来了阿纳尼人的愤怒和憎恨，他们奋起反抗并解救了博尼法斯。当然，诺加雷之所以遭到反抗，原因之一是，阿纳尼是教皇

的家乡。不过值得我们注意的是，法国国王这种粗暴对待教皇的行为是得到法国人的支持的。在行动前，法国国王曾召开了法国的三级会议，即由教会、贵族和平民共同参与的会议，会议通过了以这种方式制裁教皇的决议。另外，德意志人、意大利人和英格兰人对随意处置这个教皇，都表现出赞同的意思。由此可见，基督教的观念已经完全失去了人心。

在整个14世纪，罗马教廷仍然始终没有恢复其道义上的权威。博尼法斯八世去世之后，教皇之位由法国人克勒芒五世接任，他其实是法国国王菲利普选定的教皇人选。克勒芒五世不曾到过罗马，他将教廷设在了阿维尼翁镇。阿维尼翁镇实属法国，却又不由法国管辖，而由罗马教皇统治。继克勒芒五世后，又有几位教皇也都居住于此，直到公元1377年，格列高利十一世任教皇，这才搬回罗马梵蒂冈宫居住。然而，格列高利十一世虽然回到了罗马，但他却无法将整个教会的情感支持也带回罗马，因为大部分红衣主教都是法国人，他们已经将自己的各种习惯和社会关系都扎根在了阿维尼翁。1378年，格列高利十一世去世，意大利人乌尔班六世被选为教皇，但是却遭到了不支持他的红衣主教们的反对，他们宣布选举无效。接着，他们另外选出克勒芒七世为教皇，让他与罗马教皇分庭抗礼。这就是历史上被称为"教皇分裂"的事件。罗马教皇还是居住在罗马，凡是反对法兰西的势力都拥护罗马教皇，如英格兰、匈牙利、波兰以及北欧各国的君王。而与之对抗的教皇则驻扎在阿维尼翁，并有法国、法国的盟国苏格兰、西班牙、葡萄牙各国国王以及部分德意志王侯的支持。两大阵营的教皇叫将对方的信徒开除出教，并对其施以诅咒。

在这样的境况下，欧洲人民为了自己去思考各种宗教问题，就显得再正常不过了。

在前面的章节中我们曾经提到了方济各会与多明我会，它们不过是基督教世界里众多新兴教派中的两个代表。这些教派根据自己的视角，支持或反对教会。虽然教会一度对方济各会进行暴力镇压，但对于方济各会和多名我会，教会更多的还是希望能够同化和利用它们。然而，其他教派可就没那么幸运了，教会对它们往往持反对和消灭的态度。

在方济各会与多明我会出现的150多年后，出现了一个敢于直言批评教会无知和教士的腐败的人，此人便是牛津大学的一位极有学问的博士教士威克利

## 第四十七章 王侯进行的反抗，教会的分裂

夫（1320年—1384年）。威克利夫将那些贫苦的牧师组织起来，成立了一个威克利夫派，并且还在英格兰的街头巷尾宣传他的观点。他把《圣经》译成了英文，以便人们更方便地评判教会，同时又能让人明白他和教会之间的是非曲直。和方济各会与多明我会比起来，他能力更强，见识更广博。在普通民众中，他拥有大批信徒；在上层社会里，他也拥有不少的支持者。虽然罗马教会憎恶他，还下令要逮捕囚禁他，但他却一直是一个自由人，直到去世时还是。然而，那些将教会引向灭亡的腐朽邪恶的势力却不愿让他的尸骨在墓穴中安睡，根据1415年康士坦茨宗教会议的一项教令，他的遗骸被从墓中拖出并焚毁。1428年，弗莱明主教执行了罗马教皇马丁五世下达的这项命令。这种亵渎神圣精神的举动，并不是某一个狂妄者的一时冲动，而是教会的正式活动。

# 第四十八章　蒙古人的兴起和武力

13世纪，正当欧洲为实现统一基督教世界、实现教皇的唯一统治而进行各种莫名其妙而又徒劳无功的斗争时，亚洲的政治舞台上却正在上演着远比这更重大的历史事件。此时，发源于中国北部的鞑靼人，突然在世界事务中崭露头角，完成了人类历史上史无前例的扩张。他们便是蒙古各部。在13世纪初期，蒙古民族还是一个骑马游牧的民族，其生活方式与他们的祖先匈奴人十分相似，吃的是肉类和马奶，住在毛毡帐篷里。那时，他们早已脱离中国封建王朝的统治，还跟许多突厥部落结成了军事联盟，并在蒙古的喀喇昆仑建立了大本营。

此时，中国正处于分裂状态。唐朝自10世纪开始便逐渐没落，经过一系列的分裂和战争之后，最终形成了三股重要势力：南方有行都临安（今杭州）的宋朝，北边有以北京为首都的金国，中部还有西夏王朝。1214年，成吉思汗率领蒙古人直扑金国，并且攻占了北京。接着，成吉思汗麾军西进，他的铁骑先后征服了中亚、波斯、亚美尼亚、印度，一直攻到拉古尔，还夺得了南俄国、匈牙利以及西里西亚的统治权。到他去世的时候，他的帝国已经是一个疆域横跨太平洋至第聂伯河的大帝国了。

成吉思汗去世之后，其子窝阔台继承了他的汗位，并且延续其令人惊叹的征战人生。窝阔台的部队装备精良，训练有素，战斗力极强，并掌握了中国人所发明的火药，还发明了靠填充的火药实现打击的武器火炮。当他彻底征服金国后，他马上跨过亚洲，大军直指俄罗斯（1235年），其攻城略地速度之快简直令人瞠目结舌。1240年，蒙古大军攻陷基辅，至此，几乎整个俄罗斯都落入了蒙古人手中。除此之外，波兰也难逃厄运，在1241年的下西里西亚的利埃格尼兹战役中，波兰人虽然与德意志军队联手抗敌，但最终还是全军覆没了。面对蒙古人这股如潮水般猛进的势力时，德意志皇帝弗里德里希六世似乎并没有决心对抗。

伯里在注释吉本的《罗马帝国衰亡史》时曾说，"直到最近，欧洲的历史才开始懂得，公元1241年春天，蒙古军队之所以能够蹂躏波兰、侵占匈牙利，不仅因为其在数量上占有优势，还因为这支军队拥有完美的战略。然而，这一事实却仍然没得到普遍的认可，而占据主导地位的仍是那些庸俗的见解，即将鞑靼人说成是一群野蛮的游牧民族，仗着人多势众才获得了成功，还称他们是毫无计划地跨越东欧的，全凭蛮力才冲破了所有障碍而取得成功等等。这些见解都是荒谬的。"

"从维斯瓦河下游到特兰西瓦尼亚的战役中，蒙古指挥官的部署井井有条，而且军队执行起来也十分准确且有效，实在是令人惊叹。这样的战役完全在所有欧洲指挥官的意料之外，而且也不是任何一个欧洲军队的作战能力所能承受的。当时欧洲的那些将领，上自弗里德里希二世本人，下至他麾下的将军，没有一个人能在战略上与窝阔台比肩——在窝阔台面前，他们都显得过于浅薄和幼稚了。另外，我们还应该注意到，蒙古人在出兵作战之前，就已经详细掌握了波兰及匈牙利的政治形势了。他们拥有组织良好的密探系统，从而能够获取敌方情报。然而，匈牙利人和基督教各国，却好似一群幼稚的野蛮人，对敌情完全不了解。"

在利埃格尼兹大获全胜之后，蒙古人停止了西进的步伐。这是因为，他们继续西进的话就要进入森林和丘陵地带作战了，而此类地形却令他们的战术无法施展，胜算不大。所以，他们调转马头，向南方进发，准备在匈牙利驻扎下来，屠杀或同化和他们有血亲关系的马扎尔人，就像当年马扎尔人屠杀和同化他们之前的阿瓦尔人、斯基台人和匈奴人的混血后裔一样。以匈牙利平原为起点，他们或许会挥军南下或西进，就好像公元5世纪的匈奴人、公元7世纪至8世纪的阿瓦尔人、公元9世纪的匈牙利人所做的一样。然后，由于窝阔台的突然离世以及公元1242年发生的继承权之争，这支攻无不克的蒙古军队才奉诏回朝。他们经过匈牙利、罗马，最终回到了东方。

这之后，蒙古人将征服的重心放在了亚洲。公元13世纪末期，蒙古人征服了中国的大宋王朝。公元1251年，蒙哥继承了窝阔台的汗位，并任命自己的弟弟忽必烈负责中国事务。公元1279年，忽必烈统一中国，成为中国的皇帝，国号元。此后，一直到公元1368年，一直都是元朝统治着中国。正当宋朝的残余势力被逐一消灭之时，蒙哥的另一个弟弟旭烈兀则发动了征服波斯和叙利亚的战争。蒙古人仇视伊斯兰教，所以当巴格达被他们占领后，便遭到了血腥的屠城。除此之外，他们还破坏了苏美尔族人从远古时候就留下来的灌溉系统，而这个灌溉系统是美索不达米亚平原人丁兴旺、繁荣发达的根本保证。自此以后，美索不达米亚平原就成了一片荒芜之地，除了废墟就剩下沙漠，至今还人烟罕至。公元1260年，旭烈兀的军队在巴勒斯坦遭到了古埃及苏丹的重创，使得其征服古埃及的计划泡汤。

经此一役，蒙古人的势力逐渐开始滑坡，偌大的蒙古帝国分裂成若干个国家。东方的蒙古人，成了虔诚的佛教徒，和中国人一样；西方的蒙古人，则开始崇信伊斯兰教。到了公元1368年，元朝的统治被推翻，取而代之的是明朝。明朝的统治一直延续到公元1644年。而俄罗斯人则继续向居住在其东南方向草原上的鞑靼游牧部落进贡，直到公元1480年俄国大公拒绝了这一义务，由此奠定了近代俄国的基础。

14世纪，蒙古人在成吉思汗的后人帖木儿的领导下，一度恢复了活力，只是持续的时间并不长。帖木儿在中亚河中地区建立了蒙古人自己的国家，并在1369年自封为"大汗"。他征服了从叙利亚到德里的大片土地。在众多蒙古征服者中，他是最野蛮的，也是破坏力最强的。不过，他一去世，他的帝国也随之土崩瓦解了。公元1505年，一支用枪炮武装的军队荡平了印度平原，而该武装力量的领袖便是帖木儿的后人巴布尔。对印度的完全征服，后来由他的孙子阿克巴（1556年—1605年）完成了。阿克巴由此建立起被阿拉伯人称为"莫卧儿王朝"的蒙古人王朝，并且建都德里。这个蒙古人王朝几乎统治着整个印度，而且这种统治一直持续到公元18世纪。

公元13世纪，在蒙古人第一次入侵狂潮的席卷下，突厥部落的一支奥斯曼土耳其人被赶出中亚，驱逐到了小亚细亚。奥斯曼土耳其人于是在小亚细亚立足，并且不断扩张自己的势力范围，后来还跨越达达尼尔海峡入侵塞尔维亚、保加利亚和马其顿王国。最后，他们还攻占了君士坦丁堡四周的土地，把君士坦丁

## 第四十八章　蒙古人的兴起和武力

堡变成了一座"孤岛"。公元1453年，奥斯曼苏丹穆罕默德二世用猛烈的火炮，从欧洲这边对君士坦丁堡发起猛攻，并占领了它。君士坦丁堡的陷落，使得整个欧洲都骚动起来，一时间重组十字军的呼声一浪高过一浪，然而十字军的时代已经结束了。

到公元16世纪时，奥斯曼的苏丹们不仅掌控着匈牙利、巴格达、古埃及和北非的大部分土地，而且他们的舰队也称霸于地中海上。当时，维也纳差点就陷落到他们手上，连罗马帝国都不得不对其纳贡。公元15世纪，基督教国家的统治颓势日益明显，唯有两件事情可以稍微掩盖一下这一事实：第一，莫斯科公国于公元1480年复兴并恢复独立；第二，基督教徒终于逐渐抢回西班牙。公元1492年，阿拉贡国王斐迪南和他的王后，即卡斯提尔女王伊莎贝拉，攻克了格林纳达——西班牙半岛上的最后一个穆斯林国家。

直到公元1571年，基督教徒在勒潘多海战中，一举击溃了奥斯曼人的傲气。自此，基督教又重新获得了地中海的统治权。

## 第四十九章  欧洲人的理性复苏

种种迹象表明，在整个公元12世纪，欧洲人在探索知识方面的活力和勇气又重新迸发了，人们萌生了向早期希腊人学习进行科学的研究和理性的探索的想法，同时又打算像意大利人卢克莱修一样继续沉思。引起这种理性的复兴的因素很多，也很复杂。比如，对私斗的管制，十字军东征结束后人们获得了较为安宁和舒适的生活，十字军多次远征对欧洲人思想的刺激等，都是促成这次复兴的极为重要的前提因素。而且这一时期，欧洲各地商业贸易越来越繁荣，城市又恢复到以前那种闲适、安逸的状态，教会中的教育水准也在提高，而且这种教育还惠及普通民众。

到了公元13世纪和14世纪时期，那些已经独立的或半独立的城市获得了极大的发展。例如，威尼斯、佛罗伦萨、热那亚、里斯本、巴黎、布鲁日、伦敦、安特卫普、汉堡、纽伦堡、诺夫哥罗、维斯比以及卑尔根等。这些城市是贸易城市，往来的旅行者很多，人们到这里旅行，在这里交易，在这里进行思考和讨论。对于教皇和王侯之间的相互倾轧、教会对异教徒的迫害行为，人们都极为痛恨，开始质疑教会的权威，同时也对一些根本性问题提出质疑，并进行探讨。

我们在前面的章节中已经谈到，阿拉伯人是如何让欧洲人重新重视亚里士多德的著作的；弗里德里希二世是如何让冥顽不灵的欧洲人对阿拉伯哲学与科学发生兴趣的。事实上，对人们思想触动最大的是犹太人，而他们存在的本身就是对教皇权威最好的质疑。除此之外，由于冶金术士那种神秘的、充满诱惑的研究的广泛传播，使得人们也加入到那种细微隐秘而效果显著的实验科学研究行列。

## 第四十九章 欧洲人的理性复苏

此时，精神出现觉醒的，不只有那些独立的、受过高等教育的知识分子，还包括普通人——这种现象在以前是从未出现过的。虽然有教士的迫害与压制，但是所有基督教教义传播到的地方，都能引起人们精神上的骚动，它直接联系着个人的良知与正直的上帝。如此一来，只要有必要，人们就有对信条、高级教士和王侯提出自己见解的勇气。

早在11世纪，欧洲再次进行有关哲学的讨论。牛津、巴黎、博洛尼亚以及其他中心城市都已经出现了许多优秀的、发展迅速的大学。在这些大学里，中世纪的"经院哲学家"崛起，并提出了一系列有关某些概念的意义和价值的问题，并对此展开讨论，而这就是为了迎接马上就要到来的澄清思想的科学时代而进行的奠基。这一时期，以独特的天才傲然出现在人们面前的是罗杰·培根（约1210年—1293年）。罗杰·培根是牛津大学方济各派的修士，被后人誉为"近代实验科学之父"。在人类历史上，培根的地位仅次于亚里士多德。

罗杰·培根在其著作中，言辞激烈地抨击了那些无知的人、无知的行为，并大胆提出时代的无知——这在当时可谓冒天下之大不韪。现在，我们可以自由发表自己的言论，我们可以说这个世界是庄严的，也可以说它是愚蠢的，可以说这个世界的各种方法都是幼稚的、拙劣的，或者说所有的教条都是幼稚的假设，但无论如何都不会招致死亡威胁。然而，生活于中世纪的人们，只要没有被饿死、染上瘟疫而死、遭屠杀，他们都会极为虔诚地相信自己的信仰，认为它是完美无缺的，而且还对质疑其信仰的人表现出极大的仇视。所以，罗杰·培根的著作就好像是一道划破黑暗的闪电，不仅抨击了当时的各种愚昧思想，还为丰富人类的知识提供启示。他提出了一个主张，即人类必须具有知识积累的意识以及进行科学实验的热情，从中我们仿佛看到亚里士多德的精神又复活了。罗杰·培根，始终坚持的便是：实验，实验！

但是，罗杰·培根并不迷信权威，他甚至敢去冒犯亚里士多德。究其原因，是因为当时人们不敢面对现实，只是一味地在家研究亚里士多德作品的拉丁文译本——这种译本极为拙劣，但却是当时能找到的最好的亚里士多德著作的版本。罗杰·培根用极为苛刻的言辞写道："如果给我权力，那我就把亚里士多德的著作全都烧光，因为阅读它们根本就是浪费时间，制造谬论，增加无知。"如果亚里士多德能够复活，他一定会发现人们不是在阅读而是在崇拜他的文章，并且所使用的还是像罗杰·培根所指出的最不靠谱的译文,或许亚里士多德也会赞成罗杰·培根的说法。

为了免于被囚禁甚至更糟糕的事情发生,罗杰·培根不得不进行一些伪装,尽量隐藏自己的真实想法,在表面上装作和正统派持有一样的观点。但是在其著作中,他始终对人们大声疾呼:"清醒地看待这个世界吧,不要再受权威、教条的控制了。"他对引起人类无知的根源进行了揭示和谴责,指出过分尊崇权威、墨守成规、无知百姓的想法和虚伪傲慢又不肯接受教育的人类劣根性是无知的四大来源,必须撤除。只要人类能够克服这些问题,那么我们将迎来一个充满力量的世界——"未来可能会出现不用划手推动的航海机器,只需一个人便能驾驶着它遨游海洋,而且它要比挤满了划手的船速度更快。另外,人们也能够造出不用畜力拉动而靠无限的动力来推动的车子,就像古人用于战争的上面装有镰刀的战车一样。将来还可能出现一种在空中飞翔的机器,一个人坐在飞翔机器中操控着某个机关,飞行器的人工翅膀便能像飞鸟的翅膀一样在空中自由飞翔。"

虽然罗杰·培根在13世纪就已经做了这样的描述,但人们真正去进行某种系统性的尝试、去探索与开启那些被人类的纷杂事务所掩藏的巨大能量和利益,已经是三个世纪之后的事儿了,但罗杰·培根对此却早有清晰的认识了。

但是,阿拉伯人为基督教世界带来的不止众多哲学家及冶金术士所引发的精神激励,还有造纸术。可以说,纸的广泛使用是欧洲理性复活的重要前提。纸是由中国人发明的,中国人大概在公元前2世纪就已经开始使用纸张了。后来,阿拉伯人从中国人那里学到了这种造纸的技术。9世纪以来的一些阿拉伯人的纸质手稿,现在还保留着。

造纸术传入基督教国家,或是通过希腊,或是通过西班牙——基督教徒在收复西班牙时,缴获的战利品中或许就有造纸作坊。然而,在西班牙基督教徒的管理下,造纸技术没有得到良好的发展,而且纸的质量还下降了。直到13世纪末期,欧洲的基督教世界才造出了质量较好的纸张。后来,意大利的造纸技术不断提升,世界闻名。造纸技术传到德意志,已经是14世纪时候的事儿了。至14世纪末期,因为纸张的价格低廉而品质较高,这才让印刷书籍变成了一种有利可图的行业。印刷术很自然地也得到了发展。自此之后,人类的知识生活

## 第四十九章　欧洲人的理性复苏

进入了一个全新的更加有生命力的阶段。这时的知识已经成了滚滚洪流，可以同时传播给大众，而不再是从一个头脑流向另一个头脑的涓涓细流了。

印刷术这一成就直接导致了两个显著后果：其一，《圣经》在世界上的大量普及；其二，学校的教科书便宜了。大量书籍的出现，让知识可以迅速地传播开来。实际上，书籍不仅在数量上增多了，而且书籍的内容质量也有了明显的提高，阅读起来更加清楚，理解起来也更加容易了。这个时期，读者不用再将时间浪费在研究那些模糊难辨的字迹及推敲其含义上，他们的阅读往往畅通无阻，还能在阅读的时候思考。当阅读变成越来越方便的事，读者也自然逐日增多，书籍不再是华丽的装饰物品，也不再是学者们的私藏珍品，而成了人们日常生活中必不可少的物品。学者们开始为普通读者写书了，他们也不再使用拉丁文了，而改用通俗的语言。到了14世纪，欧洲文学开始萌芽。

截至目前，我们只谈到了阿拉伯人对欧洲的复兴所做的贡献。现在，让我们来看看蒙古人的侵略行为对欧洲世界产生了怎样的影响。蒙古人刺激了欧洲人在地理方面的想象力。有一段时间，在大汗的统治下，亚洲和西欧一度可以公开来往，道路畅通，各国使臣纷纷来到喀喇昆仑的宫廷。由基督教与伊斯兰教的宗教恩怨而造成的亚欧之间的屏障逐渐减少了。罗马教廷于是产生了一种要让蒙古人皈依基督教的想法，但直到目前为止，蒙古人唯一的宗教还是原始的萨满教。一时间，教皇的使者，印度的佛教僧人，波斯和印度的数学家和天文学家，意大利、巴黎和中国的技工，拜占庭与亚美尼亚的商人，阿拉伯官员，这些人纷纷来到蒙古人的宫廷中。

历史上，人们大多忽视了蒙古人对学问的好奇与探求，人们听到有关他们的话题大多是他们的征讨和杀戮。或许蒙古人称不上是具有创造力的民族，但他们却是知识和方法的传播者，对世界影响极大。从成吉思汗与忽必烈那隐隐约约而又充满传奇色彩的人格上可以看出，他们至少和自负浮夸的亚历山大大帝，或是政治幽灵的招魂者、精力旺盛却又目不识丁的神学家查理曼大帝一样，都是具有极高悟性和创造力的君主。

蒙古宫廷迎来了四面八方的异国人士，而威尼斯人马可·波罗便是其中最有趣的一位。后来，他还将自己的故事写成了书。大约是在公元1272年，马可·波罗跟着父亲和叔叔来到中国。这已经不是马可·波罗的两位长辈第一次来到中国了,其实他们此前就已经到过中国,并给大汗留下了深刻的印象,因为那是大汗第一次见到"拉丁人"。随后,大汗请他们回到欧洲,并拜托他们邀请学识渊博的人和教师一起来中国,向自己介绍基督教,并能一一介绍那些令他十分好奇的欧洲物品。这次他们带马可·波罗来拜谒,是他们第二次见到大汗。

之前他们是取道克里米亚来到中国的,而这一次他们则是借道巴勒斯坦来的。他们的这一次旅行,由于大汗的金牌及其他证物保驾护航,所以旅途中多多少少获得了不少便利。因为大汗曾说过他想要一些耶路撒冷城市中的灯油,所以他们便先去了耶路撒冷,然后取道西里西亚到达亚美尼亚。他们之所以向北走了那么远的路,是因为当时古埃及苏丹正在入侵伊尔汗国。接着,他们又从亚美尼亚出发,经由美索不达米亚抵达波斯湾的霍尔木兹,似乎准备走水路。在霍尔木兹,他们碰到了一些印度商人。但是因为某种原因,他们最终没有坐上船,而是继续向北走,穿过波斯沙漠到达巴尔克,又翻过帕米尔抵达喀什噶尔,然后经过和田、罗布泊到了黄河流域,最终抵达北京。在北京,他们受到了大汗的盛情款待。

马可·波罗聪明伶俐,精通鞑靼语,忽必烈很喜欢他。忽必烈授予其官职,还多次派他到中国的西南部处理事务。马可·波罗向人们介绍了这个繁华稳定的国度,"一路上到处都有供旅客休息的豪华旅店","优美的葡萄园、花园和田野",佛教僧人们居住的"众多寺庙","首尾相接的市镇"以及"各种精美的塔夫绸和织锦"等等。对于他的这些介绍,欧洲人最初的时候是深表怀疑的,然后又激起整个欧洲的想象力。

马可·波罗还谈到了缅甸,讲述缅甸是怎样用数百头大象组成特殊军队的,而这支军队又是如何被蒙古人的弓箭打败的;讲述了勃固是如何被蒙古人征服的。除此以外,他还介绍了日本,不过他对日本的黄金储藏量进行了极其夸张的夸大。马可·波罗曾被任命为宣慰使,在扬州城生活了三年。对中国人而言,他并不比鞑靼人更像外国人。他还很可能曾被派往印度。中国的历史资料上曾有过这样的记载:1277年,有一个名叫波罗的人曾任职中书省。这是一个很好的佐证,证明马可·波罗的故事是真实可信的。

后来,根据马可·波罗的口述而写成的《马可·波罗游记》一书在欧洲出版了,这又大大刺激了大家更丰富的想象力。欧洲的文学,特别是15世纪的欧洲传奇小说中经常出现契丹（中国北方）、汗八里（北京）等，而它们均源自马可·波罗的故事。

两个世纪以后，一位热爱《马可·波罗游记》的热那亚水手克里斯托弗·哥伦布，萌生了向西航行环游世界到达中国的念头。在塞维利亚，存有一本哥伦布做了注解的《马可·波罗游记》。克里斯托弗·哥伦布之所以萌生这样的念头，其实是有着多方面的原因的。首先，在1453年以前，君士坦丁堡还没被土耳其人占领时，一直是一个连接东西方两个世界的商贸中心，热那亚人允许在那进行自由贸易，但自从拉丁系威尼斯人的盟友土耳其人占据了君士坦丁堡后，热那亚商人就受到了不友善的对待。当时，热那亚人与拉丁系威尼斯人是彼此最大的竞争对手，而后者后来与土耳其人结成联盟共同抵抗希腊人，所以当土耳其人得势之后，热那亚商人便遭到了打压。其次，被人遗忘了很久的地圆说又逐渐在人们的脑海中被想起，人们相信，从欧洲一直向西航行最终一定能够到达中国。而且，还有两个有利因素使这个想法得以实现的可能性大大增强：其一，航海指南针已经被发明并使用，海上航行的人们大可不必在夜里寻找方向，也不用再靠求助星星来决定正确的航线；其二，诺曼人、塔罗尼亚人、葡萄牙人以及热那亚人都曾经远航大西洋，到过亚速尔群岛、马德拉群岛和卡那利群岛。

在克服了各种苦难之后，哥伦布终于获得了实现梦想的船只。他一一游说欧洲各国王室，终于在刚脱离摩尔人统治的格林纳达得到了斐迪南和伊莎贝拉的资助，然后他便带领着三艘船驶向未知的海洋。经过两个月零九天的航行后，他自以为抵达了印度，可等到上了岸后他才发现，这里其实是一片新大陆。在此之前，旧大陆的人们都还不知道世界上有这么一块新陆地。哥伦布回到了西班牙，并且还带回了黄金、棉花、珍禽异兽以及两个目光犀利的打算受洗的印第安人。这两个人之所以被称为印第安人，是因为哥伦布至死都以为登陆的地方是印度。直到几年后，人们才知道这块美洲新大陆是地球的另一个部分。

哥伦布的成功，极大地促进了海外事业的发展，各国迅速发展航海事业。公元1497年，葡萄牙人绕行非洲来到印度；公元1515年，葡萄牙人的船只到达爪哇岛；公元1519年，葡萄牙海员麦哲伦受西班牙国王之托，带领五艘船从塞维利亚起航，然后一直向西航行。公元1522年，麦哲伦船队中的"维多利亚"号回到了塞维利亚，而这艘"维多利亚"号正是世界上第一艘成功完成环绕地球航行的船。他们共有 280 人一起出发，但活着回来的仅有 31 人，而麦哲伦则在菲律宾群岛上被当地人所杀。

突然之间，各种新鲜事物纷纷涌入欧洲人的头脑中，如纸质印刷书籍的出现、陌生的大陆、奇特的动植物、环游世界的实现以及各种风土人情。而那些尘封已久的古希腊经典著作，又被重新印刷和研究，使得人们的思想附着了柏拉图的梦想、共和时代的自由与尊严的色彩。另外，西方人第一次产生秩序和法律意识，是源于罗马的统治，后来拉丁教会又让这些意识得以恢复。然而，在天主教和异教的统治下，求知欲与创新精神往往遭到宗教组织的约束和压制。而此时，拉丁思想的统治时代已经结束。公元 13 世纪至 16 世纪，欧洲的雅利安人在闪米特人、蒙古人以及再次发现的古希腊经典的共同作用下，终于突破了拉丁传统，再次复兴，成为引领人类科学和物质发展的领导者。

# 第五十章　拉丁教会进行改革

对拉丁教会自身来说，这种理性思维精神的重生对它影响极大，教会四分五裂，即使是那些幸存的部分，也遭到了极大程度的改造。

我们已经在前面的章节中介绍过了，公元 11 世纪至 12 世纪中，教会是怎样对基督教世界进行专制统治的；公元 14 世纪至 15 世纪，教会又是如何失去控制人们思想行为的权威的。另外，我们也已经论述过，先前那些支持并给予教会力量的宗教热情，后来是如何因为教会的狂妄、迫害和专制统治而站到教会对立面的。同时，我们也提到了，阴险多疑的弗里德里希二世是如何利用宗教怀疑论让王侯与宗教独裁产生纷争的。此外，教会的大分裂又极大地冲击了教会特权，加速了教会的宗教权力和政治权力的下降趋势。紧接着，与之对抗的力量便同时从这两个方面攻击教会。

就在教会日益失去权威之时，整个欧洲几乎都在传播英国人威克利夫的教义。公元 1398 年，捷克学者约翰·胡斯就威克利夫的教义在布拉格大学发表了一系列演讲。不久，威克利夫的教义便在普通百姓中得到迅速传播，并令人们热情高涨。从公元 1414 年到 1418 年，教廷为了解决教会的大分裂问题，在康士坦茨召开会议，并邀请胡斯参加大会。虽然皇帝向胡斯承诺会保证他的安全，但最终胡斯还是被捕了，被以宣传异端邪说危害大众定罪，并于 1415 年被活活烧死。然而，教会此举不仅没能镇压波希米亚人民，反而促使胡斯派信徒揭竿而起，并由此引发了接下来的一连串战争，拉丁系基督教的分裂也由此开始。为了镇压胡斯派信徒的起义，使基督教再次统一，教皇马丁五世颁布了组织十字军的训谕。

教皇为了对付波希米亚这个顽强的小国家，一共发动了五次十字军征讨战争，但均以失败告终。此次战争与公元13世纪的攻打沃尔多派的战争十分类似——在这一次战争中，公元15世纪整个欧洲的闲散人员都编入队伍并被送上进攻波希米亚人的战场。然而，波希米亚的捷克人毕竟不是沃尔多派，他们对自己的武装抵抗信心满满。在公元1431年的多马日利策战役中，只要远远听到胡斯派轰鸣的战车声、高亢激昂的圣歌声，还不等交手，十字军便如潮水一般地从战场上溃退下来。公元1436年，教廷在巴塞尔又召开了一次宗教会议，并在会上与胡斯派达成协议，终于承认了许多胡斯派的教义。

　　公元15世纪，欧洲爆发了一场大瘟疫，从而引起社会的动荡。当时人民的生活极为困苦，很多人都表现出极大的不满，在英格兰和法国不断爆发农民起义，目标直指富人和地主。胡斯战争之后，德国农民起义的规模越来越大，而且还染上了浓厚的宗教色彩。印刷技术的出现，更是促进了这种农民起义的发展。公元15世纪中期，莱茵兰、荷兰的印刷工人已经掌握了活字印刷的技术，后来英格兰和意大利也引进了这种印刷技术。公元1477年，在威斯敏斯特、卡克斯顿创办的一家印刷厂中，《圣经》被大量印刷出来。由此，《圣经》得到广泛传播，四处可见人们讨论有关《圣经》的问题，欧洲俨然成了一个《圣经》读者的世界，这实在是有趣得很。由于印刷业的发展，更容易获取的信息和更加清晰的主张源源不断地涌进普通百姓的头脑中，而此时的教会则问题缠身，如教会面临分裂且无力自卫，王侯们正准备着抢夺教会在其领土范围内搜刮的财富。

　　在德意志，一场轰轰烈烈的反对教会的斗争，在马丁·路德（1483年—1546年）的领导下展开了。公元1517年，在维特根伯格，马丁·路德针对正统教派的种种教义和礼节，提出了批判。最初的时候，他仿效经院哲学家的做法，用拉丁文来进行论战。后来，他则改用印刷术这一新式"武器"，用德文向人民大众宣传自己的思想。当时马丁·路德的境遇与当初的胡斯极为相似，也有许多人想要杀害他。不过，由于马丁·路德有许多王侯朋友——他们或公开或秘密与马丁·路德交往，再加上印刷品的传播，这样马丁·路德才能够活下来。

　　这是一个思想纷繁、信仰薄弱的时代，许多欧洲统治者为了自身的利益都切断了自己的臣民与罗马的宗教联系。他们尝试建立民族宗教，同时让自己成为宗教领袖。于是，一大批国家，如英格兰、苏格兰、瑞典、挪威、丹麦、德

## 第五十章 拉丁教会进行改革

国北部、波希米亚等，都纷纷脱离了罗马教廷的控制。直到今天，这些国家仍保持着独立。

然而，这些王侯其实并不关心人民的道德和理性自由。开始的时候，他们为了壮大自己的力量以抵抗罗马，不得不利用民众对宗教的怀疑和暴动。一旦他们成功摆脱罗马的钳制，成为新建立的国家教会的领导者，他们便打算立即抢到民众运动的掌控权。但是，基督的教诲具有一种神奇的生命力，使得人们不管是处于宗教权威还是世俗王权的压迫下，都依然能超越忠诚和服从而追求正义与自尊。所以，罗马教廷分裂产生的王权教会又分裂出许多小教派，这些小教派不允许教皇或王侯阻隔在上帝与人之间。例如，苏格兰和英格兰的不少教派都拒绝承认教会的清规戒律，只把《圣经》当成其信仰和生活的唯一准则。在英格兰，他们被称作"不信奉国教者"。而这些人在公元17世纪到18世纪的国家政治中，起到了关键作用。他们拒绝让王侯担任教会的领导者，所以国王查理一世（1649年）才会被砍了头。在不信奉国教者的统治下，英格兰人过了11年安稳太平的日子。

人们一般将北欧各大派脱离拉丁基督教的运动称为宗教改革。宗教改革所带来的冲击和压力，同样也对罗马教廷产生了极大的影响，引发其内部深刻的变化。教会进行了重组，一股全新的精神闯入他们的生活。在这一过程中，一位名叫伊尼戈·洛佩兹·德·雷卡尔的西班牙年轻士兵发挥了重要的作用，实际上人们更愿意称他为"圣依纳爵罗耀拉"。早年的时候，他也曾有过一些颇具传奇的经历，然后在公元1538年成了一名教士，并获准创建"耶稣会"，尝试将慷慨侠义的军事传统注入到宗教机构中。耶稣会发展到后来，一度成为规模最大的传教机构之一，还将基督教带入中国、印度与美洲。它延缓了罗马教会的分裂速度，还提升了天主教世界的教育水准与智力水准，加快了天主教徒良心复活的速度，还极大地刺激了欧洲新教在教育方面做出具有竞争性的努力。如今的天主教活力四射、积极进取，这些都主要归功于耶稣会的复兴。

## 第五十一章　皇帝查理五世的一生

神圣罗马帝国在皇帝查理五世的统治下，变得繁荣昌盛，达到了其历史上最辉煌的时期。查理五世被视为继查理曼大帝之后最杰出的统治者，欧洲最伟大的国君之一。

事实上，查理五世之所以拥有如此高的声誉，并不完全源自其自身的努力，而应主要归功于其祖父马克西米利安一世（1459年—1519年）。当时的王侯们获取权力的方式多种多样，有的靠阴谋诡计，有的靠武力战争，而哈布斯堡家族则是通过联姻逐渐取得霸权的。

马克西米利安是靠家族遗产发迹的，这些遗产包括：奥地利、斯提利亚、阿尔萨斯的部分以及其他一些地区。通过联姻，他又获得了尼德兰和勃艮第（至于他的夫人，我们在这里便不做介绍了）的统治权。当他的首任妻子去世之后，他对勃艮第大部分地区的统治权也随之失去了，不过他还是保住了尼德兰。之后，他又企图通过联姻得到布列塔尼，只可惜没有成功。公元1493年，马克西米利安继承了父亲弗里德里希三世的王位，又通过缔结婚姻得到了米兰公国。为了扩大自己的领地，后来他还让自己的儿子娶了一位智障的女子。他的这位儿媳妇，是支持哥伦布环球航行的西班牙国王斐迪南和王后伊莎贝拉之女。斐迪南和伊莎贝拉拥有大片领土，新统一的西班牙、西西里王国、撒丁岛和巴西以北的所有美洲地区都在他们的统治之下。

正因为如此，他的孙子查理五世继承了他的领土，包括美洲的大部分地区、除土耳其之外的约三分之一到二分之一的欧洲地区。查理又在1506年继承了尼德兰。1516年，其外祖父斐迪南去世以后，因为其母亲的无能，西班牙的掌控权实际上落在了他的手里。公元1519年，马克西米利安去世。次年，查理五世当上了国王，而此时他仅有20岁，风华正茂。

查理五世长着厚厚的嘴唇，长长的下巴看起有些笨拙，一副并不出众的长相。那个年代，才华过人、精力充沛的年轻君主不计其数，可以说那是一个少年君主辈出的时代。比如，公元1509年，18岁的亨利八世坐上了英格兰的王位；公元1515年，21岁的弗朗西斯一世成为法国的统治者。此时，土耳其正值苏里曼大帝的统治时期（1520年），印度则正处于巴布尔王统治时代（1526年—1530年），而苏里曼大帝和巴布尔王都是极具才干的统治者。这一时期的教皇是利奥十世（1513年），他也是一位卓越不凡的人。当时，教皇利奥和法国国王弗朗西斯一世都试图阻止查理当选为皇帝，他们都不愿意看到查理大权独揽。亨利八世和弗朗西斯一世都力荐自己，希望能够成为帝国新任皇帝。然而，自公元1273年以来，皇帝始终出自哈布斯堡家族，而且查理又在选举中大肆贿赂，最终他还是当选为皇帝了。

起初，查理这位年轻的皇帝不过是其手下大臣的一个傀儡而已。渐渐地，他开始有意识地维护自己的权力，并最终掌控了大局。在这个过程中，他也逐步察觉到自己高贵王位的复杂性，而且其中还隐藏着某种威胁。他知道，自己的地位显赫无比，但是却不够稳固。

从即位开始，查理就面临着巨大的危机——因路德的宗教改革而引起的骚动。由于教皇曾经试图阻止他当选皇帝，所以他完全有理由同改革派结盟，但从小就生长在西班牙这个天主教国家的他却没这么做，他还是坚持反对路德教派。后来，他与支持新教的王侯们发生了纷争，其中德国萨克森的当权者与他的矛盾最大。他发现，基督教正面临着分裂为两大敌对阵营的可能，而自己则正好处在分裂口这个位置上。为了缝合这个裂口，他花费了大量的精力，但效果甚微。此时，德国爆发了一场规模巨大的农民起义，这是一场交织着政治因素和宗教原因的骚乱。这一场内部骚乱加上帝国东西两面虎视眈眈的敌人，导致帝国局势越来越复杂。在西边，查理的老对手弗朗西斯一世野心勃勃；在东面，贪得无厌的土耳其人已经驻扎在了匈牙利。查理的这两位敌人还结成了联盟，嚷嚷着要奥地利奉上拖欠的贡品。查理虽然掌握着西班牙的军队和财政大权，但是却极难从德国获得资金支持。财政上的问题，进一步加深了查理的社会和政治困境，他不得不大量举债。

就总体上而言，在对抗弗朗西斯一世和土耳其的事情上，查理与亨利八世联合起来的策略是成功的。当时，意大利北部是主要的战场，两方的将领都才能平庸，援军是否到达成了双方军队前进或者后退的决定性因素。后来，德国人虽然侵入法国，但是却没能攻陷马赛，只好撤回意大利，在丢了米兰后，又在帕维亚遭到围攻。在很长一段时间以来，帕维亚一直在弗朗西斯一世的围攻之下，只不过弗朗西斯一世不仅没能攻占帕维亚，反而还遭到德国援军的重创，其本人还受伤被俘。教皇与亨利八世由此忧心忡忡，担心查理的势力过于强大，于是联起手来对付查理。

当时，米兰德军在康斯特布尔·波旁的率领下，由于没有军饷而忍饥挨饿，并不是跟随，而是逼迫他们的司令向罗马进攻。公元1527年，他们洗劫了罗马，大肆抢劫和屠杀罗马市民。就在罗马人民遭受磨难时，教皇却独自逃到了圣安其洛堡。最后，教皇花了40万杜卡特金币才打发走了德军。在经历了十年莫名其妙的混战后，整个欧洲都陷入了贫困的境地。不过，查理却在意大利取得了最后的胜利。公元1530年，在波伦亚，他接受了教皇的加冕，而这也是教皇最后一次为德国皇帝加冕。

与此同时，土耳其人大举进犯匈牙利，并于公元1526年攻占了匈牙利的首都布达佩斯，还杀了其国王。至公元1529年时，苏里曼大帝还差点占领了维也纳。查理大帝大为震惊，他决心无论如何也要将土耳其人赶走，然而他却发现：即使是在这种强敌压境的紧要关头，他还是无法让德国的各个王侯联合在一起抗敌。弗朗西斯一世始终不肯和解，于是，新一轮的德法战争又开始了。公元1538年，查理大帝侵占了法国南部地区，这才迫使法国方面同意携起手来，一起抵抗土耳其人。

然而，当时信奉新教的王侯们，即决心与罗马决裂的德国王侯们，他们在施马尔卡尔登缔结了反对查理大帝的联盟——施马尔卡尔登同盟。面对形势越来越严峻的内部斗争，查理大帝不得不将全部注意力转回国内，而无暇顾及为基督教世界收复匈牙利的大战役了。查理大帝发现，这只不过刚揭开斗争的帷幕而已，这是一场王侯们为争权夺势而引发的战争，忽而表现为血腥的战争和破坏，忽而表现为阴谋和外交权术。为了获得权力，王侯们各施手段，这种混

## 第五十一章　皇帝查理五世的一生

乱的局势一直维持至 19 世纪，一次次将中欧折腾得异常衰败荒凉。

查理大帝似乎从来没有抓住对解决种种积聚起来的问题真正有用的力量。在那样一种时代背景中，他的确是一个非常了不起的人物，但他似乎将致使欧洲分裂的宗教纷争归咎于神学上的分歧。为了调解这种分歧，他召开了多次会议，还发表声明、颁布文告，但是都毫无用处。因为如此，德国的学者们不得不努力研究纽伦堡的宗教合约、奥格斯堡的临时合约和斯派耶尔帝国议会的解决方案等各类文件。这里，我们仅介绍了名满一时的皇帝烦恼生活中的一些片段而已，至于其他方面我们便不多做介绍了。

其实，当时欧洲的王侯们所做出的种种行为没有一件是真心实意的。当时各地纷纷涌现的宗教纷争、平民对社会正义和真理的期待、知识的传播与普及，无一不是欧洲的王侯们用以夺权的筹码和陷阱而已。比如，英国亨利八世，他便是以写了一本攻击异端的书而开始他的政治生涯的，后来教皇还授予他"信仰卫士"的称号。然而，后来他却因为爱上一位名叫安妮·博林的女子而跟自己的妻子离了婚，甚至还想侵占教会的巨大的财富。发展到公元 1530 年的时候，他还加入了新教，而此时的挪威、瑞典和丹麦也早站队到新教一边了。

公元 1546 年，德国爆发了宗教战争，但德国宗教的改革的代表人物马丁·路德却在战争开始的几个月前就已经过世了。有关战争的一些具体细节，我们在此不多做介绍了，只是结局为：新教的萨克森军队遭到惨败。接下来，查理剩下的主要对手便是赫森的菲利普，他也因犯了背叛信仰罪而遭到逮捕和囚禁。至于土耳其人方面，对方在得到查理每年进贡的允诺后，也退了兵。至公元 1547 年，查理的劲敌弗朗西斯一世去世了，查理终于可以松一口气了。这下，查理大帝终于可以集中精力为那些尚未实现和平的地方争取和平而进行最后的努力了。然而好景不长，在公元 1552 年时，整个德国又陷入了战争中，查理从因斯布鲁克仓皇逃跑，所以才没有被俘虏。随后，查理与对方签订了帕绍条约，德国又恢复了平静，但是这种平静却是表面上的，实际上各方势力依旧是尔虞我诈。

以上这些就是查理帝国 32 年的政治事件。从中，我们可以发现一件有趣的事：整个欧洲，无论是土耳其人、法国人、英国人还是德国人，他们发起战争的目的都是夺取欧洲的支配权。对于美洲大陆以及通往亚洲的新航线，他们都没有注意到它们，没有意识到其中存在多大的政治意义。与此同时，美洲大陆正发生一系列惊天动地的大事件：科尔特兹只带了一小部分人马，便为西班牙征服了伟大的还处于新石器时期的墨西哥印第安人帝国——阿兹蒂克王国；而西班牙的另外一位冒险家皮萨洛则跨过巴拿马海峡，攻占了另一个奇异的国度——秘鲁。然而，这些事情除了给西班牙国王带来了数目惊人的白银收入外，根本没有对欧洲产生什么大的影响。

帕绍条约签订之后，查理大帝突然有了一种奇特的想法。他开始厌倦为帝国的荣耀而战的生活，并对其感到某种失望。只要一想起欧洲的战争，一种不能忍受的厌烦感就会侵袭他的内心。查理一直都是病恹恹的，而且生性懒散，加上痛风的折磨，他终于决心退位了。查理将德国的统治权交给了自己的弟弟斐迪南，而让自己的儿子菲利普继承西班牙和尼德兰的统治权。然后，他便带着激愤的情绪来到了位于塔谷斯河谷以北的于斯修道院，这里四周都是橡树与栗子树。公元1558年，查理在于斯修道院去世。

关于查理大帝的隐居和这个疲惫不堪、威严的伟人与世隔绝的故事，曾有过很多伤感的描述，说他厌倦了尘世的纷纷扰扰，所以要在孤独和简朴中探求与上帝同在的安宁。但事实上，他的隐退生活一点儿也不简朴，也完全不孤独——他居住的地方的华丽程度丝毫不逊于他的王宫，而且还有150多名随从陪伴着他，唯独不一样的只是这里缺了宫廷的操劳而已。而且，他的儿子菲利普二世对他十分孝顺，几乎对他言听计从。

如果说查理大帝已经对欧洲事务失去了兴趣，那么此时的他又有了一些新的爱好。普雷斯科特曾说过："在奎克沙达、加兹特卢和瓦利阿多里德的国务大臣之间的每日通信中，几乎没有一封是不提到查理大帝的饮食和疾病的。就像是日常的国务议政程序一样，这些话题后面总会跟着另一个话题。事实上，在当时国务部门的议政过程中，一项必不可少的议题便是这类话题。对于国务大臣们而言，在研究这些将烹调和政治诡异地混合在一起的急件时，实在很难保持一种严肃的态度。从瓦利阿多里德出发到里斯本的急差，常常需要绕道而行，因为往往需要奉命到亚兰迪拉采办御膳食品。每个周四，他都要带回鱼类以供次日的斋日之用。由于查理嫌弃修道院附近的鳟鱼太小了，所以伺候他的人只能从瓦利阿多里德给他弄来一种较大的鱼。查理喜欢吃各种鱼类，事实上他喜欢所有的水产品。最经常出现在他的日常饮食中的食物有：牡蛎、鳝鱼、青蛙等。他还十分钟情于坛装的腌制鱼类，特别是腌鳕鱼。他还经常为没有让人从低地王国多带一些这样的鱼类回来而懊悔不已。除此以外，他还十分喜欢吃鳝鱼饼。"

公元1554年，教皇尤利乌斯三世颁发训谕给查理，允许他免受斋戒，甚至还同意他在领圣餐的那天清晨开斋进食。

回归自然后，他最关注的便是吃饭和服药这两件事了。他还是没有养成读书的习惯，但是他却让别人大声朗读给他听，并且还能做出"美妙绝伦的评论"——某位叙述者的确是这么说的。他很喜欢摆弄机械玩具、听音乐、听讲道，依然关心不断送来的国事消息，以此消磨时间。他跟皇后之间感情深厚，自皇后离世之后，他就将全副身心都投入到了宗教之中。但是查理对宗教的理解往往仅拘泥于形式和仪式。每到四旬斋期的星期五，他总是与其他教士一起鞭笞自己，为了显示自己的虔诚甚至都打出血痕来。这种行为和痛风一起折磨着他的身体，但却让他的内心摆脱了政治烦恼的控制。

当他发现瓦利阿多里德附近有宣扬新教的事情发生时，他大为震怒："告诉宗教法庭庭长及其议会，让他们无论如何要忠于职守，在邪恶尚未蔓延之时，赶快用斧子将它彻底清除掉。"虽然他怀疑在处理邪恶事件时既不通过一般审判也不表示宽恕的做法有失妥当，但是他也觉得"犯人一旦被宽恕，就等于获得了重新犯罪的机会"。作为例证，他还向大家公布了他在尼德兰处理类似事件的方法："冥顽不灵者，判处火刑；认罪悔过者，判处斩首。"

查理十分注重葬礼，他似乎有某种直觉，他感觉欧洲一些伟大的东西已经死了，虽然十分令人惋惜，但还是必须将其立即埋葬，需要通过这种方式为其盖棺定论。事实上，他参加了在于斯举行的所有葬礼，甚至还为没死的人举行葬礼。为了纪念妻子，他曾在妻子的周年忌日里为其举办了一场葬礼，后来他甚至为自己举行了葬礼。

"教堂的四周都挂上了黑幔，那里的黑暗用数百支燃着的蜡烛都无法驱散。查理大帝的亲属们都挂上了重孝，教徒们也个个身着礼服，大家聚集在教堂中央一个由黑布蒙着的巨大灵柩的周围，葬礼便开始了。在修士的哀悼声中，人们一个接一个地登上台阶与逝去的灵魂作别，祈祷这个灵魂能升入天堂。当他们脑海中浮现这个灵魂的主人死去的形象时，大家不由得泪流满面。查理身披一件深色的斗篷，举着点燃的蜡烛，站在亲属们中间，参加自己的葬礼。哀伤的葬礼结束后，查理将手中的蜡烛递给神父，表示他已经将自己的灵魂交给完美的上帝了。"

在这次预先进行的葬礼结束后不到两个月，查理就真的过世了。神圣罗马帝国那短暂的荣耀与伟大，也随之烟消云散。查理大帝早将自己的领土分给了弟弟和儿子。虽然神圣罗马帝国一直挣扎到拿破仑一世时代，但它也只是一个垂死挣扎的腐朽帝国而已。而这个帝国尚未被埋葬的传统，至今仍毒害着我们的政治空气。

# 第五十二章　君主、议会、共和国政体在欧洲实验的时代

拉丁教廷解体之后，神圣罗马帝国也处于危如累卵的境地了。公元16世纪以后，欧洲各民族为了应对新的历史形势，开始在黑暗中摸索新的治国之策。回顾漫长的古代历史，王朝不断更迭，被征服地区的语言和文化也不断发生着变化，不过通过君主或神庙来实现统治的统治方式一直都显得比较稳定，人们的生活也是越来越安定的。但是，自公元16世纪以后的近代欧洲，王朝的更迭已无关紧要，人们将更多的关注转移到政治与社会组织实验的多样性与广泛性上。

我们已提到过，公元16世纪之后的世界政治史主要是一种奋斗的历史——一种人类不断完善自己的政治和社会而使之适应新形势的奋斗。基于新形势本身就一直且越来越快地变化，所以为了适应它的奋斗也表现出一种十分复杂的态势。然而，这种适应通常情况下是一种无意识的、不情愿的适应（因为多数人都不愿意自发地变化），其往往跟不上形势的变化。公元16世纪之后，政治制度与社会制度日益繁杂，也越来越不稳定，越来越无法保持平衡；人们面临着各种全新的需要和可能性，开始缓慢地、犹豫地开始改造人类社会的整体模式。而这一改造，其实是人类有意识、有计划的活动。

那么，是人类的哪些生活变化，打破了帝国、牧师、商人和农民之间的平衡——一种通过野蛮民族的征服而实现的周期性更新的平衡，一种使人类在旧世界的1万多年的历史中始终保持着某种特定规律。

由于人类的事务本身就是复杂多样的，所以人类生活的变化也是复杂多样的。不过，这些主要变化又似乎都归结于同一个原因，那便是有关事物本质的知识的增长与扩展。这种知识产生于一小部分有才智的人，然后缓慢传播起来，直到最近的500年，它迅速地传播到广大的民众之间。

在人类生活的变化中，由人类生活的精神变化引起的占据了很大一部分。这些变化，往往与知识的增长与扩展相伴相生，并且还巧妙地与知识融为一体。与此同时，人们不再只满足于基本的生活需要得到保障，他们开始追求在更广阔的空间做出更多的贡献，让自身投入到更多的事务中。这就是在过去的2000多年里，基督教、佛教和伊斯兰教等在全世界传播的主要宗教的共同特征。与以往宗教用来处理人类的精神问题的方法相比，这些宗教的处理方法是全新的，以前从来没有使用过。从本质或效果上来说，这些新力量与那些被他们取代或改造的宗教——即以祭司和神庙为中心且有血祭传统的宗教，是截然不同的。它们使得在早期文明中不曾有过的个人尊严得到了发展，促进了人类事业的参与感、责任感的发展。

在人类的政治和社会生活中，第一个明显变化便是对古文字的简化与推广，其促使更多的大帝国和更广泛的政治协定得以签订和实施。第二个明显变化是，运输工具的多样性，人们最初使用马匹运输，后来又用骆驼，接着又发明了车辆，道路变宽了，铁的出现又大大提升了军事效能。接着出现的变化是，由铸币所引起的深刻的经济变革，这种方便却以危险的契约方式改变了交易、债券和债务的实质。为了适应这些新形势，各帝国的疆域被不断扩张，人类的思想也不断发展。于是，地方神灵消失了，人类进入了一个全新的时代，即诸神混合、世界性大宗教的教义控制民众的时代。与此同时，人们开始注重内容真实的历史和地理书籍，人类终于意识到自己的无知，开始系统地研究学问了。

因为各种各样的原因，诞生于希腊和亚历山大城的灿烂夺目的科学研究一度被中断。而且，日耳曼的入侵、蒙古人的西迁、宗教改革引起的动乱以及瘟疫的大爆发，都极大地破坏了政治和社会秩序，当文明在冲突和混乱重新崛起的时候，人们经济生活的基础早已不是奴隶制了。最早的造纸厂，为传播信息与协作的印刷品提供了原材料。于是，在不同的地方，追求知识和系统研究科学的思想又重现了。

## 第五十二章 君主、议会、共和国政体在欧洲实验的时代

从公元16世纪以来，各种发明与设计作为人类系统思维的副产品自然而然地诞生了，这些发明与设计对人类之间的交流及互动有着深远的影响。对它们而言，小范围内的发展已经不能满足它们了，它们不断追求更广阔的发展空间，朝着对彼此有更大的利害关系、更频繁的合作的方向发展，而且发展速度还日益加快。面对这一切，人们显得有些措手不及，因为大家都还没做好准备。到了公元20世纪初期，人们的思维突然敏感起来。在这之前，史学家一直没办法告诉大家，如何去应对由潮水一般涌出的发明所引起的新局面。对于刚逝去的400年，我们可以做这样的比喻：当监狱发生火灾时，被囚的犯人还在睡梦中并未苏醒过来，根本没意识到危险与机遇已经降临，而他却只把这炙热的火焰与噼啪作响的燃烧声当成是过去的噩梦而已。

历史不是个人的而是整个社会的故事，所以历史记录中对人们交流影响最大的发明才是最有意义的发明。我们知道，公元16世纪最主要的发明，就是纸质印刷品以及使用航海指南针的远洋航船。纸质印刷品的出现，极大地促进了公共信息、教育、探讨和政治活动的发展，从而引起革命性的变革；而装有航海指南针的远洋航船的出现，则让环球旅行的人类梦想得以实现。另外，同样重要的是，蒙古人在公元13世纪首次带到西方世界的枪支和火药，这些东西后来得到了广泛应用和改进。因为有了它们，贵族们即使躲在城堡里也感到危机重重，城市即使围筑着高大的城墙也不再牢不可破，封建制度也遭到了极大的冲击。例如，秘鲁和墨西哥就是屈服于西班牙枪炮的威胁之下的，君士坦丁堡也是因为枪炮的攻击而陷落的。

公元17世纪，系统的科研著作取得了极大的发展，尽管它们并不突出，但对未来的发展却影响深远。在这个伟大进步的时代里，诞生了一位尤为杰出的人才，他便是后来被授予维鲁拉姆勋爵的英国的大法官弗兰西斯·培根爵士（1561年—1626年）。弗兰西斯·培根是英国科尔切斯特的实验哲学家吉尔伯特（1540年—1603年）的弟子，还极有可能是吉尔伯特的代言人。弗兰西斯·培根也十分提倡观察与实验，还用极具说服力与想象力的语言写了《新大西洋岛》一书，表达了其愿为科学研究做出贡献的理想。

随后，伦敦皇家学会、佛罗伦萨学会等学会相继成立，极大地促进了科学的发展。接着，欧洲各国为了鼓励学术研究，也纷纷成立一系列的出版或交流

的国家学术机构。许多发明家都是从这些欧洲学术团体中脱颖而出的,而这些发明家的出现明显地给那些禁锢和破坏人类思维的怪异神学史带来了毁灭性的打击。

公元17世纪至18世纪,虽然没有出现类似纸张或远洋航船那样的能直接推动人类社会状况发生变革的发明,但知识与科学能力的积累却始终在稳步地进行着。等到公元19世纪,这种积累便结出了累累硕果了。这一时期,勘探地形和绘制世界地图的学术研究依旧继续着,接着,塔斯马尼亚岛、澳大利亚和新西兰等一系列此前欧洲人并不知道的地区出现在了地图上。公元19世纪时,英国人在制铁时已经不用木炭了,而改用焦炭,从而使得铁的制作成本大大降低,而且还可以铸造出更大块的铁。这是近代机械时代即将到来的预告。

就像天国的树木会经历发芽、开花、结果一样,科学也需要经历这样的过程。当人类迈入公元19世纪以后,科学开始不断结果,而且这样的结果一直不会停止。最先一批果实有蒸汽机、钢铁和铁路,然后又有高大的桥梁、建筑以及各种具有无限动力的机器。所有的这些发明和创造,都使人类对物质的需求得到满足的可能。更令人吃惊的是,电子科学这门深藏的知识宝库终于向人们敞开了大门。

我们在前面做了一个比喻,把16世纪以来的政治和社会生活比成一个仍在梦中而不知监狱失火的囚犯。事实上,公元16世纪的欧洲人也在做梦,梦想着天主教会终将再次统一神圣罗马帝国。但是,就像我们生活某些难以控制的因素总会闯入我们的睡梦中并且还会做出一些荒谬的、具有破坏性的解释一样,当英国的亨利八世与德国的路德把天主教的再次统一破坏殆尽时,查理五世那昏昏欲睡的脸庞和贪吃的胃就闯入这梦境之中。

到了公元17世纪至18世纪,这种梦逐渐变成了个人的君主政体。这一时期,几乎整个欧洲都在为巩固君主政体和加强君主专制而忙碌着,还试图将自己的势力扩张到邻近的弱小国家中。此外,人民对王侯们滥用权力的行为表现出极大的不满,还不断发起反抗苛捐杂税的斗争。其中,最早站出来反抗的是地主,随后是控制着国内工业与海外商业贸易的商人以及有产阶级。不过,在这样的斗争中,敌对的双方没有哪一方能够完全压制对方——或许在这个地方是国王占了上风,但在另一个地方处于优势地位的就可能是有产阶级。在那样一个时代,这种情况是屡见不鲜的:有时候,这个国家的中心和太阳是国王,而在其邻国,

## 第五十二章　君主、议会、共和国政体在欧洲实验的时代

掌控者国家实权的人却是资产阶级。如此大的差异，恰好反映了这一时期各种政体具有极其浓烈的实验性质的地方色彩。

在这些国家的政治舞台上，最常见的角色便是国王的宰相们。如果是在天主教国家，那么宰相一职往往由高级教士充任。他们国王背后的人，担任不可缺少的角色，国王既是他们的服务对象也是他们的支配对象。

因为篇幅有限，我们无法一一为读者讲述在这些国家舞台上上演的所有剧目，只能简单介绍一些重大事件。在荷兰，商人们加入了新教并成为共和政体的拥护者，他们还脱离了西班牙国王菲利普二世，即查理五世的儿子的统治。在英国，亨利八世和他的宰相沃尔西、伊丽莎白女皇和她的宰相巴雷奠定了君主专制的基础，但最终却因为詹姆斯一世和查理一世的愚蠢而让他们的努力付诸流水。公元1649年，查理一世以叛国罪被送上了断头台，而这成了欧洲政治思想上的一个新转折。从此一直到1660年，英国一直采用共和政体，国王的权力极为不稳定，屡屡遭到议会的打压。到了乔治三世（1760年—1820年）时代，乔治三世付出巨大的努力以期恢复王权，并且在最后也取得了一定的成功。与之相仿的是法国国王，法国国王是欧洲所有国王中在完善君主政体方面做得最成功的一位。黎塞留（1585年—1642年）和马扎兰（1602年—1661年）这两位杰出的法国宰相，为法国建立了无比威严的王权。当然，法国"大君主"路易十四（1643年—1715年）在其间也发挥了重要的作用，正是他杰出的政治才能与长期的统治，让君主制在法国成功实现。

路易十四的确是欧洲国王的典范。就权限上来说，他的才干的确罕见。他野心勃勃，并且还通过一种至今仍令人惊叹不已的气魄和灵活外交手腕，把他的国家领至破产的边缘。他最基本的愿望是：稳固法国，并且将法国的势力扩张至莱茵河和比利牛斯山以及吞并西班牙的荷兰。他还有一个更远大的目标，那便是要看到法国国王在重建的神圣罗马帝国中成为查理曼大帝的接班人。对于路易十四而言，贿赂是一种比战争更重要的国策，接受他贿赂的人有英国的查理二世、波兰的许多贵族，关于这些我们在后面的文章中会介绍。路易十四的钱——更确切地说是法国纳税阶级的钱，被送到了欧洲的各个角落。在他心中，没有什么比皇室的显赫更重要。他那规模宏大且富丽堂皇的凡尔赛大宫殿以及其中的客厅、回廊、挂镜、庭院、喷泉、花园和精心打造的景致等，无一不令

世人羡慕和嫉妒。

然而，路易十四这种奢华的生活态度给欧洲的国王和王侯们树立了一个坏榜样，这些国王和王侯们也都纷纷建立属于自己的豪华宫殿，丝毫不管自己的国力与财力是否能够承受。而各国的贵族也纷纷跟风，按照最新的样式重修或扩建自己的别墅。制造家具陈设和精致针织品等的轻工业由此逐渐得到发展；奢华的工艺品，如彩色的陶器、雪花石膏雕塑、镀金木雕、金属制品、印花皮革、精美的印刷品、壮丽的绘画作品、大量动听的乐曲以及上等的葡萄酒和美味的食物，四处风行。在大大的挂镜和精美的家具之间，走动着一些奇怪的人物——绅士，他们戴着厚重的洒了粉的假发，身着镶有花边的绸袍，脚上蹬着红色的高跟鞋，手上则持有一根奇怪的用以保持平衡的大手杖。而那些所谓的"贵妇"也着实令人惊叹，她们梳着高高的发髻，穿着以金属架撑起的绸裙。在这些人中就有装模作样的路易十四，他把自己视为世界的太阳，却没有发现那些下层社会里的一张张贫瘦而愤怒的脸正在怒视着他。

德意志民族在君主政体及其他实验政体时代，始终处于政治分裂状态。然而，不少德意志王侯贵族的宫廷，均在不同程度上模仿凡尔赛宫的奢华做派。从公元1618年到1648年，德国人与波希米亚人、瑞典人为了争夺政治霸权，掀起了一场长达30年的毁灭性战争，德国的国力由此大衰。战争结束后，胜负双方签订了《威斯特伐利亚和约》，德意志因此被瓜分得支离破碎——从当时的地图上就能清楚看出这一点。从公元1648年的欧洲地图中，我们可以发现，当时的德意志版图内各公国、公爵领地和自由国相互纠缠在一起，有的甚至一部分在帝国内，一部分在帝国外。我们还能看到，瑞典的势力已经深入到德国内部；除了少数岛屿仍在帝国境内外，法国还远在莱茵河的彼岸。在这补丁般的版图上，于1701年建立起一个普鲁士王国，而这个王国还不断发展壮大，取得了一连串战争的胜利。普鲁士大君主弗里德里希（1740年—1786年）在波茨坦建造了宫殿，大臣们讲法语、阅读法国文学，可以与法国在文化方面一较高下。

公元1714年，汉诺威选帝侯成为英国国王，由此横跨帝国内外的王国又多了一个。

在查理五世的后代中，有一支依然保持着"皇帝"的称号，其便是统治奥地利的那一支；而西班牙的那一支，也始终紧握着西班牙的实权。此间，又出现了一位东方皇帝。自君士坦丁堡在公元1453年被攻陷后，莫斯科的大公伊凡三世（1462年—1505年）便声称自己是拜占庭帝国的皇位接班人，并以拜占庭的双头鹰作为自己军队的武器徽章。伊凡三世之孙伊凡四世（1533年—1584年），即暴君伊凡雷帝，采用了"沙皇"的称号。直到公元17世纪下半叶，欧洲人才不再将俄国视为偏远的亚洲国家。彼得大帝（1682年—1725年）接任沙皇之位后，将俄国带入了欧洲的外交舞台，还在涅瓦河畔建立了帝国的新首都彼得堡。事实上，彼得堡是俄国与欧洲之间相互了解的窗口。除此之外，彼得大帝还在彼得堡18英里外的彼德霍夫修建宫殿，还特地聘请法国建筑师为自己设计阳台、喷泉、小瀑布、画廊、花园以及一切与他大君主身份相配的东西。和普鲁士的宫廷一样，俄国的宫廷也使用法语。

不幸夹在俄国、普鲁士和奥地利之间的是波兰。波兰是一个由大地主所控制的国家，国家毫无秩序可言，贵族地主们担心会失去自己尊贵的地位，所以只给他们自己选出的国王极为有限的权力。尽管法国费尽心机地想保住波兰的独立状态，但是波兰还是被俄国、普鲁士和奥地利这三个邻国给瓜分了。另外，当时欧洲各国的情况也各不相同：瑞士是一个由许多共和州组成的联邦；威尼斯是一个共和国；意大利则与德国一样，也出现了严重的王侯割据的情况。此时，教皇已经不敢再干涉各国内部的纷争，也不敢再谈基督教世界的共同利益的问题了，因为他担心会由此引发天主教各国的叛乱。此时的欧洲，完全不存在什么统一的政治主张，整个陷入分裂与纷争之中。

所有这些君主国和共和国的统治者，他们一心想的就是如何扩大自己的统治疆域，都在追求入侵邻国或建立侵略性联盟的外交政策。这种复杂君主国时代的不良影响一直影响着人们的生活，至今欧洲人还依旧生活在它的阴影之下，同时欧洲人也始终未能摆脱那个时代所引起的仇恨、敌意和猜疑的困扰。对近代知识分子来说，对那个时代的历史越是了解，就越觉得那个时代的历史就像是一种令人厌倦的无聊闲话。关于这一时期的战争，人们经常听到的是：某位王妃引发了某场战争；某位大臣因为嫉恨另一位大臣而挑起了争战等等。对于这些有关争斗的废话，有头脑的研究者往往会感到十分厌烦。当然，那个时代也出现了一些对后世意义非凡的事件，那就是虽然当时的欧洲国家林立，但是知识和科学的发展仍以一个较高的水平在发展，各种发明创造不断出现。到了公元18世纪时,人们已经开始出现质疑与批评宫廷及其政治的著作,这是历史的一种进步。如果有读者读过伏尔泰的《老实人》这部作品,就能够体会作者对欧洲世界那种遥遥无期的混乱的厌倦。

## 第五十三章　欧洲新帝国的扩张

当欧洲中部正深陷分裂和混乱而无法自拔时，西欧的荷兰人、斯堪的纳维亚人、西班牙人、葡萄牙人、法国人和英国人等正越过海洋，在全世界范围内扩张自己的势力。印刷机这个伟大的发明已经将欧洲的政治思想带入到一个巨大的、变化不定的纷扰中，而远洋航船却将欧洲的势力推到了遥远的大洋彼岸。

起初，荷兰人和欧洲人迁移到海外，不是单纯的移民，而是为了进行贸易往来和开采矿石。最早到达美洲大陆的是西班牙人，他们声称自己掌控着整个美洲大陆。不久，葡萄牙人也来到了这里，要与西班牙人分享这一权利。罗马教皇于是将这块新大陆分给了这两个捷足先登的国家，而这也是罗马教廷作为基督教世界的主宰最后一次行使权力。最终，西班牙与葡萄牙人在佛得角群岛以西370里的地方设立了分界线，分界线的西面是西班牙人的控制区，分界线的东面则由葡萄牙人掌控。与此同时，葡萄牙人还不满足，不断地向南面和东面扩张。公元1497年，葡萄牙人瓦斯科·达·伽马从里斯本出发，绕过好望角，途经桑给巴尔岛，最后到达了印度的卡利卡特。公元1515年，葡萄牙船队开进爪哇岛和马鲁古群岛，他们还在印度洋沿岸建立了贸易口岸并在安全防卫方面对其进行了加强。除此以外，葡萄牙人还占领了莫桑比克、果阿、印度的两小块土地以及中国的澳门和帝汶岛的一部分。

那些由于教皇的决定而失去了美洲权益的国家，都不承认葡萄牙和西班牙的特权。很快，包括英国人、瑞典人、丹麦人和后来的荷兰人在内的一批欧洲国家纷纷登陆北美和西印度群岛，抢占地盘，并且还用木桩标示地界。后来，甚至就连最忠诚于天主教的法国国王也和其他新教徒一样，把教皇的决定视为无效。从此之后，欧洲各国便在欧洲大陆上的竞争之外，又增添了对海外领土的争夺这一项。

在这场长期的海外领土争夺战中，英国人取得了最大的成功。当时，瑞典和丹麦正深陷德国复杂的纷争之中，因而无暇建立一支强大的海外远征军。因为其别具一格的国王古斯塔夫·阿道夫，即新教众所谓的"北方之狮"，瑞典在德国战场耗损了大量的精力。荷兰人趁机夺走了瑞典人在美洲所建立的几小块殖民地，基于法国侵略者就在身边，所以荷兰人才没敢与英国人展开较量。在远东，主要的殖民竞争者有英国、荷兰和法国；在美洲，主要的竞争者则有英国、法国和西班牙。英国拥有被人们称为"银色航道"的英吉利海峡，所以在对抗欧洲大陆国家时占据了极大的优势，而且英国还是受拉丁帝国的传统影响最小的国家。

法国就欧洲问题考虑得总是太多。整个18世纪，它失去了向东、西方扩张的机会，因为它总是想解决德国、西班牙和意大利的内乱。在公元17世纪时，因为饱受英国的政治和宗教纷争之苦，一大批人由此来到美洲去寻找自己永久的栖息地。这些人就在新家园里扎下了根，生儿育女，繁衍生息，人口数量越来越多，这便决定了英国在北美的争夺战中将占据一个很大的优势。在公元1756年和1760年的斗争中，英国成功夺走了加拿大和美洲的法国殖民地。几年之后，英国又在印度半岛上击败了法国、荷兰和葡萄牙。而此时，由阿克巴、巴布尔和他们的继承者们所统治的印度莫卧儿帝国已经完全没落，而这个帝国实际上是掌握在伦敦一家商务公司英国东印度公司的手中。这一段历史故事，是所有征服史上最令人惊叹的一章。

东印度公司始建于伊丽莎白女王统治时期，最初只是一个海外贸易团体。后来，该公司开始建立军队，武装船只，而这个曾经以贸易赚钱为目的的商业机构，此时也不再满足于经营珠宝、茶叶、香料和染料，他们的双手伸向了王侯们所经营管理的税收和土地方面，甚至开始干涉印度政治。它本来只是一个贸易公司，而此时却开始经营可怕的海盗勾当。然而令人惊奇的是，竟然没有人站出来管制他们的行为。所以，大量的赃物被该公司的指挥官、官员、船长甚至一般士兵与普通职员明目张胆地带回英国。

当东印度公司的人在这一片辽阔的沃土上随心所欲地为所欲为之时，他们已经分不清自己该干什么又不能干什么了。在英国人的眼中，印度是一个神奇的国度，生活在这片土地上的棕色民族不过是一群不需要去怜悯的异类，建于这片土地上的庙宇和其他建筑不过是其神秘行为的产物。而这些英国将军和官员们在回到英国后，便常常相互揭发并指责对方进行敲诈勒索和威胁他人，于是英国国内出现了不满和愤怒之声。所以，英国议会通过了对克莱夫（译者注：英国殖民者，曾担任印度驻孟加拉的总督、驻印英军总司令，于1767年回到英国）的谴责案，最终致使无法承受压力的克莱夫在公元1774年选择了自杀。公元1788年，第二任印度行政长官沃伦·黑斯廷斯遭到了弹劾，然而判决的结果却是无罪（1792年）。

  这是世界历史上从未发生过的怪事：英国国会管辖着一家伦敦的商贸公司，而这家公司却统治着领土面积比英国的更大、人口比英国的更多的帝国。对于绝大多数英国民众来说，印度是一个遥远、奇异和难以到达的国家。只有那些富有冒险精神的穷困青年才会抢着去那个国度，待到多年后他们回乡时，他们都成为腰缠万贯而又十分傲慢的老绅士了。许多英国人根本想象不出，这些有千百万人口的棕色民族在阳光耀眼的东方国度的生活是怎样的？当然，他们也不愿意花费心思想象这些方面。总之，在他们眼中，印度就是一片奇怪的土地，所以英国人根本无法对东印度公司进行有效的监管。

  正当西欧各国为争夺梦境般的海外帝国而在各大海洋上争斗不休时，亚洲也在进行着对两片国土的征服计划。公元1368年，中国摆脱了蒙古人的统治，建立起由汉族人统治的明朝，并且一直繁荣到公元1644年。不过，属于通古斯语族的满洲人，再次攻占中国，他们的统治一直维持到公元1912年。而此时，俄国也不断向东推进，并逐渐成为世界上举足轻重的国家。这支处于旧世界中心地区的、既不完全属于西方又不完全属于东方的强大力量的崛起，对人类命运的发展产生了重要影响。

  俄国之所以能够获得如此大范围的扩张，主要应归功于信仰基督的草原民族哥萨克人的出现。哥萨克人是介于波兰、匈牙利等封建农耕国家与东方鞑靼人之间的一道壁障，他们也属于未开化民族。哥萨克人最先出现在荒无人烟的欧洲东部地区——这一片区域在许多方面都与公元19世纪中叶的美国西部荒野相似。但凡在俄国无法待下去的人，如受迫害或被诬陷的无辜者、奋起反抗的农奴、异教徒、小偷、流浪者、杀人犯等，都到南部的大草原寻找栖身之所，然后在这里重新安家立业。为了能够更好地生活，他们不断与波兰人、俄国人以及鞑靼人不断进行厮杀。后来，那些东逃的鞑靼人也加入了他们的队伍之中。就像英国政府将苏格兰高地上的一些部落收编为军队一样，俄罗斯统治者也将这部分边民纳入其帝国军队之中。哥萨克人被赐予亚洲新土地，成为俄罗斯用以对付江河日下的蒙古游牧部落的武器。哥萨克人先对中亚发起进攻，然后经西伯利亚抵达黑龙江。

想要弄清楚蒙古势力为什么在公元17世纪至18世纪日渐衰微，这实在是一件很困难的事儿。自成吉思汗和帖木儿时代以来的两三百年中，中亚就从主宰世界的霸主颓败到在政治上毫无建树的无足轻重的角色。导致这一变化的原因很多也很复杂，如气候的变化、未曾被记载的瘟疫、某种疟疾类的传染病等。从整个世界历史的角度来看的话，中亚的这次衰退或许只是一次短暂的间歇。部分权威学者认为，从中国传入的佛教教义曾对这里的民族起到了软化安抚的作用。至公元16世纪，蒙古鞑靼民族和突厥人不但无力向外扩张，甚至还沦落到被西方的俄国和东方的中国攻击驱逐的境地。

公元17世纪的时候，哥萨克人开始从俄罗斯欧洲的部分地方往东推进，哪里能找到适合耕种的地方，他们便在哪里安家落户。当时，位于哥萨克人南面的是势力强大的土库曼民族。为了抵御土库曼民族的入侵，哥萨克人建立了围墙和兵站，形成一条居住地与活动边界。其东北方向却没有边界，所以俄国的疆域一直延伸至太平洋。

# 第五十四章　美国独立战争

公元18世纪50年代至70年代，欧洲的内部已经显示出分裂态势，不再有宗教和政治上的统一观念。书籍、地图以及新的航海行为极大地丰富了人们的想象力，欧洲内部虽然混乱不堪、竞争激烈，但欧洲人还是在这种情况下控制了世界的各个海岸。这是一个无计划、不相干的事业竞相出现的时代。欧洲人凭借其独有的、暂时性的甚至是偶然的优势，占据了美洲大陆的大部分荒芜之地，他们下一个理想家园是南非、新西兰和澳大利亚。

哥伦布之所以到达美洲、瓦斯科·达·伽马之所以到达印度，实际上是源于欧洲人对海外贸易的迫切愿望，其实历史上所有的航海家都想着贸易往来。所以，在人口稠密、物产丰饶的东方，欧洲殖民者采用的是一种贸易殖民的方法，他们将殖民地视为一个交易市场，然后将赚到的财富带回本土挥霍。然而，在美洲大陆的情况却大为不同，此时的美洲仍处于一个生产力水平较低的社会中，欧洲殖民者在这里进行贸易往来时，发现了一个持久性的新诱惑——开采金银矿。当时，西班牙在美洲占有极为丰富的银矿。一时间，除了商人外，大量的欧洲淘金者、采矿者、自然资源的勘探者以及种植园主，纷纷涌入美洲大地。在北美地区，还出现了一些采集兽皮的欧洲人。

如果要进行开矿和耕作，就必须在殖民地长期居住，于是当局便迫使人们在海外重新建立他们永久性的家园。于是，大批的欧洲人来到了大洋彼岸并定居，不过他们来到这里的原因却各不相同：公元17世纪的英国清教徒，他们是为了逃避宗教迫害才乘船到达美洲新英格兰的；公元18世纪的英国债务人牢狱里的囚犯，是被慈善家欧格绍普解救后送到乔治亚的；公元18世纪晚期的一批荷兰孤儿，他们是被荷兰政府给送到好望角的。至公元19世纪，特别是在蒸汽轮船出现之后，欧洲人便开始了一次大规模的迁徙热潮，大量的欧洲人涌入了美洲、澳大利亚这些空旷的新大陆，而且这样的迁徙活动持续了十几年。

就这样，大量的欧洲人在新大陆定居了下来，他们的文化也随之传播到一片比其孕育地更广阔的土地上。虽然这些海外移民将文明带入了这些新的地区，但是这种文明的传播却是一个无目的、无计划的过程。对于这种新形势，欧洲各国从未预料到，更谈不上应对了。直到这些移民者在新居住地逐渐建立了一种完全不同的文化时，欧洲的政治家和大臣们仍然只把这些地区看成是其海外探险的临时据点，看成是国家的收入来源，当成是自己的属地和领土。直到很久之后，移居到这些地区的人越来越多，并逐渐往内陆地区发展，而且日渐摆脱来自大洋彼岸的控制，欧洲的政治家和大臣们还依旧把他们视为远离祖国的无助臣民。

我们必须认识到，直到公元19世纪，欧洲大陆和所有殖民地都是靠轮船来联络的，而当时轮船的速度并不快。在陆路上，最快捷的交通工具仍然是马。这样，政治组织的团结与统一始终受到了交通工具的限制。

公元1775年前后，英国控制了北美洲三分之二的土地，法国已经彻底退出在美洲的殖民争夺。除了被葡萄牙所占领的巴西以及被英国、法国、丹麦、荷兰等国所占据的一些小群岛外，佛罗里达、路易斯安那、加利福尼亚和整个南美这一大片地区都属于西班牙。在这些殖民地中，最先表现出光靠轮船已经无法将海外殖民者有效地控制在同一政体下的，是缅因和安大略湖以南的英国殖民地。

这些英国殖民地上的居民来源复杂，他们彼此之间存在较大的差异。他们一部分是英国人，另外还有法国人、瑞典人与荷兰人等；住在马里兰的是英国的天主教徒，而住在新英格兰的则是激进的新教徒。居住在新英格兰的移民依靠自己的力量进行耕作生产，强烈反对奴隶制度。而与此同时，定居于弗吉尼亚与南部的英国移民，则在他们的种植园里大量使用从非洲贩运来的黑奴，人口不断增多。毕竟这些殖民地之间没有共同点，所以根本无法实现自动的统一。从这个殖民地到另一个殖民地，必须借助轮船，然而这样的航程几乎与横渡大西洋的航程一样沉闷和令人厌烦。由于移民来源的不同和自然地理条件的限制，

## 第五十四章　美国独立战争

各地的殖民者是很难联合在一起的,然而在自私而愚蠢的英国政府的压迫下,他们还是联合在了一起。他们需要联合起来对抗英国政府的这些行为:英国政府在殖民地强征赋税,并且从不告诉他们税收的用处,也就是说他们的贸易成为英国利益的牺牲品;弗吉尼亚的移民乐于奴役奴隶为他们干活儿,但是这些移民也担心一旦奴隶人口增加到一个程度会起来反抗他们,所以不愿意接受更多的奴隶来到弗吉尼亚,然而英国政府为了追求自身的利益根本不顾及这些移民的感受,继续向这里贩卖奴隶,造成了弗吉尼亚移民的恐慌。

当时的英国,正逐渐发展更加专制的君主政体。在顽固的乔治三世(1760年—1820年)的统治之下,殖民地政府与英国政府之间的摩擦也日益加深。

为了袒护伦敦东印度公司的利益,英国政府颁布了一项牺牲美洲殖民地商人利益的一项法案,并直接引起冲突。新法案颁布后,公元1773年,一群乔装成印第安人的移民潜入波士顿港,并将三艘船上的进口茶叶倒入大海里。公元1775年,英国政府企图在波士顿附近的莱克星顿抓捕两名美国领导者,从而引发了战争。在这次战争中,第一枪是由莱克星顿的英国人打响的,而第一次大战则发生在康科德。

就这样,美国的独立战争的序幕就这样拉开了。虽然在此后一年多的时间里,殖民地的英国移民们仍不愿意与祖国断绝关系,但是到了公元1776年的夏天,参战各州的代表召开了会议,并发表了《独立宣言》,表示彻底与英国决裂。在这场独立战争中,乔治·华盛顿被推选为总司令,他和其他殖民领袖一样也在英法战争中受过军事锻炼。公元1777年,英国将军博格恩率领大军企图经加拿大进军纽约,但途经弗利曼斯时却遭遇到殖民地军队的打击,然后又在萨拉托加被彻底打败,只好投降。也正是在这一年,法国和西班牙几乎同时对英国宣战,从而使得英国的海上交通遭到了严重的威胁。公元1781年,康沃利斯将军率领的第二支英国军队又在弗吉尼亚的约克城遭到围困,康沃利斯再次投降。公元1783年,交战双方在巴黎进行和谈,并各自在停战协议上签字。如此一来,从缅因州到乔治亚州的13个州,形成了一个独立的、拥有主权的联邦政府,美利坚合众国由此宣告诞生。而在加拿大,那里的殖民者仍听命于英国国王。

在此后的4年里,美国的13个州所组成的联邦政府,不过是一个用某些邦联条款维持的软弱中央政府。眼看各州似乎又要各自独立出去了,但考虑到英国人的敌意和法国人的威胁，这种分裂才最终没有出现。公元1787年，联邦宪法出台并得以通过，根据该宪法，13个州成立了一个更为有效的联邦政府，推选出一位强而有力的总统，并赋予其相当的权力。而美国人原本淡薄的国家统一意识，也在公元1812年爆发的第二次对英战争中得到了强化。尽管如此，但是由于美国幅员辽阔，各州的利益又不尽相同，而且当时的交通也不发达，相互之间的联络极为不便，联邦政府似乎早晚有一天会像欧洲一样分裂成大大小小的若干国家。对那些身在边远地区的国会议员而言，到华盛顿参加会议就是一次漫长而危险的苦差事。此外，在开展公共教育和普及文化知识方面，也因为机构重叠而难以实施。不过与此同时，阻止分裂的力量也日益增强。随着蒸汽轮船、铁路和电报的出现，美国的分裂苗头才逐渐消退，人民再次团结起来，而美国后来也发展成第一个现代化大国。

22年后，各西班牙殖民地也效仿美国的13州联邦，断绝了和欧洲的关系。但是，这些西班牙殖民地分散在美洲大陆各地，相互之间阻隔着巨大的山脉、森林、沙漠以及葡萄牙属巴西帝国，很难联合起来，所以只能各自成立独立的共和国。起初，各国之间还常常会发生战争与革命。在这些不可避免地都走向独立的各国中，巴西所走的道路是最为独特的。公元1807年，葡萄牙被拿破仑所率领的法国军队征服，葡萄牙国王逃至巴西，并一直待到公元1822年巴西独立之时。与其说巴西是葡萄牙的属地，还不如说葡萄牙从属于巴西。公元1822年，巴西在彼德一世，即葡萄牙国王的儿子的统治之下，宣布成立独立帝国。但是，这一片"新大陆"不赞成君主制，所以巴西国王只好在公元1889年时悄悄回到欧洲。从此以后，巴西便如同其他美洲国家一样，成了一个独立的共和国，即巴西合众国。

# 第五十五章　法国革命战争、君主制的复辟

当英国在美洲失去了13块殖民地之后，法国的中心又发生了深刻的社会和政治骚乱。这种骚乱让欧洲人清楚地意识到，从本质上来看，世界上没有一种政体是持久的。

在前面的章节中我们曾提到，法国的君主政体是欧洲各专制君主政体中最成功的，而且许多相互竞争的小宫廷都十分羡慕这种君主政体，并纷纷效仿它。然而，它的繁荣是建立在某种不公正的基础上的，所以必然会发生戏剧性的崩溃。它固然灿烂夺目、积极进取，但是它也挥霍和浪费了大量的平民生命和财产。在法国，教士和贵族可以免于纳税，而整个国家的税收负担则全部压在了中、下层阶级的身上。税收压力让法国人民的生活越来越窘迫，而中产阶级则不断遭到贵族的控制和羞辱。

公元1787年，法国国王发现自己债台高筑，于是便召开了一个由各阶层代表参加的会议，商议解决收入不足和花费过度而引起的财政问题。公元1789年，凡尔赛又召开了由贵族、教士及平民的代表参与的三级会议。这种三级会议类似英国议会的早期形式，由于法国一直采用君主专制制度，所以自公元1610年以来就一直没有召开过三级会议。这一次会议的召开，终于让法国人民找到发泄自己长期以来的愤懑和不满的场所了，由平民组成的第三等级要求控制会议，并由此发生了激烈的论战。最终，平民阶级获得了胜利，三级会议于是被改为国民议会。国民议会明确提出将限制国王的权力，这与英国议会限制英国王权的做法十分相似。法国国王路易十六准备奋力反抗，还从外省调来了军队。随后，一场震惊世界的革命在巴黎和整个法国爆发了。

法国的君主专制政体随即被推翻，革命者攻进了恐怖阴森的巴士底监狱，并迅速在整个法国掀起了一场革命风暴。在法国的西北部和东部各省，许多贵族的住宅被付之一炬，地契被销毁，有的贵族地主遭到了屠杀，有的则被赶出法国。在短短的一个月内，由贵族阶级所控制的腐朽政治制度就崩溃了，很多王室成员的党羽都逃到了国外。于是，巴黎和其他城市也都成立了临时市政府，还组建了一支用以对抗国王部队的武装力量——国民自卫军。法国人民要求国民议会创建一种符合新时代发展的新的政治和社会制度。

这是一项异常艰巨的任务，它极大地考验了国民议会的力量。国民议会对专制主义王朝的不公正进行了大清扫，废除了免税制度、农奴制度，还取消了贵族的称号及特权，并打算在巴黎建立一个君主立宪制的政体。法国国王被迫放弃凡尔赛的奢华生活，而到巴黎的杜伊勒里宫过不那么显赫的生活。

为了建立起一个有效的、现代化的政府，国民议会整整斗争了两年。虽然国民议会所进行的工作多数是实验性的，有一部分已经被废除了，但是更多的是健全而有效的，并被一直保留下来。当然，不少是毫无意义的。

国民议会修订了法典，废除了严刑逼供、非法监禁、迫害异端等条款。另外，法国一些古老的省份，如诺曼底、布尔肯特等，都被改为80个郡。军队中的任何一名军人，不问其出身，都有可能升为最高军阶。在法院方面，重新建立了一套简单而完美的制度，由民众来选出法官，但是由于每一任法官的任期都不长，所以导致这一制度的价值所有降低。这种做法，实际上是让民众成了上诉的最高管理者，与国民议会的议员一样，法官如果想要得到民众的支持，就得考虑旁听者的心理。

与此同时，教会的巨额财富被收归国有，由国家统一管理；任何不从事教育或慈善工作的宗教机构都被解散；教士薪金由国家统一支付。对于那些低级教士而言，由国家发放薪金显然是一件好事儿，因为与那些富有教会的教士相比，他们的报酬简直少得可怜。除此之外，国民议会还规定，教士和主教都通过选举产生，这便打破了罗马教会的一贯主张：此前，罗马教会的权力都集中在教皇手中，权威一直是自上而下发展的。实际上，国民议会的最终目的是想将法国教会变成法国新教教会，即使不能立即修改教义，也至少要改变其组织形式。结果，这却使得国民议会选定的教士与那些忠于罗马而反对新政策的教士之间，

# 第五十五章 法国革命战争、君主制的复辟

产生矛盾和纷争。

公元1791年,在法国国王、王后及逃亡国外的贵族和保王党的反扑下,法国的君主立宪制政体的实验宣告结束。外国军队集结于法国东部的边界上。6月的一个晚上,国王、王后及其子女悄悄溜出杜伊勒里宫,打算出逃至外国友人及流亡贵族的军队那里,结果却在瓦雷内被发现了,被捕并被带回巴黎。接着,爱国风潮和共和主义思潮在全法国迅速蔓延。法国共和国宣告成立,接着便对奥地利和普鲁士宣战。公元1793年1月,法国国王以叛国罪被送上了断头台,而这一幕在英国也曾发生过。

接着,法国的历史进入了一个十分奇特的时期。此时,举国上下的法国人民都燃起了誓死要保卫法兰西共和国并将共和国的思想发扬光大的热情,他们下定决心决不妥协——不管是对内还是对外。对内,他们消灭了保皇党以及所有反对共和国的势力;对外,法国支持并资助所有的革命活动。法国人热切地盼望着所有的欧洲国家都成为共和国。法国青年踊跃参加共和国军队。同时,一首像醇酒一样能令人热血沸腾的新歌响彻整个法国大地,这首歌便是《马赛曲》。在《马赛曲》的激励下,法国士兵在炮火中奋勇前进,外国军队被打得七零八落。公元1792年底前,法国军队所攻占的土地已远远超过路易十四的领地。法国军队一直在外国领土上作战,他们入侵了布鲁塞尔,攻占了萨瓦,袭击了美因茨,又从荷兰人手中抢走了斯凯尔特河。

然而就在他们节节取胜的时候,法国政府干了一件不明智的事儿。当法国处死了国王路易十六后,英国便将法国的代表驱逐出境,而怒不可遏的法国马上对英国宣战。可以说,法国的这一做法是极为不明智的。尽管法国革命清除了大量的贵族军官、消灭了许多束缚性的传统,组建了一支充满激情的步兵和名声显赫的炮兵,但是却令海军纪律遭到严重破坏。而此时,英国已经在海上建立了霸权地位。虽然此前有不少的英国自由主义运动组织是支持和同情法国的革命的,但是当法国向英国宣战后,英国上下突然团结一致,共同抵抗法国人的侵略。

关于此后几年法国与欧洲联盟之间的战争情况,我们在这里便不再多说了。总之,法国人将奥地利人永久地赶出了比利时,又让荷兰建立了共和国。冻结在特塞尔岛的荷兰舰队竟然未放一枪就向法国的一支骑兵小部队缴械投降了。

在一段时间里，法国在向意大利的推进过程中受挫。直到公元 1796 年，缺吃少穿的共和国军队才在新上任的将领拿破仑·波拿巴的率领下，顺利跨越皮埃蒙特高原，进入曼图亚和维罗纳。C.F. 阿特金森曾如此说："共和军的兵力和行军速度让盟军大吃一惊。事实上，没有任何力量能够与这支临时集结的军队相对抗。没有钱就买不到帐篷，没有足够的马车就无法搬运东西，不过他们也根本不需要这些东西。对职业军队来说，这些不利因素肯定会引起许多士兵开小差，然而在公元 1793 年至 1794 年的法国军队中，士兵却能够忍受这样的事情。为这样一支庞大的军队提供充分的补给实在是不可能的，于是法国士兵便学会了'就地谋食'。就这样，到了公元 1793 年时，近代战争方式出现了。这是一种行动迅速、充分调动国民力量、野营露宿、征用军需以及打硬仗的战争方式，与以往那种行军谨慎、作战部队规模小、有营帐和充足的军粮以及耍手段的战争方式，有天壤之别。这两种方式就是两个极端，前者体现了坚决果断的精神，后者则代表了不敢冒险、牟取小利益的精神。"

当这支衣衫褴褛的大军高唱着《马赛曲》为法国而战时，他们自己心中也无法分辨清楚：自己到底是掠夺，还是为了解放他们所进攻的国家。而在巴黎，共和主义的革命热情正在以一种极为不光彩的方式被一点点地损耗。此时的革命正掌握在狂热的领导人罗伯斯庇尔手中。他决心要按照自己的想法去拯救共和国，他始终认为自己是唯一能够解救共和国的人，而解救的前提是自己要保住手中的权力。共和国充满活力的精神，像是从屠杀贵族分子与处死国王中产生的。当时在法国，也发生了几处叛乱，其中一起发生在西部的旺代郡：那里的人民在主教和贵族的指挥下，反对征兵和没收正统派主教的财产。另外，在南部的马赛和里昂都发生过暴动，土伦的保王党还同意英国和西班牙的军队进入法国境内。那时的革命，除了屠杀，似乎已经找不到更好的镇压叛乱的方法了。

于是，革命法庭开始工作了，持续的屠杀也开始了。断头机被发明制造出来的时机恰到好处，王后被砍了头，大部分的罗伯斯庇尔反对者的脑袋也搬了家，就连那些不相信上帝的无神论者也被送上了断头台。断头台上沾染了越来越多人的鲜血。罗伯斯庇尔的统治似乎就是靠鲜血维持的，如同吸食鸦片者对鸦片的依赖一样，他的统治对鲜血的需求也越来越大。

到了公元 1794 年夏天，罗伯斯庇尔的统治被推翻，而他最终也被送上了断

## 第五十五章　法国革命战争、君主制的复辟

头台。随之，国民议会选出五个执政官组成的督政府，由他们接替罗伯斯庇尔的工作，对外继续抵抗外敌的进攻，对内则维护团结和统一。这样的局势一直维持了5年。在动荡的历史中，督政府的这5年的统治就像是一段奇特的插曲。在这5年中，政府并没有进行任何改革，完全一副得过且过的样子。接着，宣传者的革命热情又将法国部军队带到了荷兰、比利时、瑞士、德国南部以及意大利的北部。法国军队每到一处，就推翻国王的统治，然后建立共和国。

然而，由于督政府的狂热宣传，被解放人民的财产遭到了他们的大肆劫掠，他们试图通过这种方法来减轻法国的财政困难。战争的性质发生了根本的改变，法国的战争越来越不像是为了神圣的自由而发起的，倒是越来越像旧制度下的侵略战争。法国准备放弃大君主政体的最后一个特征，即放弃传统的对外政策，但是人们却发现督政府的对外政策几乎就与革命前是一样的。

接着，法国出现了这么一个人，他以最强烈的方式将法国人的"自我中心"的精神展现出来，在给法国带来了十年的荣耀后，又将失败和耻辱加诸法国。他便是统率督政府的大军大败意大利军队的拿破仑·波拿巴。

在督政府统治的这5年里，拿破仑·波拿巴一直在为获得更大的权力而策划着、奋斗着，并逐渐地爬上了权力的巅峰。拿破仑·波拿巴的理解力实在有限，但是他却拥有某种近乎冷酷的直率和无限的精力。他是以罗伯斯庇尔派的极端主义分子的身份开始他的政治生涯的，并且获得了其人生中的第一次升迁。然而，他没能真正理解欧洲当时的新形势，一心想要建立一个像古罗马那样的大帝国，可这种政治设想却是过时的。他试图消除罗马帝国对欧洲的影响，并建立一个以巴黎为中心的新帝国。这样，维也纳的皇帝就不再是神圣罗马帝国的皇帝，而仅仅是奥地利的皇帝，而他之所以不惜与自己的法国妻子离婚，就是因为他想与奥地利公主结婚。

公元1799年，拿破仑·波拿巴出任法国第一执政官，但实际上他已经是法国国王了。公元1804年，他效仿查理曼大帝当年的做法，加冕成为法兰西皇帝。教皇在巴黎为他举行了加冕典礼，在典礼进行到高潮时，他却按照查理大帝当年教导的那样——从教皇手中取过皇冠自己戴在头上。他的儿子被封为罗马国王。

在短短几年里，拿破仑的统治取得了一连串的胜利。他攻占了意大利和西

班牙的大部分领土，征服了普鲁士和奥地利，还取得了俄罗斯西部的整个欧洲部分的统治权。不过，他却始终没能从英国人手中夺取制海权。公元 1805 年，他的船队在特腊法尔加战役中被英国海军上将纳尔逊击败。公元 1808 年，西班牙人奋起反抗拿破仑的统治，而威灵顿率领的英国军队则迫使在西班牙半岛上的法国军队北撤。公元 1811 年，拿破仑和沙皇亚历山大一世发生了冲突，拿破仑派出 60 万大军于公元 1812 年向俄国进攻，结果却遭到了俄国军队的奋力抵抗与俄罗斯严寒气候的侵袭，法国军队几乎全军覆灭。接下来，德国背叛了他，瑞典也将矛头对准了他，法军腹背受敌，节节败退。公元 1814 年，拿破仑被迫宣布退位，并被流放至厄尔巴岛。公元 1815 年，他重返巴黎，企图东山再起，却不曾想在滑铁卢遭到英国、比利时和普鲁士联军的重击，彻底溃败。最终，他成了英国的阶下囚，并于公元 1821 年在圣赫勒拿岛去世。

法国因革命而获得的各种能量，最终就这样被全部消耗掉了。为了在这场革命风暴之后迅速重建社会秩序，获得胜利的各同盟国齐聚维也纳举行会议。此后，欧洲获得了近 40 年的和平，一种精疲力竭之后的和平。

## 第五十六章　欧洲不稳定的和平

从公元1854年到1871年，欧洲未能实现社会间与国际间的完全和平，其原因有二：第一，贵族们还妄图恢复其不正当的特权，甚至无耻地干涉人们的思想、著作、讲学等方面的自由；第二，在维也纳会议上由各国外交家们定下的国界线存在许多的不合理，从而使得欧洲的局势日趋紧张。

在西班牙，君主政体复辟的倾向表现得十分明显，甚至还恢复了宗教裁判所。到了公元1808年，当拿破仑把西班牙交给自己的哥哥约瑟夫统治时，大西洋彼岸的西班牙属殖民地却正向美国学习，对欧洲的强权体系予以抵抗、反击。在南美洲，也出现了一位乔治·华盛顿式的人物，他便是玻利瓦尔将军，正是他带领着南美人民反抗西班牙的统治。对于这次起义，西班牙根本不具备镇压的力量，于是这次的起义也就和美国的独立战争一样被拖延了下来。后来奥地利方面提出：根据神圣同盟的精神，欧洲各国君主应该在这场战争中对西班牙施以援手。不过，这一提法却遭到了英国的强烈反对，但真正对欧洲列强企图在西班牙复辟君主制给予严重警告的，则是美国的总统门罗。

公元1823年，美国的总统门罗采取了果断的行为，公开发表声明称：任何欧洲国家，只要其在西半球进行扩张，那就是与美国为敌。这便是著名的"门罗主义"。门罗主义宣称，美洲之外的国家都不准在美洲扩张。由于门罗主义的存在，欧洲列强在之后的100年时间里一直不敢干预美洲事务，而西班牙属美洲的新国家能够按照自己的方式发展。

尽管西班牙君主制度丧失了殖民地，然而其在欧洲协约的保护下依然可以在欧洲做任何它想做的事情。公元1823年，西班牙的一次民众起义遭到了镇压，而镇压他们的便是得到欧洲会议授权的法国。与此同时，奥地利也镇压了一次那不勒斯的起义。

公元1824年，法国国王路易十八去世，王位由查理十世继承。查理十世破坏出版和大学的自由，企图复辟专制政府，甚至打算给在1789年大革命中遭受损失的贵族赔款10亿法郎，以补偿他们财产被没收、城堡被烧毁的损失。公元1830年，巴黎市民奋起反抗妄图复辟旧制度的查理十世，然后拥立路易·菲利浦为国王。路易·菲利浦的父亲是在恐怖政治时代被处死的奥尔良公爵菲利浦。对于法国的这次革命，由于英国公开表示支持，而奥地利和德意志境内都出现了自由主义运动，所以欧洲大陆上的其他国家也大都没表示反对。然而，法国毕竟还是一个君主制国家，而路易·菲利浦（1830年—1848年）当了18年的法国立宪君主。

维也纳会议所达成的和平，由于各国君主的倒行逆施又被打破了，欧洲再次陷入了动荡不安之中。而且，由于参加维也纳会议的外交官们还划分了不合理的国界线，也造成了局势的紧张，这种紧张对人类的和平威胁越来越大。

将思想不同、语言不同、文化不同的各民族的事务放在一起来治理，本来就不是一件轻松的事情。而且，一旦这些分歧因为宗教的纷争而日益加深和恶化的话，那事情就更难办了。除非是在某种强烈的共同利害关系的刺激下，否则这些有着不同的语言和传统的各个民族是无法团结起来的。比如，瑞士山地族的各个民族之所以一度紧密团结，就是因为他们需要抵抗共同的入侵者。况且，在瑞士，施行的是高度的地方自治政策。另外，像马其顿那样的国家，各民族混居在一起，村子零落，极其有必要实行郡县自治制度。如果读者看一下根据维也纳会议绘制的欧洲地图，就会发现，这次会议似乎就是为了激怒各国人民。

维也纳会议将荷兰共和国毁坏殆尽，其完全没有必要地将信仰新教的荷兰人与原来的西班牙属地（后归葡萄牙）尼德兰法语系的天主教徒，凑在一块儿，并由此建成尼德兰王国。维也纳会议还确定，把原来的威尼斯共和国和远至米兰的整个意大利北部地区，全都交给讲德语的奥地利人统治。会议还将讲法语的萨瓦和意大利的某些地区拼在一块儿，撒丁王国就这样重新恢复了。由日耳曼人、匈牙利人、捷克斯洛伐克人、南斯拉夫人和罗马尼亚人组成的奥地利和匈牙利，本来就是由彼此不和的民族组成的易爆混合体，会议后又加上了意大利人，这便令局势显得更加紧张了。公元1772年和1793年，奥地利侵占了波兰并得到承认，这就更使得战争一触即发了。信仰天主教并具有共和精神的波兰人民，大部分都是在信仰希腊正教的俄国沙皇的统治之下生活着；波兰的一些重要地区，则被划到了信奉新教的普鲁士名下。俄国沙皇还在维也纳会议的支持下，获得了对异族芬兰人的统治权。而彼此之间差异甚大的瑞典和挪威，则被划入同一个国王的统治之下。在这种混乱局面中，读者应该也发现了：德国的处境极为危险和混乱。普鲁士和奥地利，它们都是部分位于拥有众多小邦的德意志联邦境内，部分置身于联邦之外；丹麦国王由于在荷尔斯泰拥有一些讲德语的地区，因此也加入德意志联邦；虽然卢森堡的大部分人所使用的语言是法语，掌握其国家政权的是尼德兰国王，但这个国家还是隶属德意志联邦。

如果能让讲德语且认同德国文化的人、讲意大利语且认同意大利文化的人、讲波兰语且认同波兰文化的人各自管理自己的事务，以语言作为划分国界的标准，那么这样不仅于他们自己有利，对其他民族也是有好处的。然而，对于这样一个事实，维也纳会议却压根没有注意到。难怪当时的德国最流行的一首歌谣这样唱道：只要是说德语的地方，就是德国人的祖国！

公元1830年，法语系的比利时人受到了当时轰轰烈烈的法国大革命的鼓舞，公开拒绝在尼德兰王国中与荷兰人联合，并起来反抗。欧洲列强一方面担心比利时会趁机建立共和国，另一方面又担心其会并入法国，所以匆匆赶来调停，并拥立萨克森－科堡－哥达王朝的列奥波特一世为比利时国王。同年，意大利和德国也爆发了起义，但都没能成功。另外，俄属的波兰也爆发了起义，而且规模更大。一个反对沙皇尼古拉一世（亚历山大的继任者，公元1825年继位）的共和政府，在华沙坚持抗争了1年的时间，但最终还是被沙皇残暴地镇压了。从此在波兰，波兰语被禁，希腊正教取代罗马天主教成为波兰国教。

公元1821年，希腊人爆发了反抗土耳其人统治的起义。双方进行了长达6年的厮杀对峙，但欧洲各国对此却完全漠视。对于这种袖手旁观的态度，那些信仰自由的人都提出了强烈的抗议，欧洲各国的志愿者组织在一起，加入到起义军的队伍中，和希腊人并肩作战。最后，英国、俄国和法国终于采取了联合行动。在纳瓦里诺之战（1827年）中，土耳其舰队遭到了英法联合舰队的彻底打击，沙皇入侵土耳其。后来，根据公元1829年的《亚得里亚那堡条约》规定，希腊重获自由，不过却不能恢复它古代的共和传统。列强推举了一个日耳曼人当希腊的国王，这个人便是巴伐利亚的奥托亲王。除此之外，在多瑙河诸省（如今的罗马尼亚）与塞尔维亚（原南斯拉夫的一部分），列强各设了一个是基督教信徒的总督。然而，如果想要将这一片地方的所有土耳其人都赶走，则一定会牺牲更多的人。

# 第五十七章　科学得到进一步发展

从公元 17 世纪至 19 世纪初期，欧洲列强和诸侯一直处于敌对状态，时常爆发冲突。在此期间，《维亚纳条约》（1815 年）及其各种补充，逐渐替代了《威斯特伐利亚条约》（1649 年）及其不断变化的补充和修正条款；那些漂洋过海的船只，将欧洲的文化传播至世界各地；人类的知识不断增长，在欧洲国家或欧化的国家里，人类对世界的认识也越来越清楚。不过，这种知识的进步与政治生活是没有联系的。

公元 17 世纪到 18 世纪，这种知识的进步既没有对政治产生任何直接的、明显的影响，也没有对民众的思想产生太大的刺激。这些进步直到公元 19 世纪下半期才逐渐显现出来，并且主要是在那些繁荣的具有独立精神的小世界里默默发展起来的。如果没有英国人所谓的"有产绅士"，那么科学方法就不会在希腊开始，其在欧洲的复兴也就无从谈起了。在这时，虽然学院促进了哲学与科学思想的发展，但它所起到的作用却不是最主要的。事实上，进行各项研究最主要的是得到资助，而资助的研究往往具有一定的局限性和保守性，对发明的促进和支持作用不大，除非它受到某种独立精神的鼓舞。

我们知道，公元 1662 年时伦敦皇家学会的成立以及伦敦皇家学会为实现培根的《新大西洋岛》的梦想而付出的努力。至公元 18 世纪时，在物理方面，人们已经能够很清楚地解释有关物质与运动的一般概念了；数学方面取得了极大的进展；望远镜、显微镜等光学设备的应用已经取得了良好的进展；自然史的分类也获得了更新发展；解剖学的研究越来越受到关注。人们开始进行伟大的地质学研究工作——对岩石记录进行阐释，地质学的设想首先是由亚里士多德提出的，后来列奥纳多·达·芬奇还做过测试。

对于冶金技术的发展而言，物理学的进步对其影响甚大。物理学的进步，改进了冶金技术，大规模制造原铁与其他原料也变成了可能，从而也促进了某些实用性的发明的发展。新的各个种类的机器不断涌现，最终引发了声势浩大的工业革命。

公元1804年，瓦特改良的蒸汽机终于得到了有效运用，特里维西克将蒸汽机运用到火车制造中，终于打造了世界上第一台火车头。公元1825年，第一条铁路建成并开始通车，该铁路就位于达林顿和斯托科顿之间。后来，斯蒂芬森制造的"火箭"号车头，能够拖着重达13吨的车厢，以每小时44英里的速度在铁路上飞快地跑着。公元1830年之后，铁路建设迅速发展。等到了19世纪中期时，铁路网络已经遍及欧洲各国。

长久以来始终跟人类的生活息息相关的路上运输，在速度上突然有了极大的提高。当初拿破仑在俄罗斯惨遭失利后，用了整整312个小时，才从维尔纽斯附近逃回巴黎，行程大约为1400英里。拿破仑用尽了一切便利手段，每小时平均也只能前进5英里。如果这段旅程换由一个普通的旅行者来完成，恐怕此人花费双倍的时间也无法走完这段路。这个速度和公元前1世纪罗马与高卢之间的旅行最快速度大致相当。而此时，速度却得到了巨大的提升，铁路可以将任何普通旅客的这段旅程的速度缩短至48小时之内。这就是说，铁路将欧洲各主要城市之间的旅行时间缩短了90%，将以前一个政府所管辖的地区扩大了10倍。当然，这种理论上的预测，还需要等欧洲人去实现。在欧洲，跑马与公路时代所划分的国界线还在；而在美洲，铁路所引起的变化效果十分明显。对于正打算西扩的美利坚合众国而言，铁路极大地帮了他们的忙——不管边境有多遥远，利用铁路，人们便能穿越大陆直抵华盛顿。铁路的出现，使得这个地域辽阔的美利坚合众国能更好地保持统一。

轮船问世的时间稍早于蒸汽机。公元1802年，在克莱德运河的福斯湾上，一艘名为"夏洛特·邓达斯"号的轮船已经航行了。公元1807年，美国人富尔顿驾着他的"克莱蒙"号轮船往来于纽约以北的哈得孙河上，这艘船上装配着英国的发动机。第一艘航行于海上的轮船是由美国人制造的，名为"凤凰"号，从纽约（霍波肯）开往费城。第一艘横渡大西洋的蒸汽（还要用帆）轮船"萨湾纳"

号（1819年），还是美国人制造的。以上提到的这些都是明轮船，这种船不适合在波涛汹涌的大海上远洋，因为它的轮桨极易被破坏，而轮桨一旦破损，船只便无法前进了。螺旋桨轮船出现得较晚，人们是在克服了重重苦难之后，才使得它能够应用于实际之中。轮船发展到公元19世纪中叶，其载重量终于可以超过帆船了，海上的运输业于是迅速发展起来，人们终于可以大致推算出到港的时间了。以前，人们想要横渡大西洋，需要花上几个星期甚至几个月的时间，而且极为危险。而此时，船速提高了，时间大大缩减了。到了公元1910年时，最快的船只仅需要5天就能走完这段路程，而且还可以预报抵达的大约钟点。

　　当陆海蒸汽运输得到快速发展的时候，瓦提、加尔瓦尼与法拉第等人也展开了对电现象的研究工作，他们的研究为人类的生活提供了极大的便利。公元1835年，电报诞生；而公元1851年第一条海底电缆在英国与法兰西之间铺设成功。在短短几年内，电报体系就已经遍布世界各个文明国度。此前，信息只能从一处传向另一处，依次递送；而现在，信息几乎是在同一个时间被送到世界各个角落。

　　在公元19世纪中叶人们的思维中，火车、电报等这一类的东西就已经被视为惊人的发明了，然而它们其实只是人类伟大发明中最早一批的引人注目但又粗陋的成果。如果用旧眼光来看待这一时期的知识与技术的发展情况的话，显然这一时期是一个飞速发展的代，而且达到一种非凡的程度，范围也广阔了许多。这种情况在起初时并不太明显，但是当人类对各种材料的掌握能力上升时，它便显得越来越重要了。公元18世纪中叶以前，人们所需要的铁一直是用木炭从铁矿石中提炼出来，制成小块，然后再用铁锤捶打成人类所需要的形状。铁是工匠们所掌握的材料，而铁的质量和工艺在很大程度上往往取决于工匠的经验和技巧。公元16世纪，人们所能处理的铁块最大不过两三吨而已，所以大炮的体积也有一个固定的限制。公元18世纪，鼓风炉问世，随着焦炭的应用越来越广泛，鼓风炉也不断得到改进。公元18世纪，轧制的铁板（1728年）、铁杆和铁条（1783年）相继出现了。至公元1838年，奈斯密斯发明了气锤。

　　在古代，由于冶金技术太差，所以人们根本无法使用蒸汽的力量。在轧制铁板出现之前，且不说是蒸汽机的发展受限，就是最原始的抽水机都没有办法发展。在我们现在看来，早期的机器不过是一堆粗笨的铁疙瘩，但那已经是当时最高水平的冶金技术的产物了。至公元1856年，贝西默发明了转炉冶炼法；公元1864年，平炉冶炼法问世——这就使得钢与各种铁可以用前所未有的方法与规模进行冶炼、精炼和铸造。现在，我们终于可以看到，就好像在锅里翻滚的牛奶一样，一吨又一吨的白热钢水也在熔炉里沸腾翻滚着。仅从成果上考虑的话，在所有的人类实用技术中，最成功的当属能够自由制造巨型钢铁并且能控制钢、铁的成分和品质。早期的发动机和铁路，只是冶金技术的最初试用。不久，钢铁船舶、钢铁桥梁、新式的钢筋大建筑便相继诞生了。直到这时，人们才发现原来修的那些铁路显得有些窄了，假如当初能将轨道设计得再宽一些，那么人们的旅行必将更加舒服。

公元19世纪以前，船只的装载量没有超过2000吨的，而现在到处都可以见到载重量为50000吨的巨型轮船。对于这种"体积"上的进步，一些人往往忍不住冷嘲热讽，然而这却刚好暴露了这些人的浅薄。与这些人想象的不一样，这些巨型或钢铁结构等建筑并非过去小型的船只或建筑的放大，其实两者是性质完全不同的东西。与过去那些靠工匠的经验和技术而被制造出来的产品不一样，这些新事物，它们更加坚固、更加精巧、材料更优良耐用，是经过设计师以精细和复杂的计算设计出来的。以前，人们在造船或是房屋时，材料往往占据支配地位，人们只能屈从于材料。现在，建造这些轮船和房子的材料都被"驯服"了，人们可以根据自己的意愿对其进行改造。我们不妨想想看，从矿井与矿山中开采出来的煤、铁和沙子，在经过绞、锻、熔、铸之后，最终被建成由钢铁和玻璃组成的拥有细长塔尖的壮丽辉煌的建筑物，以600英尺的高度巍峨地矗立在繁华的都市里。

以上我们所提到的钢铁冶金技术的进步和成果，只不过是人类在冶金方面所取得的进步中的一个例子而已。事实上，关于铜、锡以及其他很多金属，例如19世纪前人们还不认识的铝和镍等，也有着类似的认识过程。机械革命的主要成就，就是这种强大且还会越来越强的控制各种物质的能力，即对各种玻璃、岩石、石膏、染料和纺织品的控制能力。然而，即使这样，人们仍只处于收获的开始阶段。人们有了力量，但还必须学习如何利用这些力量。在如何利用科学赐给我们的礼物方面，人们最初的做法大多是庸俗的、愚蠢的甚至是可怕的。那个时候，各方面的技术人员还不能够自如地控制各种物质。

## 第五十七章　科学得到进一步发展

随着机械制造的可能性的不断扩大，新电学也迅速发展起来。然而直到公元19世纪80年代，电学研究所产生的效果才逐渐显现，它使得人们的生活变得更加便利了。后来，电灯与电力牵引突然诞生。于是，力的转化、输送能量变成可能，人们可以随心所欲地将能量转化为机械运动、光或热。这就好像是利用水管输送水一样，用铜丝把能量输送过去等一系列的观念出现在了人们的脑海中。

在这样一个伟大的发明时代，英国人和法国人是这一领域的先驱者。然后，饱受拿破仑统治屈辱的德国人，开始对科学研究投入巨大的热情并以一种坚忍不拔的精神努力着，最后终于取得了超越英国人和法国人的成绩。而英国的科学成果，往往是由一些身处学术中心之外的英格兰人或苏格兰人取得的。

这一时期，英国的各个大学正迂腐地研究着拉丁和希腊等古典名著，教育水平不断下降。法国的教育同样也在耶稣会的古典传统禁锢之下。而对于德国人而言，组建一个研究机构也不是那么困难的事儿，虽然规模可能不大，但与英国、法国只有屈指可数的几个发明家相比，数量就算很庞大了。英国和法国科学家的研究与实验，让他们的国家变成了世界上最富有、最强大的国家，但他们自己却没有富裕起来，也没有获得额外的权力。他们醉心于研究与实验，根本没有时间去考虑和策划利用研究来赚钱。于是，他们的发明往往就会被一些贪婪者所利用，为其带来巨额财富。我们发现，英国的每一个科技进步，都让有钱人趁机捞到好处。虽然他们不会像经院派学者或是极端宗教分子那样，怀着强烈的情感去侮辱和宰杀为国家产蛋的鸡，但是他们却对给他们带来财富的科学家和发明家的贫困熟视无睹。在他们眼中，科学家和发明家生来就是为他们这些更聪明的人赚钱的。

与英国人和法国人比起来，德国人显然要聪明得多。德国的学者们不仅没有对新学问表现出反对或憎恶的情绪，相反，他们还支持它继续发展。当然，德国的商人也与英国的商人不同，他们并不蔑视发明家。他们认为，知识就好像是农作物，只有勤施肥才能获得大丰收。所以，他们往往能够给科学家提供更多的发明空间，在科学研究上投入大量经费。到了公元19世纪下半叶，由于德国科学工作者的出色表现，使得德语成了各国科研人员必须掌握的一门语言，除非他不想跟上本学科最新发展动向。在某些学科，尤其是化学，德国的发展水平都要远高于它的西方邻国。德国科学家在六七十年代所做的努力，终于在八十年代开始展现出成果来，并在技术和工业领域超越了英国与法国。

公元19世纪80年代，人类发明史又翻开了崭新的一页，而它的序曲则是诞生了一种新型的发动机。这种发动机，利用的不再是蒸汽的膨胀力，而是一种爆发性混合物的膨胀力。这种发动机具有更轻便、更高效的优势，被用于制造汽车。之后，它又不断获得改进，越来越轻巧，效率也越来越高，终于使得人类很早之前就设想过的飞行器变成一种真实的存在。早在公元1897年的时候，华盛顿史密森学会的兰勒教授就已经成功研制出一架飞机了，只不过体积还没大到能载人的程度。至公元1909年，飞机就已经加入交通工具的行列了。当公路、铁路设施越来越完善时，人类在提升交通速度方面几乎是停滞不前了。就在这时，飞机诞生了，这样人们从一个地方去往另一个地方所需的时间又大大缩减了。公元18世纪时，人们从伦敦到爱丁堡需要花费8天的时间，而据英国民航运输委员会1918年的报告显示：数年内，人类用8天的时间便能绕行地球半圈——从伦敦抵达墨尔本。

我们不必过分地强调，人类从一个地方旅行另一个地方所用的时间有多么明显的缩短，因为这不过是人类可能达到的更深远、更重大的发展中的一个层面。公元19世纪，人类在农业科学与农业化学方面也都取得了一定的成就。人们已经懂得如何提升土壤肥力，使得相同面积的土地的产量可以四五倍于公元17世纪。另外，医学方面也飞速发展，人类的平均寿命不断增长，日常工作效率也大大提升，因疾病引起的生命死亡日渐变少了。

总之，科学给人们带来了便捷的生活，人类进入了一个崭新的历史时期，仅用了一百多年的时间就完成了机械革命。就物质方面来说，人类取得了极大的进步，这种进步比旧石器时代到农耕时代或是从古埃及的斐比时代到乔治三世时代的漫长岁月中所取得的一切进步都要大。人类事务的一个新的物质结构已经形成。同时，它也要求我们对政治、经济、社会各方面做出大幅度的调整，但是这种调整又得依靠机械革命的更进一步的发展，毕竟这不过是初级阶段。

# 第五十八章　工业革命

　　许多历史书都会将以上我们提到的机械革命与工业革命混为一谈，但其实它们并不是一回事儿。机械革命是人类社会发展中一种新型的事物，产生于有组织的科学发展，它就好像是农业的发明或金属的发现一样，是一个新的阶段。然而，工业革命却是指社会和经济的发展，它的起源和机械革命的起源完全不同，而且它在历史上也有过先例。机械革命与工业革命是同时进行并不断相互作用的，但是它们却是完全不同的两个概念。就算没有煤、蒸汽、机器，工业革命之类的事情还是会发生。但如果是那样的话，那么极有可能会紧紧跟随着罗马共和国末期的社会和经济发展路线发展，那么历史将重演，失去土地的自由民、集体劳作、庞大地产、金融财富以及破坏性社会经济——重现社会。其实，早在机械和动力问世以前，就已经存在工业生产这样的生产方式了。所以，工厂并不是机器的产物，而是分工劳动的结果。在水轮尚未被投入到工业生产前，那些训练有素的备受剥削的工人就已经开始制作家具、硬纸箱、女性装饰物、彩色地图及书籍插图等诸如此类的东西。早在罗马的奥古斯都时代，工厂就已经出现了。例如，新书就是抄写者们在出版商的工厂里按口授笔录而成的。只要研究过笛福的著作和菲尔丁的政治小册子的人，就应该知道，早在公元17世纪的时候，英国的企业就已经开始招募贫民，让他们为了自己的生计进行集体劳动了。甚至在莫尔的《乌托邦》（1516年）一书中，我们就已经可以看到有关工厂的设想了。所以说，工厂是社会发展的产物，而不是什么机械发展的产物。

　　事实上，西欧公元18世纪中叶以后的社会和经济史，就是公元前最后3个世纪的罗马城邦历史的重演。但是，历史还是转向了一个全新的方向，这或许与欧洲政治的分裂、反对君主专制所引起的动乱、时不时出现的市民反抗紧密相关,可能还与西欧学者接受了机器与发明有关联。在这崭新的欧洲世界里,因为有基督教广泛传播人类的团结思想,又加上政治权力的分散,一些精力旺盛且有致富愿望的人便十分愿意转变观念,不再紧紧盯着奴隶和集体劳动,而将目光聚焦于机器与机械动力上来。

所谓机器革命,指的是机器的发明和发现的过程。它是人类历史中一个新生事物,只会一直向前发展,而不会去顾及是否会对社会、政治、经济和工业带来什么样的后果。而另一方面,工业革命就像其他的社会变革一样,不断改变和转换人类的生活,而这种变化是通过机器革命产生的。公元18世纪和19世纪的资本集中,与罗马共和国最后几个世纪的财富积聚过程十分相似,许多小农小商都走向了破产。不过,两者之间还是有着本质上的区别的,机器革命使劳动的性质发生了极大的变化。旧世界的动力来自人力,一切事情都是靠被奴役者的力量来完成的,偶尔也会使用牛和马等兽力。但是,当时抬重物、凿岩石都是由人来完成的,就算是耕田种地也是人与牛配合来完成的。在罗马时期,船只的行进靠的是流汗划桨的桨手们。在人类文明的早期,大多数人都是被当成机器来使用的。在机器刚出现的那一时期,人类仍没有从笨重的劳动中解脱出来。为了开凿运河、筑造河堤以及修建铁路,大量的劳动力投入其中。另外,矿工的人数也飞速增长,比之增长更快的则是便利的生产设备与商品的产量。随着公元19世纪的进程,新形势下的逻辑才日渐明确,人类不再被当成任意使用的动力之源了。以前靠人力完成的机械性工作,这个时候改用机器来完成了,而且机器还能做得更快更好,人们只需要去完成那些需要发挥智慧与判断力的工作。从为人类谋求幸福的角度出发,以前那些只知道服从、没有思想的完成一切的苦力,现在已经没有作用了。

不管是新兴的冶金工业,还是在那些古老的农业、采矿业中,都出现过这种情况。由于机器的应用,耕耘、播种、收获都能够用机器来完成,而且以前由十几个人才能完成的工作,此时只靠一台机器便能轻松完成了。罗马文明是建立在廉价的人力劳动基础上的,而近代文明则产生于廉价的机械动力。100年以来,机械动力越来越便宜,而劳动力却越来越昂贵。如果机器是经过了一代人的时间才出现在矿井之中,那么原因仅是:在此期间,人力比机器廉价。

## 第五十八章 工业革命

至此，人类事务发生了极为重要的变化。在古代文明中，统治者以及富人们最关心的便是，如何确保劳动力来源以获得足够的劳役苦力。但到了公元19世纪，那些有头脑的人越来越清楚地发现：一般贫民远比那些纯粹的苦工更有价值。所以，即便只是为了确保"工作效率"，他们也会让贫民接受教育，让他们知道自己到底在干什么。从基督教开始传教的时候起，欧洲的大众教育就一直发展缓慢。然而在亚洲，伊斯兰教每传播到一个地方，这个地方的大众教育就能够得到发展，原因是：信徒必须要了解一些使之被拯救的信念，必须阅读一些与信仰有关的书籍。基督教为争夺信徒而展开的辩论，实际上起到了一种耕耘大众教育的作用。比如在英国，19世纪三四十年代时，英国各教派为了争夺年轻的教徒产生了纷争，最终却因此发展出了一些儿童教育组织，其中有国立教会学校，非国教派的"英国"学校，甚至出现了罗马天主教小学。公元19世纪下半叶，整个西方世界的大众教育的发展都极为迅速，但上层阶级的教育却没有得到相应的发展。在以往，知识分子与大众之间存在教育水平的隔阂，但这个时候却只是程度高低的小差别了。表面看来，这种变化无关于机器革命，但事实上正是机器革命逐渐消除了世界上的文盲阶层。

古时候的罗马公民始终没有真正地了解过罗马共和国的经济革命，他们从来没有像我们现在这样，对自己生活状况的改变有如此广泛和透彻的理解。而工业革命在它继续向19世纪末期靠近时，受其影响的普通人都能把这一时期看成是一个整体过程，因为这个时候人们已经能够读书、相互探讨和交流了，还开始了四处游历、观察事物，经历过去的平民从来没有经历过的事情。

# 第五十九章　现代政治与社会思想的进程

　　古代的文明制度、习俗和政治主张，在漫长的无人预见和无人设计的自然状态下，缓慢地向前演变和发展。直到公元前6世纪，即人类青春期的那个伟大世纪，人类才开始思考彼此之间的关系。人类第一次对那些已经确立的信仰、法律以及执政方法提出了质疑，并且试图改变它。

　　我们已经在前面介绍过了，希腊和亚历山大城是如何在人类早期知识掌握方面取得辉煌成就的，而这一辉煌伟大的开始又是如何被腐朽的奴隶制度、宗教迫害的阴云和专制政体的黑暗给挡住去路的。公元15世纪至16世纪，自由思想始终未能冲破欧洲的黑暗，奔赴光明的未来。当自由精神逐渐重视欧洲的时候，我们还试着介绍了阿拉伯人的好奇心与蒙古人的远征风暴对清扫欧洲精神上的乌云所起到的作用。接着，海量的自然知识不断被输入人们的大脑中，其中首先进入人脑的是物质方面的知识，人类恢复理性的第一批成果就是认识了物质力量以及物质成就。社会学科，如个体心理学、社会心理学、教育经济学等，其本身就已经十分复杂微妙了，而它们却又都与人类的感情紧密相连。不过，这些学科的发展极为缓慢，而且还常常受到强大的阻力。一般情况下，人们往往能够平静地聆听有关天文和原子的各种说明，但是一听到有关生活方式的思想时便惶然不安了。

　　在古希腊，柏拉图大胆的哲学思维的出现就早于亚里士多德对事实的考察。同样，在欧洲首先激发人们进行政治探究的，便是柏拉图的《理想国》和《法律篇》中的乌托邦故事。虽然托马斯·莫尔爵士的《乌托邦》是对柏拉图的奇妙模仿，但其却对新的英国恤贫法起到了一定的作用。而那不勒斯人康帕内拉所著的《太阳之城》，虽然更富于幻想，不过却没有对人类发展有过任何实际的影响。

到了公元17世纪末，一批社会科学和政治方面的著作相继问世，而且作品越来越多。在这些作者中，约翰·洛克是他们的开拓者之一。约翰·洛克是英国一位共和主义者的儿子，曾在牛津大学从事过化学和医药方面的研究工作。约翰·洛克的许多论文都是有关政治、信仰自由和教育方面的，从中可以确切知道：约翰·洛克相信社会改造将可以实现。与约翰·洛克齐名的是法国的思想家、法学家孟德斯鸠（1689年—1755年），不过孟德斯鸠稍晚于约翰·洛克。孟德斯鸠对社会、政治和宗教制度的本质进行了深入的探索和研究，撕去了法国君主专制政体虚伪的外衣。这样，孟德斯鸠和洛克一起，将妨碍人类进行改造社会的思考与尝试的许多错误观点都清除了——他们也因此获得了巨大的荣誉。

公元18世纪中后期，在洛克、孟德斯鸠对道德和理智进行了一番清理后，在思想方面扮演着重要的角色是继往开来的新一代探索者，他们将在前辈的基础上进行更大胆的探索。在这些新一代探索者中，许多都是来自耶稣会的具有反抗精神的学者，即"百科全书派"，他们的目标是建立一个全新的世界。与百科全书派同时出现的另一个学派则是经济学派，该学派对粮食和商品的生产与分配进行了毫无掩饰的大胆的研究。其中，《自然法典》的作者莫雷利，严厉批判了私有制，并提出建立共产主义社会组织的设想。他是公元19世纪齐聚在社会主义旗帜之下的各派集体主义思想家的先驱。

什么是社会主义？关于这一个问题，我们恐怕无法给出一个明确的答案。世界上恐怕会有数百种社会主义的定义，还会有上千种社会主义者的派别。从本质上来说，社会主义就是要以大众的利益为出发点，对私有财产制度做出批判。我们不妨对历代的财产观念进行一个简单的历史性的回顾。在人类的政治生活中，社会主义与国际主义是两个基本概念，人类很大一部分政治生活都是以它们为转移的。

人类之所以会有财产权的观念，是源于人类好斗的本能。在人类进化为人之前，人类的祖先类人猿就已经开始占据原始财产了。原始财产，即指动物们争相抢夺的东西，比如狗争抢的骨头、母虎争占的巢穴、群体动物争抢的领袖权，这些都是极明显的财产所有权。在旧石器时代初期，部落长老已经拥有妻子、儿女、用具和一些看得见的东西的所有权了。一旦有人企图夺走他的东西，他就一定会与对方进行战斗，尽其所能地去杀死对方。就这样，部落的传统代代相传。在阿特金森的著作《原始法则》中有这样一句话："随着时间的流逝，部落长老们逐渐承认了年轻人的行为，承认他们从其他部落抢来的妻子、猎杀的动物、制作的饰品等都归他们自己所有。"正是因为出现了这种财产权的相互妥协，人类的社会才能够向前发展。而这种妥协，是一种用武力将其他部落驱逐出自己势力范围的本能妥协。如果某处的河流、山脉、丛林既不属于你也不属于我，那它就是我们共同的财产，虽然任何一方都想将其据为己有，但这却是几乎不可能的。如果谁那样做的话，其他人便会消灭他。所以，社会从一开始就呈现出一种对占有权进行调和的形态。相比于文明社会的人，兽类与原始人类的占有欲要强烈得多，因为它们的占有欲是本能的占有欲望，而不是理性的占有欲望。

对于原始人和今天未受过教育的人来说，他们拥有无限的占有欲望。他们认为，只要能抢到手的，不管是女人、俘虏、动物、空地、采石场，还是其他什么东西，都是属于自己的。于是，随着人类社会的不断发展，人类制定了一种防止人类互相残杀的法则，并且还发展出一套解决所有权争夺的简易方法：凡是最先制造、最先获取或是主张事物所有权的人，就是这一事物的所有者。人们往往认为：欠债者在无法偿还债务之时，其财产理所当然归债主所有；一个人使用了某块土地，那么地主就应该向他收取租金。但是，当人们越来越了解有组织的生活时，人们逐渐开始意识到，这种毫无节制的占有欲望是有害的。难道说，人类自出生起就获得了占有一切的权利吗？当然不是。人类先降生于这个世界，然后才开始占据、拥有这个世界。如今再去追寻早期文明的社会斗争事实固然是一件十分困难的事情，但从我们已经介绍过的罗马共和国的历史来看，当时的人们已经意识到：债权会造成不良的社会影响，应该予以取缔；无限占有土地也是一种危害社会的行为。所以，后期的巴比伦才会严格地限制占有奴隶的权利。后来，另一位伟大的革命者耶稣也激烈地抨击了人类所有权问题，他说：让一个拥有巨额财富的人进入天堂实在是太难了，比让骆驼穿过针眼还要难。在世界范围内，人类对财产所有权进行的批判持续了有2500年到3000年之久。直到耶稣在1900多年以前出现后，人们逐渐成为基督教的信徒，也逐渐相信了人可以没有财产的说法。同时,对与财产权相关的"一个人可以随意处置自己所占有的东西"的说法产生了质疑。

但是,直到公元18世纪末,人们对这一问题也只是停留在提出质疑的阶段,还没弄清其根源,更没有找到任何解决的办法。当时人们最迫切的想法就是,不让自己的财产任国王挥霍,被王侯们掠夺。法国之所以爆发大革命,就是平民想要保护自己的私有财产免遭国王的苛捐杂税的侵吞。但是,平均主义的革命方式,又使革命对其曾保护过的财产进行了批判。然而,如果没有吃的、穿的、住的地方,只要不劳动就无法从占有者那里获得食物和住所,那么人们又如何获得真正的平等和自由呢?穷人们于是就会抱怨说:这样太过分了。

为了消除这种不公平,一个重要的政治团体从分配上入手想出了一个"平分"的好办法。而一些原始社会主义者则主张废除私有财产,将所有财产都归国家(应理解为民主主义国家)所有。

有着追求自由和幸福这同一目标的不同团体,一方主张将财产权绝对化,另一方则坚持废除财产私有化。这是一个矛盾,但也是一个真实的存在。从这矛盾上,我们应该可以认识到:所有权并非一样东西,而是众多不同事物的结合体。

公元19世纪以后,随着社会的不断进步,人们逐渐认清:财产不是一个单纯的东西,而是一种对诸多的不同价值和不同结果的复杂的所有权。于是,人们认识到有一些东西属于纯粹的个人财产,如个人的身体、衣服、牙刷、艺术家的工具;还有一些东西如铁路、机器、住宅、园地游艇等,需要经过具体的考虑后才能决定它们在什么程度上属于个人财产,在什么程度上属于公共财富并由国家管理或出租。在现实生活中,这些问题属于政治的范畴,属于如何有效管理国家、维持国家发展的问题。此外,它们也涉及许多心理学或是教育学上的问题。这一时期人们对财产的批判仍是随性的,而不是科学的。一方面,它是个人主义,企图用人们已经拥有的东西来保证以及扩大自由权;另一方面,它是社会主义,希望通过集中国家财产而限制个人的财富。我们发现,任何阶层的人都处于以下这两个阶层之间:完全否定财产私有的共产主义和反对政府的一切税收的极端个人主义。今天的社会主义,我们一般可将其视为一种集体主义。它允许个人持有一定数量的私有财产,但也主张将教育、交通、矿产、土地和其他重要物质生产权交由组织完善的国家所有。最近，一些主张用科学的方法研究和计划社会主义的人逐渐涌现出来。人们还越来越清楚地意识到，未接受过教育的人，很难在大规模的事业中与人合作。所以，国家在过渡过程中，从私人企业中接管每一项职能的时候，都应该有相应的教育进步与适当的监督、控制的组织机构。现在各国的新闻出版与政治，对于大规模的集团活动来说都显得不太成熟。

但在一段时间里，由于雇佣者与被雇佣者——特别是苛刻的雇主与具有反抗精神的雇工之间的那种紧张的关系，使得共产主义以一种显眼的基本形式广泛传播于全世界。马克思这一名字就与共产主义紧紧相连。马克思主义理论的基础是这样一种信念：人们的思想意识受制于经济条件，在今天的文明中，富有的剥削阶级与被剥削阶级之间存在着某种必然的利益冲突。机械革命促进了教育的发展，而教育的发展又提升了被剥削阶级的思想觉悟，使之在反抗占据统治地位的剥削阶级时更能坚定自己的立场。马克思曾预言过，觉醒以后的工人阶级，一定会找到一种方式夺取政权，并建立一个新型的社会主义国家。

马克思一度尝试以阶级斗争取代国际对抗，先后提倡建立了第一、第二和第三国际工人组织。但是从近代个人思想出发，马克思的这种提法也许也能发展为世界性的思潮。自英国伟大的经济学家亚当·斯密时代开始，人们逐渐明白：实现全世界的繁荣，必须先实现世界范围内自由的、顺畅的贸易。实际上，个人主义者对国家的敌意，就是对关税、国界和以此为法律依据的针对各种自由行为和运动的限制的敌意。这里出现了两条思想路线，他们的精神实质具有很大的差异性，这就好像是马克思主义者所倡导的阶级斗争的社会主义思想，与维多利亚女王时代英国商人所主张的个人主义的贸易自由的哲学之间的差异——由此可见它们的差异有多悬殊。然而，它们之间的区别尽管如此之大，但它们却也都宣告：它们要超越所有国家的限制与国界来处理人类事务。如此看来，这两条思想路线是十分有趣的，现实逻辑打败了理论逻辑。人们逐渐认识到：个人主义与社会主义理论，其实是站在两个相反的角度研究同一个问题的，即针对如何才能让人们共同劳动的问题，找出一个更广泛的社会和政治性的解释与解决办法。当人们开始质疑神圣罗马帝国和基督教的观念时，当人们的视线从地中海转移到全世界时，这种探索在欧洲又得到了加强。

# 第五十九章 现代政治与社会思想的进程

　　如果想要详细地向读者展示从古至今的社会、政治、经济等各种思想的发展和争论，那就势必一一介绍大量争执不休的观点，而这些又的确不在本书的意图和范围之内。但是，如果我们从宏观的角度来看待这些事物时，我们就必然会发现：在人们的脑海中重建这些指导思想，还是一个尚未完成的事业。我们甚至很难评估，该项任务究竟完成到了一个什么程度。纵然如此，一些共同的信念还是在逐渐形成，在今天的政治事件与大众行动中就能明显看到它们所带来的影响。然而，这些信念还不够清晰，说服力也十分微弱，所以人们还不能坚定而有系统地去实现它们。人们的行为往往在新思想与旧传统之间摇摆不定，但从总体上来看，人们更容易偏向旧传统。尽管如此，比起前人的那种思想状态，此时人们的思想中也逐渐形成一种新的形态。但是，这还只是一个大概的轮廓，在某些方面还显得有些模糊，在细节和方式上还常常出现变化，但它毕竟日渐清晰起来，其主要轮廓也越来越趋于稳定。

　　随着时间的流逝，在日渐增长的人类事务中，人类的认识变得越来越清晰。人类正在慢慢形成一个共同体，而对人类的许多事务进行世界性的共同管理，就显得越来越必要了。比如，全球其实就是一个经济共同体，人们需要全面考虑如何对自然资源进行合理的开发。而人类不断增加的新发现和力量，使得人类现在所用的分散与竞争性的管理方法越来越显得浪费，也越来越危险。现在，整个世界都开始关注金融和货币事务、传染性疾病、人口增长与移民问题，而这些问题也需要靠全世界联合起来一起应对。人类活动范围的不断扩大，活动能力的不断增强，使得战争造成了极大的扰乱与毁灭，战争也不再是解决民族争斗与政治问题的有效手段了。所有这一切，都要求出现一个规模更大、控制力更强、更具有权威性的政治实体。

　　但是解决这些所有问题，并不能依靠一个通过现存政府联合组成或是一个世界性的超级政府来完成。人们根据现存制度来进行推测，还试想能够成立人类议会、世界国会、世界总统或世界皇帝等。这些提议，往往是人们最原始想法的自然反映。然而，经历了半个世纪的探讨和实验，人们终于放弃了这些想法。倘若人们沿着这条道路实现世界统一的话，那阻碍就实在太多了。现在，人们转化思维，成立了一些具有一定权力的世界性的特别委员会或是组织，各国政府再向各个事务组织派遣代表，参与指导自然资源的开发，解决世界和平、劳动条件的平等、货币、人口、卫生等各方面的问题。

尽管世界至今仍未形成一个世界性的政府，但人类的共同利益已被视为共同的事业来经营。但是，在人类尚未实现统一之前，在这种国际合作打败由爱国主义而产生的怀疑和嫉妒之前，要先让大家形成一种人类统一的理想。"人类是一家"的观念，应该得到人们的普遍认可，应该得到广泛宣传。

在两千多年甚至更长的岁月中，世界上许多伟大的宗教都在努力地宣传"人类皆兄弟"的思想。然而直到今天，由于各个国家、部落或民族之间的纷争而造成的憎恨、愤怒和猜忌，成功地阻扰了一种更为豁达的见解和更为慷慨的冲动的形成，从而阻碍了公仆思想的形成。就像在公元六七世纪那种混乱的局势里，基督教为了让欧洲人从灵魂深处接受基督教而做的努力一样，现在"人类皆兄弟"的思想也正在努力让自己活在人类的灵魂深处。当然，要想让这种观念得到传播和普及，必定离不开一大批忠诚的、甘于奉献的宣传者的付出。关于这一事业的发展前景，恐怕没有哪位当代作家可以预测得到。

社会问题和经济问题总是与国际问题纠缠在一块，就好像它们是不可分割的整体似的，而各类问题的解决都有赖于同一种可以激励人们的服务精神。各个国家出现的猜忌、固执、自私，与资产阶级与工人在面对共同利益时的猜忌、固执、自私相互反映。个人的贪欲一旦放大，就成了国家与统治者的贪欲，它们都是出自个人原始的欲望，是传统无知的产物。所谓国际主义，指的就是各国的社会主义。任意一个对此有所研究的人都会认为：至今还没有哪种有深度、有力量的心理学或是经过精心发酵的教育方法及教育机构，能够仔细并彻底解决人类之间的交往与合作之谜。公元1820年，人类尚未设计出电动铁路系统，而我们现在一样也没能设计出能有效维护世界和平的组织。但是，我们应该怀抱这样的信念，相信它即将出现，而且让我们等待的时间不会太久。

任何思想都无法超越同时代的思想，任何人也都不能超越自身的知识。所以，我们无法猜测并预见，到底需要经过多少代人的战争、耗费、恐惧和痛苦后，我们才能结束这漫无目的的动乱生活，才能迎来全人类的和平。与此同时，我们为解决这些问题而提出的办法还是那样的粗略和模糊，并一直被激情与质疑包围着。如今，一项重建知识的伟大任务已经展开，尽管至今为止它依旧不是很完善，但是我们的概念却是越来越明确和清晰了。至于该项任务的进展速度是快是慢，我们如今还很难做出判断。不过，当这个概念日益清晰之后，就会在人们心中凝聚一种力量。但是，由于这个概念尚不够准确也缺乏保证，所以这种力量至今仍未完全形成；又因为其表现形式多变且混杂，所以它又常常遭到误解。然而有一天，它一旦具备了确定性与精密性后，那么新的世界国家将会获得令人信服的力量，而且这种力量的获得速度是极快的。从逻辑上来说，更清晰理解的结果必定是教育的改造。

# 第六十章　美国势力的不断增大

　　北美地区的生活方式因为交通工具的发展而产生了极大的变化,使其受到了世界的瞩目。美国的政治体制所体现的是18世纪中期的自由思想,而美国宪法也是自由的结晶。美国废除了国家教会和王权,取消了贵族头衔,不过却小心谨慎地保护着私有财产,并将它视为某种自由。在这样的制度下,几乎每一个成年男性都被赋予了选举的权利,只不过刚开始实行的时候各州的情况各不相同。不过,由于选举方式十分粗陋,所以政治生活很快便落入了高度组织化的政党机构手中。但这并没有妨碍这些刚刚获得解放的人民发挥出巨大的——超越同时代任何人群的活力、事业心和公共精神。

　　接下来,让我们将目光聚焦到交通工具速度的提高方面。因交通提速而受益最多的国家是美国,但令人惊讶的是美国人自己对此却没什么感觉。在他们看来,铁路、轮船和电报等这一类东西的出现只是国家发展的一个必然过程。其实不然,这些发明的问世恰恰及时地拯救了合众国的统一。美国这个辽阔的国家之所以能发展成现在这个样子,首先是因为有了轮船,后来又是因为铁路的出现。如果不是因为它们,那么这个幅员辽阔的大陆国家——美利坚合众国或许根本就不会存在了;人口西迁的速度会十分缓慢,也许始终无法穿过中部大平原。如果缺少这些交通工具,东海岸移民大概要花费200年的时间才能到达密苏里州,而这一段迁徙之路的旅程甚至还不到美国大陆宽度的1/2。公元1821年,密苏里河对岸第一个州被建立起来了,而它就是"轮船州"密苏里州,而移民从密苏里州到太平洋那段剩下的距离,他们仅花了几十年的时间。

　　如果用放映机将公元1600年以后的美国每一年的地图一一放映出来,那一定十分有趣。在地图上，我们以小黑圈代表人口，一个黑圈就表示 100 个人，一个星号便代表一座 10 万人以上的城市。我们便能够清楚地看到，小黑圈在 200 年里沿着河岸或是可以航行的水域慢慢向前迁徙，当小黑圈移动到印第安纳州、肯塔基州后，其行进速度便逐渐减慢了。但是到了公元 1810 年前后，情况发生了变化：沿着河流的航道，黑圈迅速增加并扩散开来，一改往日慢腾腾的迁徙速度，或许是因为当时有了轮船。不久，开拓者从沿河的码头地区，逐渐扩散到内布拉斯加州及堪萨斯州。

公元 1830 年左右，代表铁路的黑线条在美国的地图上出现了。从这个时候起，小黑圈不再缓慢蠕动了，而是以极快的速度飞奔向前。它们移动的速度实在是太快了，就好像是被喷墨机突然喷出来一样。突然间，在一些地区出现了代表 10 万人以上的城市的星号。起初地图上只出现了一两个星号，到后来这种星号便不再是一两个的出现，而是大量地喷涌而出，而每一个星号都像是不断延伸的铁路黑线上的结。

在全世界范围内，美国的发展道路是从来没有过的，这是一种崭新的发展模式。如果是在以前，像美国这样的社会几乎不可能出现，即便是出现了，也一定会因为没有铁路而迅速崩溃。如果没有铁路和电报，那么管理加利弗尼亚，或许在北京要比在华盛顿还要容易些。美国人口数量急剧增加，但是这个国家却没有趋于分裂，反而越来越统一。一个世纪以前，弗吉尼亚人和新英格兰人已经十分相似了，但今天的旧金山人与纽约人比他们还要更相似。而且，这样的同化作用，仍在不断进行着。由于铁路和电报的共同作用，美国逐渐形成一个越来越巨大的统一体，其不管是在语言、思想，还是在行动上，都显得那样协调。不久，航空事业诞生，它也加入到为社会发展贡献力量的行列中来。

美国这个大共同体绝对是历史上的一件新生事物。历史上人口超过 1 亿的大帝国也曾出现过，不过那些都是多民族加在一块的，除了美国，世界上从来没有出现过一个由单一民族组成这样规模的国家。对于这一新生事物，我们希望能找到一个新词汇来称呼它。我们将美国称为"国家"，就像我们称法国、荷兰为国家一样。不过，就像汽车和马匹之间的区别一样，美国与法国、荷兰等国也存在天壤之别，美国和它们完全是两码事儿。美国诞生的环境背景与时代背景完全不同于以前那些国家诞生的背景，而且它们各自以不同的速度向不同的方向发展。就规模和可能性而言，美国恰恰是那种介乎欧洲式国家和全世界联合国家之间的这类国家。

不过，美国人民在拥有今天的强大与安宁之前，也曾经历过可怕的战争。由于轮船、铁路和电报等相关设施出现得还不够早，所以还不足以化解美国南部诸州与北部诸州日益加深的利益与思想冲突。当时，美国的南方实行奴隶制度，而北方各州人民则都是自由人。轮船和铁路刚开始在美国使用的时候，不仅没有化解其南北矛盾，反而是加深了它们之间的冲突。新的运输工具使得统一的步伐越来越快，但同时也使得南北方精神发生了激烈的对抗，双方的关系日益紧张，几乎没有调和的可能。美国的南方精神是鼓励大地主和名门贵族奴役黑奴，而北方精神则极为重视自由和个人主义。

随着人口的大规模西迁，州组织逐渐建立，而每一个新加入这个快速发展的国家的州，都成了南北之争的战场。每一个新成立的州都面临一个选择：是加入崇尚自由和个人主义的北方阵营，还是支持奴隶制度与等级制度？这是完全不同的水火不相容的两种观念。自公元1833年开始，美国的一个反对奴隶制的协会，为彻底废除奴隶制度开始在全国范围内宣传，并鼓动国人废除奴隶制度。最终，奴隶制与反奴隶制的这一对抗，由是否要接纳得克萨斯州加入合众国的讨论而最终演变为公开的冲突。得克萨斯原来是墨西哥共和国的一部分，不过它却是由支持奴隶制的美国各州的移居者开辟的，它在1835年时脱离墨西哥而获得独立，并在1844年时被划入美国领土范围。根据墨西哥的法律规定，得克萨斯州是禁止役使奴隶的，然而此时南方又声称得克萨斯州可以实行奴隶制，并且还真的付诸行动。

这一时期，由于远洋航海事业的发展，越来越多的欧洲人移居到了美国，使得北方各州的人口出现了明显的增长。包括爱荷华、威斯康星、明尼苏达、俄勒冈在内的几乎所有的北方农业区都被提升为州，使得反对奴隶制的北方在参议院与众议院中很可能在人数上占优势。作为棉花产地的南方，一方面为因为日益强烈的废除奴隶运动而感到了巨大的威胁；另一方面又因为担心北方在国会中占据优势，所以开始商讨从联邦脱离出去。南方人设想着吞并墨西哥和西印度群岛，然后建立一个直抵巴拿马的庞大的奴隶制国家。

公元1860年，坚决反对奴隶制度的亚伯拉罕·林肯当选为美国总统，南方

## 第六十章　美国势力的不断增大

决定脱离联邦。南卡罗来纳州为此还通过了一项"脱离法令"，并做好了战斗准备。之后，包括密西西比、佛罗里达、亚拉巴马、乔治亚、路易斯安那和得克萨斯在内的南部各州联合起来，并在亚拉巴马的蒙哥马利召开会议。杰斐逊·戴维斯在会议上被选举为"美国南方各州同盟"的总统，会议还通过了一部拥护黑人奴隶制的宪法。

林肯是美国独立战争以后成长起来的新一代美国人中的典范。在他年轻的时候，他曾经是西迁大军中的一员。他出生于肯塔基州（1809年），童年时代生活在印第安纳州，后来又迁至伊利诺伊州。当时，印第安纳州还属于一个半开垦地区，生活十分辛苦，他们住的房子是随便在旷野中盖起的一座木头小屋。由于学校的教育十分落后，而且时有时无，所以他的母亲便自己教他读书写字。他十分热爱书籍，从很小的时候开始就如饥似渴地读书了。17岁那一年，林肯成为一名运动高手，赛跑与摔跤都是他的长项。有一段时间，他曾在一家商店做雇员，后来又跟一个嗜酒如命的人合伙做生意，结果却欠下了一笔让他足足还了15年的巨额债款。公元1834年，25岁的林肯就已经成为伊利诺伊州众议院的议员。

在当时的伊利诺伊州，奴隶制问题十分引人关注，因为议会中主张扩张奴隶制的政党的党魁正是伊利诺伊州的参议院议员道格拉斯。道格拉斯能力出众，也颇具威望。在若干年里，林肯一直采用派发小册子和公开演讲的方式和他论战，并逐渐成为他的劲敌，最后还战胜了他。在公元1860年举行的美国总统选举中，林肯与道格拉斯的斗争达到了最激烈的程度。公元1861年3月4日，林肯就任美国总统。而此时，南方各州已经在紧锣密鼓地准备着，打算一举脱离华盛顿联邦政府。

就这样，美国内战爆发了，即美国南北战争。在这场战争中，军队大多是临时招兵组建的，起初先是几万人，之后逐渐发展到几十万人，最后联邦兵力竟高达百万人之多。这场战争的主要战场是新墨西哥至东部海洋之间的广阔区域，双方争夺的焦点是华盛顿与里士满。在这里，我们就不为大家详细介绍这场穿越了田纳西州与弗吉尼亚州的森林与丘陵地带并在密西西比河沿岸越打越激烈的史诗般的战斗。这场战争造成了大量物资被摧毁、大批士兵或死或伤，双方不断地进行着进攻与反击，人们时而希望满怀，时而又失望不已。有时候，华盛顿似乎就要被南方人攻陷了；有时候，北方军队也对里士满兵临城下。南方军队在人数和资源上都处于弱势地位，但是他们的统帅却是能力出众的李将军。而联邦军队虽然在人数上占据了极大的优势，却面临着缺少优秀指挥官的尴尬，统帅像走马灯似的换来换去，直到由谢尔曼和格兰特接过北方军队的指挥权，北方军队才打败了衣衫褴褛且早已疲惫不堪的南方军队。公元1864年10月，谢尔曼带领着一支北方军队，突破南方军队左翼，从田纳西州经佐治亚州直抵海岸，穿过南部联邦，然后北上越过南北卡罗莱纳州，直击南方军队的后方。而此时，南方李将军的部队正被格兰特牵制在里士满附近，直到北方另一将领谢尔曼到来。公元1865年4月9日，李将军和他的部队在阿波马托克斯投降。之后不到一个月，南方军队的残余部队纷纷投降，南方联盟解体。

  对于美国人民而言，这一场持续4年的战争对他们的精神与肉体都带来了极大的折磨。此时，人们极为重视州的自治，而北方却强制南方废除奴隶制。因此，在边境州里，兄弟或父子都可能因为主张不同而加入两个对立的军队之中。北方人认为自己的主张是正义的，然而许多人却认为北方的主张和行为并不代表完美的正义。面对这样的混乱局势，林肯时刻始终保持头脑清醒。他坚持统一并保持持久的和平，反对分裂和对立；他坚持废除奴隶制。

  在南北战争的初级阶段，北方的议会和军队将领们要求在短期内解放南方的黑奴，但却遭到了林肯的反对，由此使得这些人从狂热的情绪中清醒过来。林肯主张解放奴隶需有步骤地进行，并且还要对奴隶主做出相应的补偿。公元1865年1月，时机已经成熟，议会提出了一个宪法修正案，要求永久性地废除了奴隶制。当该修正案由各州通过时，战争已经结束。

  公元1862年到1863年，战争进入了双方僵持的阶段。战争初期人们所拥有的热情，此时已经渐渐退去，人们开始对战争产生了极度的厌倦与憎恶情绪。林肯发现，自己周围充斥着叛徒、被撤了职的将军、心怀不轨的政治掮客等；而身后则是极度疲惫的美国人民，他们都在质疑这一场战争；位于前线的则是暮气沉沉的军队和庸庸碌碌的将领。就连一直带给他最大安慰的里士满的杰斐逊·戴维斯的境况也好不到哪儿去。而就在这一关键时刻，英国政府却给南方联邦提供了海上支援，允许三艘快速私掠船在英国下水并配备人员，从而把美国的海上船只赶走。在这三艘船中，其中"阿拉巴马"号令人印象最深刻。而

## 第六十章　美国势力的不断增大

此时，驻扎在墨西哥的法军则肆意践踏美国的"门罗主义"。里士满方面于是提出了一个微妙的停战建议，提议美国暂时停止内战，相关问题留待以后处理，南北双方先联起手来一起对付在墨西哥的法国军队。但是，林肯却坚持除非让联邦一方拥有最高统帅权，否则他将不考虑南方的这一建议，因为他认为美国只能作为一个整体而不是分裂的两部分来反抗法国军队。

在充满挫折、失败、疲劳的漫长岁月中，在弥漫着绝望和分裂的气氛下，林肯始终将美国紧密地团结在一起，他自始至终都坚持着美国统一，从未动摇过。每当他无事可做的时候，林肯总是静静地坐在白宫里，一动也不动，就好像是一座刚毅的雕像。有时候，他也会说一些笑话，或是说一些有趣的事儿，以缓解自己的紧张情绪。

终于，林肯的联邦政府获得了胜利。在南方投降的第二天，他进入里士满，接受李将军的投降。林肯回到华盛顿之后，于4月11日发表了最后的公开演说，主题是《两方和解与在战败诸州重建忠实联邦政府的问题》。4月14日的晚上，林肯到华盛顿的福特剧院看表演，正当他坐在看台上观看演出时，突然脑后中了一枪，当场身亡。凶手是一个叫布恩的演员，因对林肯的政治主张不满，所以便溜进包厢行刺林肯。不过，林肯的事业已经完成，联邦和美国已经得救了。

这场南北战争刚打起来的时候，美国还没有修建通往太平洋海岸的铁路，但战争结束之后，铁路便像蔓藤一般在美国土地上四处蔓延。如今，疆域辽阔的美国，因为有了铁路，变成一个无论是在物质上还是精神上都无法分割的统一体。

# 第六十一章 德国的复苏与对欧洲的控制

在前面章节中我们已经提及,在法国大革命与拿破仑军事大冒险所引起的大动荡后,欧洲获得了一种不安的和平,而且还让50年前的政治局势又以某种现代化的面貌重新出现了。公元19世纪中期,炼钢技术、轮船和铁路都没能产生显著的政治效果。但是,基于城市工业化程度的迅速加深,社会的压力不断增大,此时的法国依然危机四伏。此时,法国又连续爆发了1830年的革命和1848年的革命。接着,法国诞生了其历史上首位总统,他便是拿破仑·波拿巴的侄子拿破仑三世——后来他又在公元1852年成为皇帝。

拿破仑执政之后,着手开始创建巴黎,希望能将巴黎建成一种拉丁风格的城市,而当时的巴黎实际上是一座到处充斥着绘画、垃圾的17世纪风格的城市。经过拿破仑的努力,一座宽敞的、到处矗立着大理石建筑的拉丁风格的城市终于出现在世人面前,而且依稀保存至今。此外,拿破仑还改造法国,想要将法国打造成一个明亮耀眼的现代化帝国主义国家。他甚至还有某种政治野心,让欧洲列强再次陷入困顿不安的战争状态。而此时,野心勃勃的俄国沙皇尼古拉一世正大举南侵土耳其帝国,并紧紧盯着君士坦丁堡的风吹草动。

到了公元19世纪下半叶,欧洲又爆发了新一轮的战争,而这一次的战争目的是为了"均衡势力"和"争夺霸权"。法国、英国和撒丁为了维持土耳其的现状,与俄国发生了克里米亚战争;为了掌握德意志的统治权,意大利的同盟普鲁士和奥地利爆发了战争;法国出兵帮助意大利北部脱离奥地利的统治,而意大利则将萨瓦作为回报送给法国。此后,意大利逐渐发展成一个统一的王国。当美国发生南北战争时,拿破仑三世又乘机对墨西哥进行了一个轻率的大冒险:

# 第六十一章　德国的复苏与对欧洲的控制

在墨西哥扶植了一位傀儡皇帝马克西米利安。然而，当胜利的美国联邦政府对此提出抗议和威胁后，他又立即抛弃了马克西米利安，导致后者最终落入墨西哥人之手并遭到枪决。

事实上，法国和普鲁士为了争夺欧洲霸权在很长时间以来冲突不断，直到公元1870年双方再次发生战争。对于这一场战事，普鲁士显然早已预料到，并为此做了十分充分的准备；而法国方面则因为财政困难日益加重，而使得军队的力量被严重削弱了。结果可想而知，法国节节败退，而且这种溃败还极富戏剧性。8月，德国进攻法国；9月，拿破仑三世亲自指挥的一支法国大军在色当战败投降；10月，另一支法国军队在梅斯投降；次年1月，巴黎遭到围攻和炮轰后最终落到了德国人手中。战后，交战双方在法兰克福签订了停战协议，法国同意割让阿尔萨斯与洛林给德国以换取和平。于是，除去奥地利外，整个德意志变成了一个统一的帝国了，普鲁士王登上德国皇帝的宝座，加入了欧洲皇帝的行列。

在这次德法战争之后的43年里，德国始终是欧洲大陆最强大的国家。而在此期间的公元1877年至1878年，俄罗斯又与土耳其交战。自此之后30年间，除了巴尔干地区有过部分的调整外，欧洲其他国家的国界都不曾发生过变动。

# 第六十二章　轮船、铁路时代的新海外帝国

到了公元18世纪末，欧洲帝国进入了分裂时代，而扩张主义者的扩张梦想也逐渐破灭。这一时期，英国、西班牙等国家与其美洲殖民地由于相隔太远，从而导致本土与殖民地的自由往来阻碍重重。各殖民地于是纷纷脱离本土控制，逐渐形成有着不同思想、习俗、语言的新的独立的社会实体。随着时间的推移，各殖民地也在各自发展，此时本土用以控制它们的航运线便显得越来越不可靠了。那些设立在荒原之上的贸易站，如法国设在加拿大的商站；或是贸易办事处，如英国设在印度的贸易公司，为了勉强维持自己在殖民地的存在，只好依赖给它们提供帮助并给予其存在根据的国家。所以在公元19世纪初期，许多思想家都觉得，海外殖民统治已经达到了极限。公元1820年之后，欧洲国家中只有俄国还在不断向东扩张，几乎要跨越整个亚洲，而其他那些欧洲国家在18世纪中期于欧洲以外地区所创建的"帝国"，其势力范围正一步步紧缩。

公元1815年，不列颠帝国的疆域由以下部分组成：人烟稀少的加拿大沿海、河流和湖泊区域、辽阔荒芜的内陆（哈得孙湾公司的皮货交易站是当时唯一的移民点）；由东印度公司掌控的印度半岛三分之一的土地；黑色人种与具有反抗精神的荷兰人聚居的好望角沿海地区；西非海岸上的几个贸易站；直布罗陀；马耳他岛；牙买加；西印度群岛上几块奴隶制小领土；南美洲的英属殖民地圭亚那等；在世界另一端的澳大利亚，还有博塔尼湾与塔斯马尼亚岛这两块囚犯流放地。此时，西班牙则掌握着古巴和菲律宾岛上的一些领地，葡萄牙则只保有其早年征服的一些非洲土地，荷兰则拥有印度群岛与荷属圭亚那的几个岛屿和部分领土，丹麦只控制着西印度群岛中的一个小岛，法国则统治着西印度群

岛的几个小岛和法属圭亚那领地。这些似乎就是欧洲列强所要的，也可以说是它们能够从世界其他地方所获得的全部殖民地。此时，它们都停住了扩张的步伐，只剩下东印度公司仍表现出某种扩张意图。

当欧洲人正忙于应付拿破仑战争时，英国的东印度公司却在其历任总督的带领下正在印度扮演着从前突厥人和其他北方侵略者相同的角色——以印度为起点，侵略其他国家。《维也纳条约》后，东印度公司依旧不断发动战争、强行征税，还往亚洲各国派驻使者，就好像是一个半独立的国家。不过，它仍然需要将掠夺来的财富送回英国。

在这里，我们无法向大家详细说明，东印度公司是如何与各方势力达成联盟，最后又打败了所有的对手而取得霸权的。总之，它的触角一直伸到纹德、奥德、阿萨姆等地。今天英国中小学生所熟悉的印度版图的轮廓——一个由被英国直接掌控的各大行省包围和联结的诸土邦的拼集，就是在这一时期逐渐形成的。

公元1859年，在印度士兵发起的一次大规模的暴动被镇压之后，英国王室便将东印度公司这个"帝国"并入了其王国的统治。依照《改善印度政府管理法案》，印度总督成为代表英王的"副王"，并以印度事务大臣取代东印度公司，前者直接对英国国会负责。到了公元1877年，贝肯斯菲尔德勋爵为了完成以上这些改善法令，请英国女王维多利亚在拥有"英国女王"称号的同时再接受"印度女王"的称号。

就这样，英国和印度就是以这样一种不同寻常的方式结合在了一块。虽然此时的印度仍处于莫卧儿帝国时期，但莫卧儿大帝的位置却已经被大不列颠的"君主共和国"所取代了。由此，印度成了一个没有专制君主的专制国家，它的统治结合了君主专制的弊端和民主制度的不负责任，使得印度人民的生活水深火热。印度人无法申诉自己的苦楚和不平，他们没有真正的国王，他们的皇帝只是一个金色的象征，不能给他们做主。迫不得已，他们只好在英国散发宣传单或是对英国的下院提出抗议。然而，英国的议会总是忙于处理英国内部的问题，使得印度问题备受冷落，最后只能听任高官的摆布。

在轮船和铁路还没有投入使用的时候，欧洲各帝国都没有出现过什么大的扩张，而英国在印度的扩张属于例外。英国有一派政治思想家持有这样一种观点，认为：英国日趋衰败的一个主要原因便是进行海外领土扩张。英国的澳大利亚殖民地的发展十分缓慢，直到澳大利亚分别在公元1842年和1851年发现了铜矿与金矿，这个殖民地的重要性才逐渐显现出来。随着交通运输方面的发展，澳大利亚的羊毛被源源不断地送到欧洲并在欧洲越来越受欢迎。与澳大利亚相似，公元1849年之前的加拿大的发展也十分不乐观，因为它一直深受英国移民与法国移民之间的矛盾的困扰，并发生了多起大暴动。直到公元1867年，建立加拿大联邦自治政府的新宪法颁布，加拿大内部的混乱局势逐渐得到控制。此外，铁路的出现也极大地促进了加拿大的发展。和美国的情况十分相似，因为有了铁路，加拿大才能够向西扩展，还能在欧洲市场上出售他们的谷物和其他商品。而且，铁路的开通还极大地促进了加拿大的统一，使得加拿大各地的人在语言、情感和利益等方面越来越一致。所以说，在殖民地发展的整个过程中，轮船、铁路和电报都起到了重要的作用。

早在公元1840年以前，英国就已经在新西兰建立了殖民地，还组建了一家新西兰土地公司。这家公司可对岛上一切可利用资源进行开发。公元1840年，新西兰最终被纳入英国王权的殖民统治范围。

正如前面所提到的那样，加拿大是英国的殖民地中第一个采用新的运输方式并展现出其新经济能力的地方。紧接着，南美洲的各个共和国也不断因为交通的改善而获利，尤其是阿根廷共和国，其牲畜贸易和咖啡贸易等开始频繁与欧洲市场接触。以往，欧洲列强纷纷涌入这片未开发的原始地区，是为了争夺黄金和其他贵重金属、象牙、奴隶、香料等。但是在公元19世纪的最后25年中，欧洲各国人口激增，从而导致国内粮食供应紧张，迫使各国政府不得不向海外寻求粮食供应；科学工业的发展，又加大了各国对各类油脂、橡胶以及其他之前不受人们重视等原材料的需求。显然，英国、葡萄牙和荷兰正是因为控制着许多热带和亚热带产品，所以才获得了巨大的收益。公元1871年之后，德国、法国、意大利先后开始寻找尚未被吞并的原料产地和有利可图的现代东方国家。

于是，全世界又展开了新一轮的对没有政治庇护的地区的争夺。此时，只有美洲因为有美国"门罗主义"的庇佑，才免遭涂炭。

与欧洲大陆紧挨着的是非洲大陆，在欧洲人眼中，这里充满了朦胧的开发希望。在公元1850年之前，非洲还是一个神秘莫测的大陆，欧洲人对这块大陆的理解仅限于古埃及和沿海地区，而且了解的程度也并不深。由于篇幅限制，

# 第六十二章 轮船、铁路时代的新海外帝国

我们在这里便不再多加介绍有关最早到非洲大陆的探险家与冒险家的惊险故事，也不多讲述紧跟探险家与冒险家其后的政客、行政官员、商人、移民和科学家的惊人故事。我只能告诉读者，在非洲大陆上有：诸如俾格米矮人那样奇异的人种，诸如俄卡皮鹿之类的奇特野兽，各种奇特鲜花、水果和昆虫，可怕的疾病，震撼人心的森林山岳美景，浩渺的内海，宽阔的河流和壮观的瀑布。这是一个全新的世界。在津巴布韦，欧洲的探险家们甚至还发现了一处已经灭绝的某一古代民族的文明遗迹。当欧洲人闯入这个新世界的时候，发现在这里经营奴隶贩卖活动的阿拉伯商人已经拥有来福枪了，但是黑人还过着毫无秩序的生活。

公元19世纪后半叶，欧洲列强对非洲全境进行了测绘、勘探和评估，然后将其完全瓜分。在这场瓜分大战中，根本没人考虑过当地居民的利益。在这里的阿拉伯奴隶贩子虽然没有被驱逐出境，但他们贩卖奴隶的活动却遭到了禁止。在被比利时人占领的刚果，由于殖民者对橡胶贪婪的需求，使得他们不断强迫当地土人去采集野生橡胶。随着这种贪婪程度的不断加深，这些毫无管理经验的欧洲官员和当地土著人的矛盾也进一步加深了，最终演变为可怕的暴行。可以说，所有欧洲列强都在非洲干了可耻的事儿。

公元1883年，古埃及虽然在名义上是土耳其的属地，但英国人却公然入侵了这里，还在这里建立了自己的统治势力范围。公元1898年，马尔尚上校率军从西海岸穿越中非，意图在法绍达抢占尼罗河上游，差点酿成一场英法战争。关于这些故事，这里我们便不为大家一一介绍了。

另外，英国政府原本同意奥伦治河地区与德兰士瓦两地的荷兰移民布尔人，在南非境内建立他们自己独立的共和国，但后来英国政府却出尔反尔，在公元1877年时吞并了德兰士瓦共和国。德兰士瓦人民为了重获自由，奋起反抗，于公元1881年在巴山与英国军队展开激战，并取得了胜利。关于这一战，英国的报纸进行了连续的报道，让英国人深深记住了这一惨败事实。公元1899年，战争又在英国和这两个国家之间爆发，战争持续了3年，英国人在付出巨大的代价后赢得了战争。

然而，这两个共和国对英国的屈服只是暂时的。公元1907年，它们的征服者大英帝国主义政府垮台，英国的自由党人接手处理南非问题，两个共和国于是重新获得自由。它们十分乐意与好望角殖民地、纳塔尔组成一个由南非各国

组成的联邦，作为英王治下的一个自主的共和国。

　　列强用了不到 25 年的时间，几乎将非洲瓜分一空。最后，仅留下三个小国没有受到瓜分，它们分别是：摩洛哥，接受穆斯林苏丹统治的一个小国；利比里亚，西海岸的一个结束了奴隶制的居住地；埃塞俄比亚，信奉基督教某个古老分支的未开化国家，曾为捍卫自己的独立而在公元 1896 年与意大利发生了阿杜瓦战役并取得了胜利。

## 第六十三章 欧洲人掠夺亚洲，日本的复兴

我们无法相信有人会接受欧洲人用自己的色彩轻率绘制的这样一幅非洲地图，并将它视为永久性解决世界事务的新办法。然而，历史学家的责任就是如实记录历史。

在公元19世纪的欧洲人的头脑中，只有一种肤浅的历史背景而缺乏深入批判的习惯。在当时那些面对蒙古人的征服茫然不知所措的人眼中，因西方机器革命而造成的欧洲人的暂时优势简直就是欧洲永久控制人类事务的证据。他们不懂得科学研究及其成果都是可以转移的，不理解中国人和印度人也能像英国人和法国人那样进行科学研究。他们总是狭隘地认为，东方人生性保守、懒散，而西方人具有闯劲和智慧，所以欧洲人会永远处于世界霸主的地位。

这种糊涂的想法最终造成一个后果，那便是欧洲各国的对外机构不仅竭力与英国争夺世界上未开化的地方，还想要瓜分亚洲人口众多的文明国家，就好像那些民族就是供他们开采的原料一般。英国统治阶级在印度建立一个徒有虚名的帝国，荷兰在东印度群岛建立了辽阔且有利可图的殖民地，引得其他列强纷纷遐想着征服日渐衰弱的波斯，占领解体的奥斯曼帝国，瓜分中国、日本和东印度的领土。

公元1898年，欧洲列强对疆域辽阔的中国进行了瓜分，比如德国人抢占了胶州湾，英国人占领了威海卫。次年，俄罗斯侵吞中国的旅顺港。欧洲人的野蛮行径引起了中国人民的强烈愤慨，于是出现了在华的欧洲人与基督徒被杀事件。公元1900年时，他们还围攻了欧洲列强驻扎于北京的使馆。欧洲联军打着援救使馆人员的幌子，对北京进行了报复性的进攻，然后又抢掠了不计其数的

奇珍异宝。随后，俄国人强占了中国东北，而英国人则于公元1904年入侵中国西藏。

在这些不断争夺的强盗中，此时又突然冒出了一个新生力量——日本。在此前的历史上，日本只是一个无足轻重的小角色，这个遥远而封闭的国家几乎没有对人类历史产生过什么重大影响，或者说它只是索取而几乎没有付出。严格说来，日本民族属于蒙古人种，他们的文明、文字、文学和艺术统统源于中国。日本的历史颇为有趣，也充满了传奇色彩。早在基督开元的头几个世纪，日本就已经建立了封建制度并发展了武士传统。就像英国人入侵法国一样，日本也不断对中国和朝鲜发动战争。

公元16世纪，日本第一次接触欧洲。公元1542年，几个葡萄牙人搭乘中国船只来到了日本；公元1549年，耶稣会传教士弗兰西斯·萨维尔开始在日本传教。曾经有一段时间，他们非常欢迎欧洲人，很多日本人还受了欧洲传教士的影响而改信基督教。当时，有一个叫作威廉·亚当斯的人成了日本人最为信赖的欧洲顾问，他向日本人传授了建造大型船只的方法。不久，日本人便能驾着自己造的船只到印度和秘鲁了。

后来，葡萄牙的耶稣会、西班牙的多明我会、英国和荷兰的新教徒在日本进行了激烈而复杂的斗争，各派都警告日本人要提防其他教派的政治意图。与此同时，处于优势地位的耶稣会残酷地侮辱和迫害佛教徒。直到这时，日本人突然醒悟：欧洲人都是祸害，尤其是天主教，其不过是教皇与已经占领了菲律宾群岛的西班牙国王为达到其政治目的而设的一个装饰门面而已。日本因此展开了一场大规模清洗基督教徒的活动。从公元1638年开始，日本对欧洲各国关闭了大门，并且一连坚持了200多年。这200多年来，日本好像是生活在另一个星球上，几乎没有跟其他国家往来。除了沿海使用的小船，所有大型船只的建造都遭到了日本政府的禁止。日本人不准到国外去，而欧洲人也无法进入日本。

在长达200多年的时间里，日本都不在世界历史主流之列，独自生活在风景如画的世界里。它是一个封建国家，其中统治阶级由武士、贵族及其家族组成，他们人口数量占日本总人口的5%，经常肆意对日本平民实施暴政。而此时，外面的广阔世界却正在飞速发展，形成了更广阔的视野，出现了许多新生力量。日本海峡有越来越多的奇特船只驶过，偶尔也会有遇难的船只和船员漂到日本。

## 第六十三章　欧洲人掠夺亚洲，日本的复兴

通过联系日本与外部世界的唯一桥梁，即荷兰人在对马岛上的居留地，日本人发现自己已经远远落后于西方国家了。

公元 1827 年，一艘桅杆上飘扬着奇异的星条旗的轮船驶进了江户湾，船上载有数名日本水手，这些水手是在漂流到遥远的太平洋的某处被救上来的。然而当这艘船靠近日本时，却遭到日本的炮击，只好离去。不久，挂着相同旗子的船只再次出现在日本海域附近。公元 1849 年，又有挂着相同旗子的船只驶来，要求日本释放被扣押的 18 名美国水手。公元 1853 年，海军准将佩里率领 4 艘美国军舰驶进日本海域。当时日本政府是严禁外国船只停泊在其近海的，然而佩里却不顾日本的这一禁令，直接将军舰开入日本海域，并给日本当时的两位执政者写了封信。公元 1854 年，佩里再带领 10 艘军舰直逼日本，这些军舰以蒸汽机为推动力，舰上架着大炮。佩里提出通商的建议，无力抵抗的日本人只好同意了。随后，佩里和他的 500 名士兵登陆日本岛，与日本签订了通商条约。看着这些访问者昂首阔步地从大街上走过，日本人的眼神里充满了疑惑。

紧接着，俄罗斯、荷兰、英国相继涌入日本。日本的一位贵族，曾试图用炮击退外国船只，结果英国、法国、荷兰、美国的船舰一齐向他的炮台发炮，摧毁了他的炮台，打败了他的武士。公元 1865 年，各国联军舰队停泊于京都海上，强迫日本签订向全世界开放通商的条约。

经历了此事之后，日本人深深以此为辱。此后，日本人凭借其惊人智慧和顽强意志，竭力提高自己国家的文化和组织水平，并逐渐赶上了欧洲人。在人类历史上，还没有哪一个国家能像日本那样，进步速度如此惊人。公元 1866 年的日本就好像是一幅奇妙浪漫的封建制漫画，一个只有中世纪发展水平的国家，然而到了公元 1899 年时，它却已经赶上了最先进的欧洲国家，成为一个完全西方化的国家。这样，那种认为亚洲必然不如欧洲的偏见被它彻底击破，欧洲的进步与之一比便显得黯然失色了。

尽管日本在公元 1894 年至 1895 年发动的侵华战争反映了日本的西化程度，但我们在这里将不再做详细叙述。此时，日本已经拥有一支高效的西方化陆军和一支小而精干的西方化舰队。日本的复兴引起了英美两国的注意，它们已经将其视为欧洲国家了，但这却没有引起那些正忙于抢占亚洲新印度群岛的其他国家的重视。这一时期，俄国正打算经中国东北入侵朝鲜，而法国已经在遥远

南方的东京（译者注：越南北部一地区的旧称）和安南建立了自己的势力范围，而德国也正如饥似渴地寻找可以扩张的殖民地。这三大强国联合起来，阻止日本人在与中国的战争中获得更多的好处——因为日本在对华战争中消耗颇大，三大强国便以战争来要挟它，使得它不敢有更大的动作。

然而，日本只是暂时妥协而已，其一回到日本便立即开始积蓄力量，以期日后与各国一争高下。日本准备了整整10年，然后对俄宣战。而这场日俄战争，意味着亚洲的历史进入了新纪元。至此，欧洲霸权一枝独秀的时代宣告终结了。对于这一场精心策划的绕过半个地球的战争，俄国人民是懵然无知的。一些富有远见的俄国政治家认为这场战争是愚蠢的，不应该应战。但是，沙皇却被一群金融冒险家包围着，其中不乏大公、沙皇的堂兄弟等，他们为了掠夺大量的财富已经在中国东北投下了大赌注，所以执意不肯退兵。于是，大批日本士兵经海上被送到了旅顺口和朝鲜，而无数的俄国农民则通过西伯利亚铁路被送往前线，死在远离家乡的异国战场上。

战争开始后，俄国军队指挥不当，又加上粮草与弹药被扣押在后方，结果不管是在海上还是在陆上都没能战胜日本。波罗的海舰队绕道非洲前来助战，结果却在马六甲海峡被日军全歼。在俄国国内，这场毫无意义的战争激怒了俄国民众，并由此爆发了一场大革命，迫使沙皇只好停止战争（1905年）。沙皇将公元1877年占领的库页岛南部交给了日本，从中国东北撤兵，并将其在朝鲜掠夺的特权也拱手让了出去。至此，欧洲人对亚洲的侵略走到了尽头，欧洲势力的触角开始回缩。

# 第六十四章　大英帝国统治下的和平

接下来，我们即将介绍公元 1914 年的大英帝国各组成部分的不同性质，它们是通过轮船和铁路被紧密地联系在一起的。可以说，在人类历史上以这样一个独特的政治联邦出现的，只有大英帝国。

对于整个联邦而言，处于中心地位的和最重要的部分便是不列颠联合王国的"君主共和国"，其中也包含了爱尔兰（这一点遭到了许多爱尔兰人的反对）。不列颠国会由英格兰和威尔士议会、苏格兰议会、爱尔兰议会这三个议会组成，其多数决定了政府的性质、政策与内阁首脑。而国会做出这样的决议，大多数是出自对英国国内政治的考虑。事实上，这个内阁就是管理整个帝国的最高政府，它还掌握着对外宣战与议和的权力。

在大英帝国中，不列颠最具有政治重要性，排在其后的依次是：澳大利亚、加拿大、英国最早的属地纽芬兰、新西兰以及南非等"君主共和国"。实际上，它们都是独立的自治国，不过是与大不列颠结成联盟，不过伦敦政府会往这些自治国派国王代表。

接下来，大英帝国的组成部分还有印度帝国了。印度帝国是大莫卧儿帝国的扩展，还包括其附属及"受保护"的各邦，它的领土越来越宽，已经从俾路支延伸至缅甸，还将亚丁包含在内。在整个印度帝国中，扮演旧时突厥王朝角色的是英王和印度事务部（下属议会）。

再接下来的大英帝国的组成部分便是古埃及了。其实，古埃及与大英帝国的所属关系并不太明确——古埃及名义上是属于土耳其的，还拥有自己的国王，但实际控制它的却是统治手段近乎专制的英国官员。

大英帝国的组成部分再有就是意义更加含糊的"盎格鲁—古埃及"的苏丹省，它其实是在英国政府和英国控制下的古埃及政府的共同统治之下的。

当时的大英帝国还含一些半自治地区，如马耳他岛、牙买加、巴哈马群岛以及百慕大群岛等。这些地区有些原先就属于英国，而有一些则不是。在这些地区既没有设立选举产生的立法机构，也没有由英国派任的行政长官。

然后，大英帝国还控制着一些直辖的殖民地。在这些殖民地地区，英国政府（通过殖民部）的统治方式十分接近君主专制。这样的地区包括：锡兰、特立尼达、斐济（英国在此地设立了一个政务会议，人员由英政府任命）、直布罗陀和圣赫勒拿（有一名总督）。

最后是广大的热带地区，亦即未加工原料的产地。这些地区的土著居民都是未开化的，所以其政治大多比较软弱。它们只是名义上的保护地，由职位高于土著酋长（如在巴苏陀兰）或特许公司（如在罗得西亚）的高级专员负责管理。至于这些地区的归属部门，实在是难以弄清楚，它们有的归殖民部门，有的归外交部，有的归印度事务部，不过现在大部分责任归殖民部。

综上所述，没有什么机构也没有什么人会将英国视为一个简单的整体，不过它本来就不是一个简单的整体，它其实是一个在发展中由各国不断拼凑起来的混合体。所以说，大英帝国与以前的那些帝国是完全不同的。虽然大英帝国的官方不断推行苛政，显示出种种弊端，不过帝国看起来还算稳定和平；虽然其"国内"民众对这种稳定和平不以为然，但它还是得到许多"隶属"的容忍与支持。

大英帝国和"雅典帝国"一样，也是一个海外帝国，帝国各部分的日常联系完全是靠不列颠海军来完成的。与其他的帝国一样，使大英帝国各部分凝聚在一起的物质保证就是：发达的交通。公元16世纪到19世纪，大英帝国之所以能够轻易实现表面上的稳定和平，完全得益于航海、造船与蒸汽轮船技术的发展。不过，当航空运输和陆地高速运输有了新发展后，说不一定哪一天就会动摇了它的稳定和平，而这也是极有可能发生的。

# 第六十五章　欧洲的军备阶段与世界大战的爆发

　　自然科学的进步，成就了一个强大的建立在轮船和铁路基础上的美利坚合众国，也促进了海上霸主英国的对外扩张。然而，拥挤在欧洲大陆上的其他国家，却并没有因为这种科学进步而获得有效的发展。这些国家的国民被限制在土路和骑马时代所划定的国界之内，只能当一名观众看大英帝国不断在海外扩张，而自己却没有那个实力。

　　当时，只有俄国依然存在着某种向东扩张的倾向。俄国人修建了一条横贯西伯利亚的大铁路，并且依靠这条铁路与日本人进行了一场残酷的战争。同时，它不断向东南方向推进，入侵印度与波斯，并因此惹恼了英国人。而此时，欧洲各国正面临着人口过剩的问题。人类的生活面临着重新调整的可能，就是在更为广泛的基础上重新安排各国的事务。而打造这样的基础的前提是，实现各国的联合，不管是出于自愿的还是被逼的。当然，从近代思想角度出发，各方肯定更愿意接受前一种联合，然而由于各国传统政治势力的介入，欧洲显然又开始推行后一种强权政策。

　　由于拿破仑三世帝国的覆灭和新德意志帝国的崛起，使得人们又将希望或担心都集中在了这种主张上面，即欧洲在德国的领导下结为一体。在36年的时间里，欧洲始终处于摇摇欲坠的和平之中，欧洲政治家都认为：德国可能成为欧洲的主宰者。自从查理曼帝国分裂之后，法国始终是妨碍德国成为欧洲霸主的主要对手。法国自知实力不足，于是便拉上俄国与自己一伙儿。而德国则尝试着与奥匈帝国（在拿破仑一世时代里就已经脱离神圣罗马帝国了）联盟，还不太成功地与意大利新王国结盟。

最开始的时候，英国仍以其一贯作风行事，对欧洲事务采用忽冷忽热的应对姿态。然而，当它发现德国海军的实力越来越强悍时，它便立即与法国、俄国结成联盟。后来，由于野心极大的德国皇帝威廉二世过早地推行他的海外冒险政策，从而使得不仅是英国，就连日本和美国也逐渐倒向了与之对立的阵营。

于是，所有这些国家都准备武装起来，军事设备、枪炮和战舰在国民生产中所占的比重一年比一年高。世界局势更加动荡不安，各国之间火药味越来越浓，战争靠近的速度时急时缓。最终，战争还是爆发了。德国和奥匈帝国首先对法国、俄国、塞尔维亚发起了进攻。接着，德国又开始进攻比利时，英国不甘示弱地立即参战，为比利时提供帮助，还拉拢日本成为自己的盟国。没过多久，奥斯曼土耳其加入了德国阵营。

公元1915年，意大利对奥匈帝国宣战，而保加利亚则在当年的10月成了德国的盟友。公元1916年，罗马尼亚向德国宣战，而中国和美国则在次年被迫对德国宣战。关于裁定这次大战的责任的这一问题，本书便不做细述了，我们更需注意的不是战争为什么打起来了，而是为什么没有人预料到这场战争的爆发并对其加以制止。对于人类而言，肆意挑起战争的一小撮人固然可恨，但更令我们痛心的是：千百万的人过于"爱国"、愚昧与冷酷，以至于无法发起一个公开的、辐射面广的欧洲统一运动来阻止这场不幸。

由于此次大战的细节过于复杂，我们无法一一陈述，但是我们应该注意到：仅在数月之内，现代科学技术的进步就让战争的性质彻底发生了改变。这一事实是显而易见的。物理学的发展，使人类充分认识了"力量"这一概念，人们利用这种力量冶炼钢铁、克服距离、战胜疾病。然而，人们是用其来行善还是作恶，完全取决于世界道德和政治的认知程度。战争爆发后，欧洲各国政府由于受到仇恨与猜忌的旧政策的影响，形成了一种前所未有的破坏力和抵抗力。全世界都弥漫着一股战争的气息，不论是战胜国还是战败国，都遭受了极为重大的损失。

大战初期，德军入侵巴黎，俄军猛烈地攻击东普鲁士，双方的进攻都遭到了抵御和反抗。然后，各国开始加强自身的防御能力，修筑坚固的防御工事。在一段时间里，对峙的两方都固守在横贯欧洲的长长的战壕之内，每向前推进一步就要付出极大的牺牲。双方的兵力都十分强大，数以百万计。在军队的后方，所有民众都被组织起来为前线提供粮食和军需品。各地全力以赴地为战争服务，

## 第六十五章 欧洲的军备阶段与世界大战的爆发

几乎被迫停止了所有的生产活动。欧洲所有健康成年男子都被"征用"了，不是加入了陆军或海军，就是到临时工厂进行军需生产了。原来工厂的工作则由妇女替代了。大战期间，欧洲交战国半数以上的国民都转换了职业，并且还是以一种社会性的规模来实现这种根本性转移的。与此同时，科学研究和教育工作或是受到压制，或是干脆直接转向为军事服务。由于军事上的审查和强迫性的宣传活动，使得新闻失去了其原来的味道。

当战争陷入胶着状态后，双方不得不转变进攻方向，对后方人员进行攻击：或空袭，或破坏粮食与军需用品的供给。此外，为了压制敌军，交战双方都开始加快武器研究的步伐，枪炮的口径和射程都有了明显的改进，毒气弹和小坦克也都开始出现在战场上。在所有的新方法中，空军的投入使用最具有革命意义，它使得战争从平面战争发展为立体战争。在以往的战争中，战斗都是发生在交战双方相接的地方；而此时的战争，则可以对任何地方进行打击。最早出现的空中武器是齐柏林飞行器，接着则是轰炸机，它们把战争从前线扩大至后方的非战斗地区。区别对待战斗人员与平民这一古老的文明战争传统被抛弃了，几乎所有人都成了攻击对象，不管他的职业是什么，如农民、裁缝、伐木工人、修房的人甚至车站和仓库也没能逃过打击。空袭的范围不断扩大，其造成的恐慌也与日俱增。

最后，欧洲的许多地区都成了敌军夜间空袭的目标和对象，像伦敦、巴黎等重要城市，几乎每晚都要遭受轰炸。高射炮不断发出可怕的怒吼声，消防车、救护车在漆黑无人的大街上疾驰而过。这一切，对老人与孩子的身心健康都造成了极大的伤害。

历史上，每一次大战都会引发瘟疫流行，然而这一次一直到公元1918年战争结束也没出现过疫情。事实上，在这4年的战争中，是医学有效地阻止了一般流行病的发生。不过，后来还是爆发了世界性的流行性感冒，这种流行感冒来势汹汹，并夺走了数百万人的性命。另外，战争往往会导致饥荒，这次大战中有数次驱除了饥荒的来袭，但是到了公元1918年年初时，欧洲大部分地区还是不可避免地出现了饥荒。此时，全世界都出现了粮食减产的问题，因为各国的农民纷纷被招募到军中，无人耕地；加上当时潜水艇活动猖獗，各国封锁边界，使得道路不再畅通以及世界运输系统混乱，都使得粮食得不到正常的供应。

各国所掌握的粮食越来越少，不得不采取定期、定量的粮食分配措施。到了战争的第四年，人们不仅要面临粮食问题，还要应对缺少衣服、房子和大部分的人生活用品问题，商业和经济异常混乱，大家都忧心忡忡的，大部分人的生活都十分艰难。

  直到公元1918年11月，这场战争才算真正结束了。而在这一年的春天，德军还不惜一切地对巴黎进行了猛攻，还差点攻陷了这座城市。战后，战争中心国终于崩溃了，它们在精力和资源上都已经耗光了。

# 第六十六章　俄国的十月革命

在前面提到的大战同盟国瓦解的前一年，那个公开宣称要继承拜占庭皇帝之位的半东方国家俄国的沙皇就已经被推翻了。早在战争爆发前的数年里，沙皇俄国已经出现没落的征兆了，竟然让拉斯普丁这个宗教骗子掌管国家大事，国家在军事和民事上的管理也都显得极为腐败无能。战争初期，俄国上下热情高涨，很快便组织好一支庞大的军队。然而，这支军队既没有配备适用的武器装备，也没有配备优秀的指挥官或将领。就这样，这支供给不足、管理不善的军队就被匆匆投到德、奥的前线中去。

公元1914年9月，在德军眼见就要取得攻击巴黎的胜利时，俄国军队却突然出现在了东普鲁士，使得德军将注意力和精力都从对巴黎的首次胜利转到这里来。俄军的此次出征因为缺少优秀的指挥官而损失惨重，参军的俄国农民承受着巨大的痛苦，看着数万战友牺牲，但却将法国从战争的彻底毁灭中拯救出来，并让整个欧洲都对这个伟大而惨烈的民族感激不已。对于这个臃肿的、组织失当的国家而言，并不是其能力不够，只是战争已经大大超出其国力的承受范围。俄国士兵进入战场时，不仅缺少炮火支援，就连步枪子弹的供应也不充足，最后在长官和将军们狂热的军国主义的欺骗下，白白牺牲了自己的生命。在很长一段时间里，他们都像牲畜一样默默承受着这一切巨大的痛苦，然而再老实的人，忍耐力也是有限的。于是，这些被出卖和被屠杀的军人对沙俄政府产生了憎恶和不满，他们产生了一种强烈的想法，他们要奋起反抗，改变这样的命运。

公元1915年后，俄国成了其西方盟友心中的一个隐忧。至公元1916年时，它基本上都处于守势，称其与德国单独媾和的谣言一时间甚嚣尘上。

公元1916年12月29日，僧侣拉斯普丁在彼得堡的一个晚宴中遇刺身亡。随后，人们展开了一次早就该执行的整顿沙皇政府的计划。到了公元1917年3月，事态迅速发展，一场革命起义因彼得堡的粮食骚乱而爆发了。起义者试图推翻政府的代议机构杜马，并试图逮捕自由派的领导人，成立一个以里沃夫亲王为首的临时政府。3月15日，俄国沙皇被迫退位。在一段时间里，人们似乎将希望寄托于一场温和有限的革命，就比如换一位新沙皇。不过，事态的发展却日渐明显，俄国人民已经对沙皇彻底失去了信心，所以任何相似的调整都无法挽救当时的沙俄政府了。这个时候的俄国人民已经对欧洲秩序、沙皇、战争以及列强痛恨不已，他们迫切希望赶快摆脱这种痛苦，他们再也忍受不下去了。

当时协约国的各成员国并不了解俄国国内的形势，就算是他们的外交官，也对俄国没有多大的了解。这些所谓的高雅之士，他们只将目光紧锁在俄国的宫廷内，根本没有去了解俄国下层阶级社会的真实情况。所以，他们对俄国的估计是极其不可靠的。而且，在这些外交官中没有几个是不讨厌共和政治的，所以毋庸置疑地会对新政府设置各种障碍。

俄国共和政府的领导人是克伦斯基，他是一位雄辩的、风采出众的人，他当时面临着两大难题：第一，俄国国内正进行着一场更彻底的革命运动，而且这股强大的社会革命力量正在冲击着自己；第二，国外各协约国政府都对自己的新政府表现出极为冷淡的态度。这些协约国禁止他将边界线外的土地交给俄国农民，又不支持他从境外战场上撤回俄国军队。英国和法国甚至在报纸上大造舆论，纠缠着俄国去发起新的进攻。然而，当德国军队从海陆两方面对里加发起进攻时，英国海军却在远征波罗的海救援俄国的事情上错失了大好的机会。孤立无援的新俄罗斯共和国只能独自进行着战斗。关于这一次战争的海上问题有一点尤其值得我们注意，虽然在海上居于优势地位的是各协约国，尽管英国海军上将费希尔勋爵（1841年—1921年）曾对此提出抗议，但英国和协约国在整个战争期间只进行了局部的潜艇攻击，到最后还是将波罗的海的控海权拱手让给了德国。

俄国人民要求尽快结束这一场残酷的战争，甚至不惜付出任何代价。在彼得堡，一个代表工人阶级和普通士兵的组织——苏维埃政权，成立了。它号召在斯德哥尔摩召开社会主义者的国际大会。与此同时，德国柏林出现了粮荒，

# 第六十六章 俄国的十月革命

德国和奥匈帝国两国的厌战情绪再次升级。从后来发生的情况来看，国际大会的召开必然会在公元1917年促成以民主原则的方式实现的正义和平以及引起德国的革命。克伦斯基也曾请求西方盟友同意召开此次会议，但是其盟友都担心该会议会引起世界性的社会主义与共产主义的革命，所以拒绝了，尽管英国的工党政府以微弱优势的票数通过了这一要求。在既没有物质支援又失去协约国道义上的支持的情况下，这个不幸的"温和的"俄罗斯共和国继续战斗着，并在这一年7月的时候发动了最后殊死的攻势，虽然一度取得了胜利，但最终还是失败了。俄国人民再次遭受血腥的屠杀。

至此，俄国人民实在是忍无可忍了，军队时常发生兵变，而且这种情况在北方前线表现得尤为明显。公元1917年11月7日，苏维埃推翻了克伦斯基政府的统治，并夺取了政权。新政权由列宁领导下的布尔什维克社会主义者所掌握，不管西方列强如何强烈警告，它都不予理睬，誓要实现俄国的和平。公元1918年3月2日，苏维埃领导的俄国和德国签署了《布列斯特—立托夫斯克和约》。

从本质上来说，布尔什维克社会主义者完全不同于口头上的立宪主义者和克伦斯基革命党人，而且这一点很快便明显显示出来了。他们都是忠实的马克思主义者，他们深信他们在俄国夺取政权只是全世界的社会主义的革命的开端。凭借美好的信念，他们在没有任何经验的前提下开始改造社会和建设经济秩序。

对于这个新政府，西欧国家和美国都没有表现出什么远见，同时也没有什么力量去干预，所以在这个苏俄政府所进行的非凡的实验中，他们都不曾提供过任何帮助，也没有做过任何引导。然而，新闻媒体不顾自己的名誉地站在了统治阶级一边，并且不择手段、不惜一切地对这个新势力进行着攻击。一种无耻的、令人作呕的、虚伪的宣传活动，就这样在全世界的报纸上公开进行着。它们将布尔什维克的领导人描绘成一群恐怖的、嗜杀成性的、荒淫的强盗与魔鬼。相比之下，拉斯普丁干预下的沙皇宫廷反倒显得清白纯洁多了。这样一来，这个已经精疲力竭的国家里，那些叛乱者与偷袭者就得到了鼓励，获得了武装和资助。可以说，为了搞垮布尔什维克政权，那些叛乱者用尽了所有能用的卑鄙和可怕的手段。

公元1919年，这个历经5年大战而伤痕累累、混乱不堪的国家，在布尔什维克政权的领导下，又被迫在各条战线上苦战：在西伯利亚，他们与俄国旧军官高尔察克进行战斗；在东西伯利亚，他们顽强地抵抗日本侵略军；在阿尔汉格尔斯克，他们与英国干涉军展开了军事较量；在南方，他们还需要应对法国、希腊和罗马尼亚的军队；在克里米亚，他们与法国舰队所支持的邓尼金激烈交战。这一年的7月，彼得堡差点就被一支由尤登尼奇率领的爱沙尼亚军队攻下了。公元1920年，波兰军队在法国的煽动下，对苏俄展开了新一轮攻击。另外，弗兰格尔继承邓尼金，率领一支新成立的反动叛军，袭击、破坏自己的祖国。公元1921年3月，喀琅施塔得的水兵也发生了叛乱。在列宁的领导下，苏俄政府成功击退了各方的围攻，充分显示了这个新政权的顽强的生命力。不论环境多么恶劣，苏俄人民始终坚定地支持着自己的政权。至公元1921年底，英国和意大利终于率先承认了这个共产党政权。

与其在反抗外国的侵略和国内的叛乱的努力相比，布尔什维克政府想要在俄国建立一个共产主义的社会秩序，需要付出的努力要大得多。当时的俄国的农民都是有着很少土地的小土地所有者，要想让他们从思想上和生产方式上都实现共产主义，就好像是让鲸鱼飞天，实在是太难了。革命给他们分了大地主的土地，但是却不能让他们为了钱以外的东西去进行粮食的生产。

实际上，革命否定了钱的价值。战争让百姓的生活陷入了混乱，铁路瘫痪了，农业生产遭到破坏，农民生产的粮食减少到仅够维持他们自己的生活，而城镇则陷入了饥饿的恐慌中。同时，根据共产主义理念所制订的恢复工业生产的草率计划也遭遇了失败。到了公元1920年，俄国几乎就要彻底崩溃了，铁路被大量废弃，城镇变成了废墟，整个国家到处充斥着一种颓败的气息。而这一时期，这个国家还不得不在边界上与各方敌人纠缠在一起。

公元1921年，被战争蹂躏得疮痍满目的俄国的东南几省，又连续遭到了干旱和严重的饥荒的袭击，数以百万计的人民在饥饿的死亡线上苦苦挣扎。

迄今为止，关于俄国境况和恢复经济的问题，各界人士仍存在着不同的意见，本书对此不做过多的讨论。

# 第六十七章　全世界重建政治经济秩序

　　由于本书的写作意图和范围的限制，我们在此无法更深层地讨论由各种条约引发的复杂、激烈的争论，特别是《凡尔赛条约》，因为它是对第一次世界大战的总结。现在我们终于明白，这场令人憎恨的战争，既没有结束什么，也没有开启什么，更没有解决任何问题。它只是让数百万人无辜枉死，让全世界陷入荒芜颓败的境地，并完全摧毁了沙皇俄国。其充其量不过让我们意识到：我们正愚蠢而混沌地生活在这个危险重重又毫无怜悯之心的世界中，我们的生活既没有计划也没有远见。而使人类陷入这场战争悲剧的自我中心论、国民热情和帝国主义无限的贪欲，则在战争中彻底暴露出来，然而却没有因为战争而受到任何削弱，一旦世界从大战的损耗与疲倦中恢复过来，他们必然会招来一场更大的风暴。

　　对人类而言，战争与革命并不能为其带来什么，其最大的作用就是以最野蛮和最痛苦的方式摧毁了那些古老的障碍物。第一次世界大战消除了德意志对欧洲的威胁，摧毁了俄国的帝国主义，还消除了一大批君主政体。然而，仍然有许多旗帜在欧洲上空肆无忌惮地飘扬着，各国的国界线上仍然争端不断，军队实力仍然十分强大，而且所使用的武器越来越先进。

　　《凡尔赛条约》所具有的权限只是对战争冲突及战败事宜做出某种结论，然而它却十分不合理地超越了这一权限。一些没有参加会议资格的国家只能听凭会议对它们做出裁决，如德国、奥地利、土耳其和保加利亚。从人类幸福的角度来看，会议地点的选择就存在很大的问题。公元1871年，德意志帝国就是带着凯旋者的骄狂在凡尔赛宣告自己的成立，同样还是在凡尔赛的明镜大厅，又上演了一出类似的剧目，但剧情却颠倒过来了。人们在心里不可能不这么联想。

此时此刻，战争初期各国所表现出的慷慨不知去了哪里，战胜国全然不顾战败国人民同样在战争中饱受苦难的事实，一味地强调他们自己所遭到的痛苦与损失。战争爆发，其实是由于欧洲各国的国家主义与竞争力量缺乏有效的协调所导致的。在一块这么小的地方，拥堵着如此之多政权独立的国家，而且它们又都拥有强大的军事实力，那么战争也就无法避免了。总之，战争不是以这种方式爆发，就是以其他相似的形式爆发。

据此推断，如果得不到政治上统一的预防，那么在未来的20至30年里必然会发生一场更可怕的战争。就像母鸡会下蛋一样，为战争而组织起来的各种社会关系也必然会引起战争。然而，在战争中遭受伤害、损失的国家和民族却忽略了这样一个事实：如果战败国的所有人民都要在道义和物质上为这场战争灾难负责，那么如果战争的结局正好相反，自己是不是也应该遭受同样的对待呢？当时，英国和法国认为应该由德国人来为这场战争负主要责任，而德国人则认为这个责任应该由英国、法国和俄国三国共同承担。只有少数有识之士意识到，引发战争的真正原因是支离破碎的欧洲政治结构。

《凡尔赛条约》的真正目的是惩罚战败国，让已经破产的国家又背上沉重的战争债务。坦白来说，这种通过建立反战联盟来重新组织国际关系的做法，是虚伪和不恰当的。

从有关欧洲国家的所作所为来观察，我们很怀疑它们是否持有为实现永久的和平而调整国际关系的想法。美国总统威尔逊建议在国际间建立一个国际同盟，并将其带入到现实的政治活动中，美国对这一建议是十分赞同的。在此以前，美国这个新型的近代国家，除了提出旨在保护美洲新大陆免遭欧洲干扰的"门罗主义"外，再没有对国际关系进行过任何明确表态。而如今，它被邀请来对当代最重大的政治问题提供精神上的指导，这是闻所未闻的。

美国人民一直对世界性的永久和平充满向往，而对"旧世界"的政治充满质疑，并总是远离"旧世界"的纷争之外。正当美国人准备为解决世界问题而提出自己的见解时，德国的潜艇将美国拖入了这场战争，美国被迫加入了德国的对立阵营。

威尔逊总统所提出的建立国际联盟组织的计划，是建立独特的美国式世界的临时性尝试，是一个不够周详甚至十分危险的计划。但是欧洲方面却将其视为美国政府深思熟虑后的提案。公元1918年至1919年，战争已经让人们身心俱疲了，几乎所有的人都愿意为防止战争再度爆发而付出一切。但是，任何一个旧世界的政府都不愿意为了和平放弃其任何一点权力。威尔逊总统提倡建立国际联盟的公开演讲，直接越过了欧洲各国政府，而直接进入了世界各国人民的耳朵里，并引起了共鸣。各国人民都误以为这是美国的一个成熟提案，都为此表现得十分兴奋。然而，与威尔逊总统打交道的不是这些人民，而是欧洲各国政府。威尔逊总统是一个具有非凡想象力的人，然而他在努力实现这一实验的时候却在处处考虑自己的利益，所以他所引起的这股热情狂潮也就很快消退了。

狄龙博士在其作品《和会》一书中曾经提到："当威尔逊总统抵达欧洲的海岸时，这里就像是一块被一位极富创造力的制陶匠捧在手心的黏土。各国人民迫不及待地想要跟随摩西去那个没有战争、没有封锁的理想王国，而威尔逊就是他们此时心中的摩西。法国人民满怀热情又充满敬意地向他鞠躬。巴黎的一位劳工领袖告诉我，在看到威尔逊的时候，他们都忍不住流下了欣喜的眼泪，他和他的同志们就算是赴汤蹈火，也要实现威尔逊那一伟大的计划。而在意大利，威尔逊的名字就是劳苦大众的心中预报新世界来临的号角。德国人则认为，威尔逊和他所提倡的主义是他们和平的保障。无畏的米尔隆说：'如果威尔逊到德国进行演讲，并且用最严厉的词来批判德国人，德国人也不会因此而有丝毫怨言，而是在欣然接受后立即投入工作。'对德意志人民、奥地利人民而言，威尔逊的名字就好像是一个救星，只要一提到这个名字，苦难之人便能够得到解脱，悲伤之人便能得到安慰……"

这就是威尔逊所带来的无限希望，然而他却又那样令人失望，而他创建的国际联盟又是如此软弱无能。提到这些，只会让人感到厌烦和不快。威尔逊夸大了人类的悲剧，他拥有伟大的梦想，但他却几乎没有为这一梦想而努力。美国人民反对威尔逊的做法，拒绝加入欧洲人所期待的国际联盟。美国民众终于醒悟过来，他们正被卷入某些他们毫无准备的事端当中。而此时，欧洲方面也逐渐发现，美国并不能在解决欧洲这种混乱局面上产生价值。

实际上，国际联盟根本还没达到实现的成熟时机，它那虽然经过精心设计却又不切实际的章程、受到明确的限制的权力，这些种种不利都成了阻碍国际关系有效重建的障碍。如果国际联盟根本就没存在过，许多问题或许还更容易解决些。然而，最初欢迎国际联盟这个计划的世界性热情，全世界的民众——是民众而不是政府——都纷纷加入反战行列。对此，不管哪一部历史书都应该进行认真的记载。当那些鼠目寸光的政府正在不断制造分歧并错误地估计着人类事务时，在其身后，一支为实现世界的统一、建立世界秩序的真正力量正在蓬勃发展。

公元1918年以后，世界开始进入会议时代。从此以后，国际事务往往通过会议来解决。在各种会议中，以美国总统哈丁于公元1921年召集的华盛顿会议最具创意，也最成功。此外，另一个会议也成为焦点，那便是日内瓦会议，因为俄国和德国的代表也参加了会议。关于种种会议的过程和各种尝试，我们在这里便不多做介绍了。我们可以明确的是，假如世界大战和世界性的屠杀能够避免，那么人类就会开展大范围的重建活动。

像国际联盟这样匆忙组建起来的组织，或是由国家集团临时拼凑组成的协调机构，它们看似可以解决所有问题，其实却解决不了任何问题，其完全无法满足新时代复杂的政治要求。而此时，人类应该尽快系统地发展一些新兴学科，比如人际关系学、个人和群体心理学、金融学、经济学和教育学等，并尽快让其进入应用阶段，以满足新时代的要求。那些狭隘的、腐朽的、已灭亡或快要灭亡的道德和政治观念，必然会被人类的起源是相同的、命运是一致的这一更明朗、更简捷的思想所取代。

如果说如今人类所面临的困惑、危险与灾难比任一时期都严重，那是因为科学给人们带来的力量也是空前的。无所畏惧的科学方法、明确清晰的阐释、彻底批判性的计划，都为人类带来了各种难以控制的强大力量，但同样也给了人们驾驭这些力量的希望。人类还处于青春期阶段，我们所碰到的苦难并非由于迟暮衰败而引起，而是源于未经训练且无法控制的强盛力量。就像本书一样，我们应当把历史视为一个过程，当我们看到人类为了希望、理想而努力奋斗时，我们就能认清当代"希望"和"危险"的真正比例关系。

至今，人类尚处于伟大的晨曦时刻，但是在鲜花或落日的美丽中，在可爱的小动物的玩耍中，在各种秀美的景致中，我们总能感受到生命所赋予我们的某种暗示。此外，在雄浑的音乐篇章中，在绘画和雕刻中，在雄伟的建筑与令人心醉的庭院中，我们依然可以体会物质带来的启示。我们拥有梦想，还拥有越来越强大的力量，世界性的永久和平与统一终会到来，我们的后世子孙将会拥有一个更美好的世界。迄今为止，人类只获得了一些小小的成就，而我们所讲述的整个历史，不过是人类伟大事业的一支序曲而已。

# 附录：世界大事年表

公元前

800 年 兴建迦太基。

790 年 埃塞俄比亚人征服古埃及，建立第二十五王朝。

776 年 第一届奥林匹克竞技会开始。

753 年 罗马成立。

745 年 提格拉特·帕拉沙尔三世征服巴比伦，创建新亚述帝国。

722 年 萨尔贡二世用铁质的武器武装亚述部队。

721 年 以色列人被萨尔贡二世驱逐出境。

680 年 亚述王爱沙哈顿攻占古埃及的底比斯（埃塞俄比亚人的第二十五王朝被推翻）。

664 年 萨姆提克一世恢复古埃及的自由，创建第二十六王朝（至公元前610 年）。

608 年 在米吉多战役中，古埃及王尼科击败犹太王西亚。

606 年 米堤亚人和迦勒底人征服尼尼微，创建迦勒底帝国。

604 年 尼科攻击幼发拉底河，被尼布甲尼撒二世打败（尼布甲尼撒将犹太人掠往巴比伦）。

550 年 居鲁士继承米堤亚人塞克萨里斯，并征服克里萨斯。

550 年 大概生活在这个时期的有：释迦牟尼、孔子和老子。

539 年 巴比伦被居鲁士夺回，创建波斯帝国。

521 年 大流士一世征服了从多瑙河至印度河的广大地区，并远征斯基台。

## 附录：世界大事年表

490 年　马拉松战役爆发。

480 年　塞尔比雷战役与撒拉米斯战役。

479 年　普拉多战役与麦卡利战役，结束了波斯进攻之患。

474 年　西西里的希腊人歼灭伊特鲁里亚船队。

431 年　伯罗奔尼撒战争（至 404 年）。

401 年　希腊"万人军"班师回国。

359 年　菲利普当上马其顿的君主。

338 年　凯罗尼亚之战。

336 年　马其顿军队抵达亚洲，菲利普遭暗杀。

334 年　格勒奈克斯河之战。

333 年　伊苏斯之战。

331 年　阿尔比勒之战。

330 年　大流士三世遇害。

323 年　亚历山大大帝去世。

321 年　旃陀罗笈多在旁遮普兴起，撒姆尼人在科丁山路之战大败罗马人。

281 年　皮洛士向意大利进军。

280 年　赫拉克利亚之战。

279 年　奥斯库卢姆战役。

278 年　高卢人进入小亚细亚，在加拉西亚定居。

275 年　皮洛士离开意大利。

264 年　第一次布匿战争的开始（阿育王开始统治比哈尔一直到公元前 227 年）。

260 年　米勒战役的开始。

256 年　埃克诺米斯之战。

246 年　秦始皇成为秦国的统治者。

221 年　秦始皇统一中国。

214 年　中国修筑长城的开始。

202 年　札马之战。

146 年　迦太基沦陷。

133 年　阿塔罗斯将王国交给罗马人。

102 年  马略战胜日耳曼人。

100 年  马略凯旋。中国汉武帝征服西域。

89 年  意大利人全部成为罗马市民。

73 年  斯巴达克率奴隶起义。

71 年  斯巴达克奴隶起义兵败。

66 年  罗马军在庞培的带领下来到里海及幼发拉底河,与阿雷奈人交战。

48 年  恺撒在法舍拉斯战胜庞培。

44 年  恺撒被刺身亡。

27 年  奥古斯都·恺撒当上执政元首(直至公元 14 年)。

4 年  耶稣的出生公元(西历纪元由此开始)。

公元

14 年  屋大维去世,提比略当上罗马皇帝。

30 年  耶稣遭受十字架刑去世。

41 年  克罗狄乌斯在卡利古拉遭暗杀后被禁卫军拥立为帝(罗马军团首位皇帝)。

68 年  尼禄自杀,加尔巴、奥托、维泰利乌斯相继登上罗马皇位。

69 年  韦斯帕西安当上皇帝。

102 年  班超通过西域抵达里海。

117 年  哈德里安继图拉真后成为皇帝。罗马帝国的势力范围最大的时期。

138 年  印度斯基台破坏希腊人统治印度的最后痕迹。

161 年  马可·奥里略继承安东尼·皮乌斯称帝。

164 年  大瘟疫蔓延,延续至 180 年奥里略逝世时。亚洲因瘟疫遭到重创(罗马帝国开始约一个世纪的战争与混乱)。

227 年  阿塔薛西一世(萨桑波斯的第一个君王)灭波斯的安息王朝。

242 年  摩尼开始传教。

247 年  高卢人越过多瑙河,大肆劫掠。

251 年  高卢人获得胜利。罗马皇帝第裘司战败去世。

260 年  第二位萨桑波斯王撒波一世占领安堤奥克,并掳走罗马瓦勒安皇帝,但在从小亚细亚回来的路上被帕尔米拉的奥迪尼林斯歼灭。

277 年 摩尼在波斯遇难。

284 年 戴克里先当上罗马皇帝。

303 年 戴克里先虐杀基督教徒。

311 年 伽莱里乌斯停止虐杀基督教徒。

312 年 君士坦丁大帝当上罗马统治者。

323 年 君士坦丁召开尼西亚的宗教大会。

337 年 君士坦丁大帝临终前接受洗礼。

361-363 年 尤里安（背教者）下令禁止基督教，恢复太阳神崇拜教。

392 年 狄奥多西成为东、西罗马帝国的统治者。

395年 狄奥多西去世。雷诺留及阿卡丢把罗马帝国再次瓜分为东、西两部分，以斯底利哥与阿拉列作为它的保护者。

410 年 阿拉列带领西哥特人攻占罗马城。

425 年 汪达尔人在西班牙南部定居，匈奴人攻占潘诺尼亚，哥特人定居达尔马提亚，苏维汇人与西哥特人抵达葡萄牙和西班牙北部，盎格鲁人向不列颠入侵。

439 年 迦太基被汪达尔人占领。

451 年 阿提拉向高卢进军，在特鲁瓦被罗马人、法兰克人、西哥特人打败。

453 年 阿提拉去世。

455 年 汪达尔人洗劫罗马。

476 年 鄂多亚克向君士坦丁堡报告西方已经没有皇帝，西罗马灭亡。

493 年 意大利被东哥特人狄奥多里克征服，当上意大利国王，但在名义上称臣于君士坦丁堡。

527 年 查士丁尼称帝。

529 年 查士丁尼关闭已有1000年历史的雅典学校，他的一位部下占领拿波里。

531 年 科斯洛埃斯一世继承王位。

543 年 君士坦丁堡瘟疫蔓延。

553 年 查士丁尼把哥特人驱逐出意大利。

565 年 查士丁尼逝世，伦巴德人征服北意大利大部。

570 年 穆罕默德出生。

579 年 科斯洛埃斯去世，伦巴德人控制了意大利。

590 年 瘟疫在罗马横行，科斯洛埃斯二世继承王位。

610 年 赫拉克利乌斯继承王位。

619 年 科斯洛埃斯二世占有古埃及、大马士革、耶路撒冷，驻兵海拉斯庞特。唐朝已经建国一年。

622 年 穆罕默德从麦加迁到麦地那。

627 年 赫拉克利乌斯在尼尼微大败波斯军。唐太宗成为中国皇帝。

628 年 卡瓦特二世废黜并把其父科斯洛埃斯二世杀死。穆罕默德致信各国君主。

629 年 穆罕默德荣返麦加。

632 年 穆罕默德逝世，艾卜·伯克尔当上哈里发。

634 年 亚莫克河之战，穆斯林占领叙利亚，奥马尔当上第二位哈里发。

637 年 卡迪西亚战役。

642 年 赫拉克利乌斯逝世。

643 年 奥斯曼当上第三代哈里发。

655 年 穆斯林战胜拜占庭。

668 年 摩阿维亚哈里发从海上攻打君士坦丁堡。

687 年 赫里斯塔尔的丕平做了宫相，重新征服了奥斯特拉西亚、纽斯特里亚。

711 年 穆斯林军队从非洲向西班牙入侵。

715 年 哈里发瓦利德一世的统治范围西抵比利牛斯山，东边抵达中国。

717—718 年 苏里曼向君士坦丁堡进攻，但失败了。

732 年 查理·马尔泰尔于普瓦捷大破穆斯林军队。

751 年 丕平当上法兰克国王。

768 年 丕平去世。

771 年 查理曼当上法兰克君主。

774 年 查理曼征服伦巴底。

786 年 哈伦·阿尔·拉希德当上巴格达的阿巴斯王朝的哈里发（至 809 年）。

795 年 利奥三世当上教皇（至 816 年）。

800 年 利奥教皇为查理曼举行加冕仪式。

802 年 埃格伯特被查理曼封为威塞克斯王。

814 年 查理曼逝世。

828 年 埃格伯特成为首个英格兰国王。

843 年 加洛林王朝瓦解。

850 年 北欧人留里克开始在此时统治诺夫哥罗德和基辅。

852 年 包里斯成为保加利亚首位基督教国王。

865 年 俄罗斯（诺曼）人的舰队对君士坦丁堡造成威胁。

904 年 俄罗斯舰队撤离君士坦丁堡。

912 年 罗伦当上诺曼底大公。

919 年 亨利（捕鸟者）成为德意志王。

936 年 奥托一世继承亨利的德意志王位。

941 年 俄罗斯舰队再次对君士坦丁堡构成威胁。

962 年 德意志王奥托一世由约翰十二世加冕为皇帝（为撒克逊王朝之始）。

987 年 休·卡佩当上法兰西王，加洛林王朝覆灭。

1016 年 卡纽特统治英格兰、丹麦、挪威。

1043 年 俄罗斯舰队对君士坦丁堡构成威胁。

1066 年 英格兰被诺曼底公爵威廉占领。

1071 年 伊斯兰教在塞尔柱突厥人中复兴，莫拉斯格德战役。

1073 年 希尔德布兰德当上教皇（格列高利七世），延续到 1085 年。

1084 年 诺曼人罗伯特·奎斯卡特掠夺罗马。

1087 年 乌尔班二世当上教皇（至 1099 年）。

1095 年 乌尔班二世发动第一次十字军东征。

1096 年 民众十字军大遭屠戮。

1147 年 第二次十字军东征的开始。

1169 年 萨拉丁当上古埃及苏丹。

1176 年 弗里德里希·巴巴罗萨认可教皇亚历山大三世在威尼斯的优越权。

1187 年 萨拉丁征服耶路撒冷。

1189 年 第三次十字军东征的开始。

1198 年 英诺森三世当上教皇（至 1216 年），并成为四岁的弗里德里希二世的监护人。

1202 年 十字军第四次向东罗马帝国进攻。

1204 年 君士坦丁堡被拉丁人夺回。

1214 年 成吉思汗占领北京。

1226 年 利那留三世当上教皇。

1227 年 成吉思汗驾崩（其统治范围从里海到太平洋），一年后窝阔台继承汗位。

1228 年 弗里德里希二世挑起第六次十字军东征，夺取耶路撒冷。

1240 年 蒙古人击毁基辅，俄罗斯向蒙古人进贡。

1241 年 在西里西亚的利埃格尼兹战役中，蒙古人取得胜利。

1250 年 弗里德里希二世（霍亨斯陶芬家族最后一位帝王）去世，从此开始了日耳曼时代，帝位始终虚悬至 1273 年。

1251 年 蒙哥当上蒙古大汗，忽必烈在九年后继承王位。

1258 年 旭列兀攻克巴格达。

1261 年 希腊人从拉丁人手中夺取君士坦丁堡。

1273 年 鲁道夫被选为皇帝，瑞士建立永久性联盟。

1293 年 实验科学的提倡者罗杰·培根逝世。

1348 年 黑死病流行。

1368 年 中国元朝灭亡，明朝成立（直至 1644 年）。

1377 年 教皇格列高利十一世回到罗马。

1378 年 教皇分立开始，克勒芒七世在阿维农，乌尔班六世在罗马。

1398 年 胡斯在巴格达传播威克利夫的教义。

1414–1418 年 康士坦茨宗教大会，胡斯在 1415 年被烧死。

1417 年 教会结束分立。

1453 年 奥斯曼土耳其人在穆罕默德二世的率领下夺取君士坦丁堡。

1480 年 伊凡三世（莫斯科大公）挣脱蒙古的统治。

1481 年 苏丹穆罕默德二世在准备攻打意大利时去世。

1486 年 狄亚斯绕好望角航行。

1492 年 哥伦布越过大西洋，抵达美洲。

1493 年 马克西米利安一世成为神圣罗马帝国皇帝。

1498 年 达伽马绕过好望角，抵达印度境内。

1499 年 瑞士成为独立的共和国。

1500 年 查里五世诞生。

1509 年 亨利八世当上英格兰君主。

1513 年 利奥十世当上教皇。

1515 年 弗兰西斯一世当上法兰西国王。

1520 年 苏利曼成为苏丹（直至 1566 年），其统治范围东到巴格达，西至匈牙利。查理五世当上皇帝。

1525 年 在尼巴特之战中，巴布尔取得胜利，夺回德里，创建莫卧儿帝国。

1527 年 在意大利的德军由波旁族的将军统率占领并掠夺罗马。

1529 年 苏利曼围攻维也纳。

1530 年 查理五世由教皇加冕，亨利八世与教皇发生争执。

1539 年 耶稣会成立。

1546 年 马丁·路德去世。

1547 年 伊凡四世称俄国沙皇。

1556 年 查理五世退位，阿克巴当上莫卧儿帝国君主。

1558 年 查理五世去世。

1566 年 苏利曼去世。

1603 年 詹姆士一世当上英格兰及苏格兰君主。

1620 年 "五月花"号远航到达美洲，创建新普利茅斯，黑奴首次在弗吉尼亚的詹姆斯敦登陆。

1625 年 查理一世成为英格兰君主。

1626 年 弗兰西斯·培根去世。

1643 年 路易十四继承王位，统治长达 72 年。

1648 年 《威斯特伐利亚和约》签订，瑞士与荷兰被承认为自由共和国，普鲁士逐渐强大，皇帝与国王都没赢得彻底的胜利。弗隆德战争，法兰西王全胜。

1649 年 英王查理一世被处死。

1658 年  奥朗则布当上莫卧儿帝国君主，克伦威尔去世。

1660 年  查理二世成为英格兰统治者。

1674 年  新阿姆斯特丹根据条约成为不列颠领地，改名纽约。

1683 年  土耳其人最后一次向维也纳发起进攻，被波兰约翰三世击败。

1689 年  俄国彼得大帝成为沙皇（直至 1725 年）。

1701 年  弗里德里希一世当上第一位普鲁士国王。

1707 年  奥朗则布去世。莫卧儿帝国瓦解。

1713 年  弗里德里希大帝诞生。

1715 年  路易十五当上法兰西统治者。

1755–1763 年  不列颠与法兰西争夺印度和美洲，法兰西联合奥地利、俄国抗击普鲁士、英格兰，发动了七年战争（1756 年 –1763 年）。

1759 年  不列颠将军沃尔夫占领魁北克。

1760 年  乔治三世成为英王。

1763 年  《巴黎和约》签订，加拿大归英国，英国管理印度。

1769 年  拿破仑·波拿巴诞生。

1774 年  路易十六继承王位。

1776 年  美利坚合众国发表《独立宣言》。

1783 年  英国和美国签订和约。

1787 年  费城宪法会议成立联邦政府，法兰西面临破产危机。

1788 年  在纽约召开第一次美国联邦会议。

1789 年  召开法兰西各级会议。巴士底狱被攻克。

1792 年  法兰西宣战奥地利，普鲁士宣战法兰西，瓦尔米之战，法兰西共和国成立。

1793 年  路易十六被处死。

1794 年  罗伯斯庇尔被处死，雅各宾共和国瓦解。

1795 年  督政府成立，拿破仑平定暴乱，任总司令率大军抵达意大利。

1798 年  拿破仑出征古埃及，尼罗河之役。

1799 年  拿破仑返回法国，成为第一执政官，掌管大权。

1804 年  拿破仑称帝。

1805 年　弗兰西斯二世赢得奥地利皇帝称号。

1806 年　神圣罗马帝国皇帝称号不复存在，自此神圣罗马帝国消亡。

1806 年　在耶拿战役中，普鲁士被彻底打败。

1808 年　拿破仑的哥哥约瑟夫被封为西班牙君主。

1810 年　西班牙的美洲属地改成共和制。

1812 年　拿破仑向莫斯科发动战争。

1814 年　拿破仑退位，路易十八继承王位。

1824 年　法兰西查理十世继承王位。

1825 年　俄国尼古拉一世成为沙皇，最早的铁路开始通车，以斯托克顿为起点抵达林敦。

1827 年　纳瓦里诺战役。

1829 年　希腊独立。

1830 年　路易·菲利普赶走查理十世自封为王。比利时从荷兰划分出来，萨克·科堡·哥达的列奥波特一世当上比利时的国王，俄属波兰革命失败。

1835 年　第一次使用"社会主义"一词。

1837 年　维多利亚女王继承王位。

1840 年　维多利亚与萨克森·科堡·哥达的亚尔伯特亲王步入婚姻的殿堂。

1852 年　拿破仑三世成为法兰西皇帝。

1854—1856 年　克里米亚战争。

1856 年　亚历山大二世当上俄国沙皇。

1861 年　伊曼纽尔当上意大利建国后第一位国王，林肯当选为美国总统，美国南北战争爆发。

1865 年　美国南方军队在阿波马托克斯投降，南北战争结束。日本对外开放。

1870 年　拿破仑三世向普鲁士宣战。

1871 年　巴黎在1月投降，普鲁士国王威廉当上德意志皇帝。《法兰克福和约》签订。

1878 年　《柏林和约》签订，西欧开始三十六年的短暂和平时期。

1888 年　3月，弗兰德里希二世当上德意志君主；6月威廉二世当上德意志君主。

1912 年 中华民国成立。

1914 年 第一次世界大战爆发。

1917 年 俄国革命开始,创建布尔什维克政权,开始统治俄国。

1918 年 第一次世界大战结束。

1920 年 国际联盟召开首次会议,德、奥、俄土被排斥在外,美国没派代表莅会。

1921 年 希腊全然不顾国际联盟的调解,进攻土耳其,发动战争。

1922 年 希腊在小亚细亚被土耳其打败。